ZHONGGU
LIDAIMI NGJIANG
DAGUAN

本书编写组◎编

中国历代名将大观

人生有涯而学海无涯。学子以有限的人生通晓万物是根本不可能的，但校园之中采英撷要，广见识，记精要，不失为精明学子为学之道。

世界图书出版公司
广州·北京·上海·西安

图书在版编目（CIP）数据

中国历代名将大观/《菁菁校园精品读物丛书》编委
会编．—广州：广东世界图书出版公司，2009.6（2024.2重印）
（菁菁校园精品读物丛书）
ISBN 978－7－5100－0692－0

Ⅰ．中… Ⅱ．菁… Ⅲ．军事家—列传—中国—青少年读
物 Ⅳ．K825.2－49

中国版本图书馆 CIP 数据核字（2009）第 103008 号

书　　　名	中国历代名将大观
	ZHONGGUO LIDAI MINGJIANG DAGUAN
编　　　者	《菁菁校园精品读物丛书》编委会
责任编辑	吴怡颖
装帧设计	三棵树设计工作组
出版发行	世界图书出版有限公司　世界图书出版广东有限公司
地　　　址	广州市海珠区新港西路大江冲 25 号
邮　　　编	510300
电　　　话	020–84452179
网　　　址	http://www.gdst.com.cn
邮　　　箱	wpc_gdst@163.com
经　　　销	新华书店
印　　　刷	唐山富达印务有限公司
开　　　本	787mm × 1092mm　1/16
印　　　张	13
字　　　数	160 千字
版　　　次	2009 年 6 月第 1 版　2024 年 2 月第 10 次印刷
国际书号	ISBN　978-7-5100-0692-0
定　　　价	49.80 元

前　　言

　　读书可以陶冶性情，可以博采知识，可以增长才干，使人开茅塞、除鄙见、得新知、养性灵。书中有着广阔的世界，书中有着永世不朽的精神，虽然沧海桑田，物换星移，但书籍永远是新的。阅读撼人心弦的高贵作品，就如同亲炙伟大性灵的教化，吸收超越生老病死的智慧，把目光投向更广阔的时空，让心灵沟通过去和未来、已知和未知。

　　世纪老人冰心说过一句话——"读书好，好读书，读好书。"读一本好书，可以使人心灵充实，使人明辨是非，使人充满爱心，使人行为文明、礼仪规范；相反，如果读一本坏书，则可能使人变得心胸狭窄、不知羞耻、自私残暴。

　　我们为什么而读书？大体有四种情况：一是为读书而读书，没有明显的目的；二是为了考上一所好大学；三是为了古人所说的"修身养性"；四是为了中华民族的伟大复兴。

　　在这四种人中，第一种人是最可怜的，因其无理想、无奋斗目标。没有理想的人犹如无源之水、无本之木。在青少年时代就没有人生理想，这是最可怕的。第二种人目标明确，父母花了大价钱将其送进中学，就是为了考个好大学，将来奔个好前程。古人所说的"书中自有黄金屋，书中自有颜如玉"，应是这类人的追求目标。第三种人读书，是为了"修身养性"。儒家曾把人生奋斗的目标定为三个层面七个字——"修身、齐家、平天下"。所谓"修身"，就是陶冶个人情操、培养个人品质，做社会的一个优秀分子；所谓"齐家"，就是说管理好家庭，甚至家族；所谓"平天下"，就是说你若能"修好身、齐好家"，那么就把你的才华进一步发扬光大，用来治理社会，为社会做贡献。"修身"是儒家人为自己定的最基本的人生标准。这种境界也是相当不错的。第四种人读书，乃为立志成为社会的栋梁之材。约一个世纪以前，有一位南开中学的学生在回答老师为什么而读书的时候，充满自信地说出"为中华之崛起而读书"的誓言，并用毕生心智去实现他的诺言，赢得了全中国乃至世界人民的敬重和爱戴——他，就是我们敬爱的周恩来总理。

事实证明，读书决定一个人的修养和境界，关系一个民族的素质和力量，影响一个国家的前途和命运。一个不读书的人、不读书的民族，是没有希望的。

亲爱的同学，若你热爱生命的话，那就认真读书吧！书籍是全人类智慧的结晶、是人类进步的阶梯，书籍可以帮助你跟上时代的步伐，实现创新的梦想。"半亩方塘一鉴开，天光云影共徘徊。问渠哪得清如许，为有源头活水来。"通过读书，可以让你掌握知识、增强本领、敢于创新，可以给你智慧、勇敢和温暖，可以使你成为知识的富翁和精神的巨人，成为我们伟大祖国 21 世纪高素质的建设者。

这套《菁菁校园精品读物丛书》汇集了励志格言、名人诗词、人文、历史等方面的知识和美文，相信会成为你课余学习的上佳读物。

中国历代名将大观

安抚西域——班超

多谋略善权变——司马懿

中流击楫志在中原——祖逖

功高盖主统一中原——杨素

目录

中国历代名将大观

出将入相的军事家——李靖

平定安史之乱的主将——李光弼

平定安史之乱　收复吐蕃——郭子仪

"杨无敌"——杨业

目录

中国历代名将大观

目录

中国历代名将大观

目录

中国历代名将大观

平定青藏的大将——岳钟琪

西征大将——左宗棠

反击法日侵略的英雄——刘永福

气壮黄海的爱国将领——邓世昌

目录

中国历代名将大观

安抚西域——班超

一、胸怀壮志　投笔从戎

　　班超（32 年～102 年）字仲升，东汉扶风平陵（今陕西咸阳东北）人，为班彪少子。班彪字叔皮，曾被光武帝刘秀任为徐县（今江苏泗洪南）令，病免后致力于修史，作《史记后传》六十五篇。班超出生时，班彪还在担任徐县县令。班超还有一兄，就是历史上与司马迁齐名的班固。班固继承父志，专心精研，费时二十余载，修成《汉书》一百卷。班超在其父兄的影响下，胸襟宽阔，素有大志，不拘细节，在家中知孝悌，克勤克俭，不耻劳辱。论文才，他虽然赶不上"才高而好述作"的父亲班彪，也赶不上"九岁能作文诵诗赋，及长，遂博通古籍、九流百家之言"的兄长班固，但对《公羊春秋》等经传书籍却也多有涉猎，而且口才极好，尤善诘辩。

　　汉光武建武三十年（54 年），班彪死，班超一家回到家乡。班固为完成其父未竟的事业，开始埋头于史书的编撰工作。不久，有人上书明帝，告他私改国史。明帝诏令扶风郡收捕班固。班固被押入京兆狱，家中的书稿也被抄取。由于在班固被告发的前不久，扶风人苏朗鼓吹私自编造的图谶而被下狱处死，因此情势对班固十分不利。班超担心狱吏刑讯逼供，班固无法为自己做出有力的辩护，于是驰往京师，诣阙上书，幸蒙召见。班超慷慨陈辞，详细说明班固编撰史书的宗旨，赢得明帝赞赏。扶风郡又将班固所著书稿及时呈上朝廷。明帝审阅一过，既奇班固之书，更奇班固之才，便下诏令释放班固，并将班固召入京师，任为兰台令史，命他与前睢阳令陈宗、长陵令严敏、司隶从事孟异等，共同修成《世祖本纪》。

　　永平五年（62 年），班固迁为郎，典校秘书。班超与母亲也都随班固搬到洛阳。此时的洛阳虽然已经是十分繁华的城市，不仅有"宫室光明，阙庭神丽"的宫殿群和名目繁多的台、观、馆、阁，还有富丽堂皇的辟雍和灵台。"外则因原野以作苑，顺流泉而为沼"，有许多供帝王游猎的范围和池沼。工商繁盛，物资丰盈，"牛马车舆，填塞道路，游手为巧，充盈都邑"，"琦赂宝货,巨室不能容,马牛羊豕,山谷不能受"。他并没有优游于广厦之间,沉浸于闹市之中,迷恋京师的繁华,他认为苦守京师没有任何出息,好男儿应当志在四方。有一次,班超竟然停下手中的活计,投笔叹道:"大丈夫倘无别的雄图大志,即当效法傅介子和张骞立功于异域,以求封侯,怎能老是在笔砚中讨生活呢!"身边的人都笑话他。班超并不恼恨,只是很有感慨地说道:"小子怎能理解壮士的抱负呢?"事后,班超去找相面的人一卜前程。相面的人大概已经风闻其志,故意顺情鼓吹:"祭酒,您不过一介书生,命中却注定您当封侯于万里之外。"班超让相面的人说明得此结论的状貌。相面的人遂煞有介事地指点着说:"您燕颔虎颈,飞而食肉,这正是万里侯的相貌呢!"当时的人大都迷信,班超虽然不那么虔诚,倒也算不得例外。经相士这么一鼓吹,他自然更坚定了立功绝域的决心,并积极准备,静待机会。过了一段时间,明帝不知什么原因竟忽然想起了口才过人、善于雄辩的班超,特向班固问道:"你的那个弟弟现在在哪呢?"班固如实应对,说是"为官府抄写书籍,得些报酬,以养老母"。明帝任班超为兰台令史。后来,班超因受人牵连,获罪免官。但他志不在此,不以为意。

二、奋勇入虎穴　绝域立奇功

汉代把今甘肃玉门关和阳关以西新疆和中亚地区,统称为西域。自张骞通西域以后,西域与中原联系密切,使臣往来频繁。汉宣帝时在乌垒城(今新疆轮台东北)设立西域都护,由骑都尉、谏大夫出任,统领和管辖西域诸国,进一步促进了汉族和西域少数民族之间的经济、文化交流。但从西汉末年开始,中原失去控制西域的能力,西域三十六国分裂成五十几个小国。王莽统治时,欺压少数民族,断绝西域交通。匈奴奴隶主贵族更是乘虚而入,向西域各国勒索苛重的赋税。各国不堪忍受匈奴的欺压,纷纷向东汉政府求助,希望重派西域都护驱除匈奴势力。但是东汉政府刚刚建立,无暇西顾。匈奴有恃无恐,更为猖獗,致使西域各国和各种势力之间战争不断,大部分西域国家被匈奴所控制。明帝即位后,东汉政局日益稳定,经济也有所发展,国力日益强盛,永平十六年,命窦固北击匈奴。班超为假司马(代理司马),出酒泉塞(今甘肃酒泉一带)至天山(今新疆吐鲁番城北),将匈奴呼衍王追至蒲类海(今新疆巴里坤湖),夺取天山北路的门户伊吾庐(今新疆哈密西),绝幕(渡沙漠)六百余里,至三木楼山而还。班超在这次战争中机智勇敢,深为窦固所器重。

东汉政府为了驱除北匈奴在东师前、后王国一带的势力,重新建立与西域诸国的政治关系,决定派遣班超出使西域。这对班超来说,正是建功立业、报效祖国的极好机会。

班超以假司马的身份奉命与从事郭恂首先来到鄯善。起初,鄯善王广对班超礼敬有加,招待备至,后来却忽然变得疏懈怠慢,十分冷淡。班超私下对其官属说:"诸位可曾感到礼意冷薄了吗? 这一定是因为有北房使来,鄯善王举棋不定,不知该投附哪一方的缘故。明智的人能见微知著,何况事情已经昭彰!"计议已定,班超遂将馆舍中的鄯善侍役召来,诈他说:"匈奴的使臣已来了好几天,他们现在住在哪里?"侍役见班超已一语道破机密,十分惶恐,平素又对汉人怀有好感,只好和盘说出。班超将侍役暂时收押,禁闭不放,然后把随从出使的三十六名吏士全部召集到一起,先与他们共同饮酒,待酒酣之时,班超鼓动说:"诸位与我一起来此绝域,无非是为了建立功业,邀取富贵。现在北房的使臣才来几天,鄯善王就对我们礼敬俱废;倘使鄯善将我等尽行拘拿,送往匈奴,我等骸骨都将成为豺狼口食,这可如何是好?"随从吏士异口同声,都说:"现在处于危亡境地,无论死活,愿从司马!"班超朗声说道:"不入虎穴,焉得虎子? 当今之计,唯有乘夜火攻胡房,他们不知我们究竟有多少人,必定惊慌失措,如此即可将其全歼。胡房既灭,鄯善必然震惧,那我们就可功成业立了。"众人似有疑忌,又说:"应与郭从事熟商才是。"班超瞋目叱道:"吉凶决于今日。郭从事乃是平庸文吏,听说此事必定惊慌。计谋一旦泄露,我等白白送死,还算得上壮士吗?"众皆拜服。深夜,班超带领吏士径奔匈奴使营。可巧天空刮起大风。班超命十名吏士携鼓伏于胡房使的营帐之后,约定:"见到火光,即擂鼓大呼。"其他人都持兵握弩,埋伏在营帐大门的两侧。布置安毕,班超即顺风纵火,前后鼓噪,冲杀之声大起。房众惊乱,胡撞四窜。班超首先突入,起手击毙三人。匈奴节使屋赖带和副使比离支及其随从三十多人被斩杀,一百多人烧死,无一幸免。第二天,班超率众还,乃告郭恂。郭恂闻知大惊,面容色变。班超深知其意,立即诚恳地说道:"从事虽未同行,班超又怎能独擅此功呢?"郭恂乃悦。班超于是召鄯善王广,向他出示房使首级,鄯善举国震惧。班超又晓谕抚慰,宣传汉德。鄯善王遂决计与匈奴断绝关系,归附东汉,并遣其子入汉为质。

窦固得知班固此举后大喜,立即上书汉明帝,详细禀奏班超功绩,并请求朝廷复选干员出使西域。汉明帝对班超的做法十分赞赏,立即诏令窦固,说:"有班超这样的官员,有什么理由不遣派他,而要改选他人出使呢?

今以班超为军司马,让他续成前功。"班超遂复任使臣。行前,窦固打算增益其兵。班超以为不必,辞谢说:"愿将原先跟随我的三十多人。这就够了。倘有意外的事情发生,多带人反倒不方便。"窦固从其计。

三、依汉使如父母　抱马脚留班超

班超此次出使西域,先至于阗(今新疆和阗县)。此时的于阗王广德刚刚攻破莎车(今新疆莎车),并有北方匈奴的使臣监护他们,于阗成为南道诸国中的强国。因此,广德对班超等人冷淡傲慢,礼仪甚疏。广德信奉巫人,他先让巫人请示神对于阗何去何从的态度。巫人胡诌:"神已发怒,责问何故欲附向汉?汉使有䯄马,赶快取以祠我。"广德不敢有违,遂遣使至班超处求取䯄马。班超对这一情况早已侦知,当即应允,只是有一条件:必须巫人亲自来取。巫人不知是计,欣然而至。班超二话未说,立斩其首以送广德,并趁机质责广德待汉使无礼,对汉廷不诚。广德早已风闻班超在鄯善诛灭匈奴使臣的诸多情状,今见班超动怒,不禁诚惶诚恐,立即攻杀匈奴的监护使者,诚心附汉。班超对广德以下大臣一一予以重赐,可谓恩威兼施。班超由此镇服于阗。西域与汉断绝六十五载,至此复通。

龟兹(今新疆库车,音 qiūcí 丘慈)王建为匈奴所立,他依靠的匈奴势力,控制北道,攻破疏勒(今新疆喀什市),杀其王,另立龟兹人兜题为疏勒王。永平十七年(74 年)春,班超从间道进入疏勒境内,在距离兜题所居的盘橐城九十里处暂时屯驻,然后派遣从吏田虑带少许人先去招抚兜题。临行前,班超面授机宜,说:"兜题本不是疏勒种,国人必不肯为他效命。兜题如不立即降附,你就相机将他拿下。"田虑赶至盘橐城,入见兜题。兜题不仅根本没有降附的意思,而且根本没把田虑放在眼里,因而毫无戒意。田虑乘其不备,突前劫持。兜题左右猝不及防,惊慌失措,只顾鼠窜。田虑将兜题捆绑结实,派人飞驰禀报班超。班超立即驰入盘橐城,悉召疏勒将吏,当众揭露龟兹国倒行逆施的种种暴行,并求得疏勒故王兄子榆勒,将他立为疏勒新王,更名为忠。疏勒举国欢悦。疏勒王忠及其官属纷纷请求班超处死兜题。班超为树立汉廷威信,不听其请,将兜题放归龟兹。

冬十一月,汉遣窦固出敦煌昆仑塞,至蒲类海,击破白山部匈奴,遂入车师。东汉朝廷复署西域都护和戊己校尉,以陈睦为都护,耿恭为戊校尉,屯车师后王部金蒲城(即金满城,今新疆奇台县西北),关宠为己校尉,屯车师前毛部柳中城(故址在今新疆吐鲁番县东南的鲁克沁)。

　　永平十八年(75年)八月,明帝死,皇太子炟继承皇位。冬,焉耆(今新疆焉耆)乘中国大丧之际,攻没西域都护陈睦,尽覆其众。北匈奴乘机围攻校尉关宠于柳州城。车师复叛汉廷,同匈奴攻校尉耿恭于疏勒城。耿恭食尽穷困,仍率残余士卒数十人煮甲弩为粮,食其筋革,以果腹坚守。汉遣征西将军耿秉出屯酒泉,行太守事,遣酒泉太守段彭与谒者王蒙、皇甫援等调发张掖、酒泉、敦煌三郡及鄯善兵,合七千多人,星夜赴援,终因道路辽远,未能遽至。龟兹、姑墨(今新疆温宿、阿克苏一带)等国也趁机屡屡发兵攻疏勒。班超据守盘橐城,二吏无几,势单力孤,只能与疏勒王忠相呼应。这种状况一直持续到第二年建初元年(76年)的春正月才有所转变。酒泉太守段彭大破车师于交河城(今新疆吐鲁番县雅尔和屯)。适值关宠病故,王蒙等人已感无力援救耿恭,打算引兵东归。幸赖耿恭军吏范羌曾奉耿恭之命至敦煌迎取兵士冬装,此时亦在王蒙军中。范羌请得二千兵,从北至疏勒城,迎回耿恭。班超孤立无援,坚守盘橐城一年有余。章帝因不欲疲弊中原以事夷狄,乃悉罢西域戊己校尉及都护官,又因担心班超没有援接,难以自行立足,特下诏班超,召他归国。班超奉诏将归,疏勒举国忧惧,不知所措。都尉黎弇说:"汉使弃我而去,我国注定复为龟兹所灭。实在不忍心眼见汉使离去。"说罢,他即引刀自刭。班超自疏勒返至于阗,王侯大臣抱住班超马脚,号泣着说:"依汉使如父母,诚不可去。"班超深受感动,并且知道于阗决不肯放他东归,而且自己壮志未酬,便决心留在西域。班超与所率三十六人又折返疏勒。在此期间,疏勒已有两座城池复降龟兹,并与尉头(约今新疆阿合奇县西哈拉奇一带)连兵以自固结。班超回到疏勒后,立即采取果断措施,对反叛者进行坚决镇压,又击破尉头,诛杀六百多人,很快就使疏勒一度动荡的局势又重新稳定下来。

四、料敌如神震西域　因功得封定远侯

　　建初九年(84年),东汉政府为班超增兵八百,遣假司马和恭等四人率兵前往。班超得到增兵,便再次与疏勒、于阗联合,共击莎车。莎车暗中勾结疏勒王忠,多以珍宝引诱。疏勒王忠贪图重利,遂反汉而从莎车,并恃险西保乌即城。班超于是改立疏勒府丞成大为疏勒王,悉数征发疏勒的亲汉吏民,全力攻忠。忠拼命死守,班超攻半年未能攻下,而康居又出精兵援忠,乌即城一时更难攻克。时值月氏新与康居通婚,两相亲密。班超遂遣派属吏,多持锦帛,出使月氏,厚赠月氏王,令其转告康居王,毋为忠援。康

居王顾念亲谊，不仅依令罢兵，而且把忠也裹劫了去。乌即城再难抗拒，只好降于班超。

叛王忠被康居执去三年后，他竟说动康居王，借得许多兵力还据损中，密与龟兹通谋，遣使诈降于班超，以期攻其不备。班超内知其奸而外伪称许，来了个将计就计，竟哄得叛王忠大喜过望。忠遂率轻骑驰见班超。班超密布伏兵，却又为其陈设酒宴，奏乐助兴，把气氛搞得喜气洋洋。然而，酒尚未酣，班超即令军吏拿下叛王，推出斩首。班超乘机往攻其余众，南道由是遂通。

元和四年（87年），班超发于阗诸国兵二万五千人，复击莎车。龟兹王遣左将军发温宿、姑墨、尉头兵，共五千人往救莎车，班超召将校及于阗王会议，宣称："今我方兵力寡少，敌方兵力众多，势难相持。据此为计，莫若分散撤离。于阗王由此东行，长史由此西归，天黑击鼓为号，闻号声即分头出发。"然后故意缓解对俘虏的监守，使其得便逃脱，还报军情。龟兹王闻讯大喜，亲率万骑驰至西界，阻遏班超。温宿王将八千骑驰至东界，邀截于阗。班超料知二敌已出，遂密召诸部统领兵马，于鸡鸣时驰袭莎车营。敌人毫无防备，立即惊乱奔窜，溃不成军。班超一举追斩敌首五千余级，大获其马畜财物，莎车遂降。龟兹、温宿等为班超所算，无不畏怯其用兵之神，加上莎车已降，只好各自退散。班超由此威扬西域，远近震慑。西域南道从此畅通。

当时中亚还有一个强大的国家——贵霜帝国，这个国家由月氏人建立，怀有并吞西域诸国的野心。月氏人最初居住在中国西部敦煌、祁连山一带，势力强大。但匈奴强盛起来以后屡攻月氏。文帝初年，月氏被匈奴击败后西迁至塞种地区（今新疆西部伊犁河流域及其以西一带），正式称为大月氏。汉文帝后元三年（前161年）前后，大月氏遭乌孙攻击，又西迁大夏（今阿姆河上游）。武帝元朔元年，张骞曾出访大月氏，并与大月氏建立了密切的往来关系。据《后汉书·西域传》载，大月氏曾分为休密、双靡、贵霜、猗（音 xī，夕）顿、都密五部分，每部首领称"翕（音 xì 细）侯"。其后五翕侯中的贵霜翕侯丘就却（一说丘就劫）统一大月氏，自立为王，约在公元一世纪中叶建立起贵霜王朝。早在班超在西域活动时，对西域虎视眈眈却又对汉王朝怀有忧惧的贵霜帝国，极欲修好于汉，解除东汉对它侵略行为的干涉。当初，贵霜帝国曾派兵协助汉军出击车师，是岁又遣使臣到洛阳贡献符拔和师子，欲与汉和亲，求尚汉公主。班超早已经知道贵霜帝国的企图，断然拒绝了他们的请求。贵霜王朝则因其政治企图未能得逞，怨恨在心,遂转而采用武力入侵的手段,永元二年(90年)遣副王谢将兵七万,以攻班超。班超兵力不足,部属都因此而惶恐不安。班超临大敌而不怯,镇定自若,胸有成竹。他鼓励军士说:"月氏兵士虽多,长途跋涉数千里,翻越葱岭至此,必定运输断绝。粮草不继,何足忧惧?我方只须收谷坚守,不过数十日,敌军就得因饥蹩而乞降。"经此一说,军心稍安。事态的发展果然像班超所料到的那样。月氏副王谢驱兵攻班超,一无所得。班超估计其粮将尽,必定派兵往就龟兹以求援,便伏兵骤起截击,将其尽行歼灭,月氏使携带的金银珠宝也都成了汉兵的战利品。班超令人持月氏使者头以示谢,王谢大为恐慌,当即遣使请罪,愿得生归。班超纵其西归,月氏由是大震,岁奉贡献,不敢有违。

永元三年(91年),除焉耆、危须(今新疆焉耆回族自治县)、尉犁(今新疆库尔勒)尚怀二心外,龟兹、姑墨、温宿等西域国家皆投降于汉。东汉政府重新西域设置都护骑都尉、戊己校尉官,以班超为都护,徐干为长史,拜白霸为龟兹王,遣司马姚光护送他归国。班超与黜光共同胁迫龟兹废黜其王尤利多,而立白霸。废王尤利多由姚光监护东行入汉,居于京师。班超驻龟兹它乾城,徐干屯疏勒。

永元六年(94年)秋,班超联合龟兹、鄯善等八国讨伐焉耆。兵至尉犁界,班超遣使晓谕焉耆、尉犁、危须三国国王说:"都护此来,欲镇抚三国。倘若你们即欲改过向善,宜遣大人来迎,王侯大人均可获赏,事毕即还。今赐王彩帛五百匹。"焉耆王广遣其左将北鞬支奉牛酒犒迎班超。班超质问鞬支说:"你虽然是匈奴侍子,而今操持焉耆国柄。都护自来,汝王不立即出迎,都是你的罪过。"但当有人建议班超乘便斩除此人时,班超说:"此人威权重于其王,今未入其国而先杀他,其国必自惊疑,设备守险,我们又怎能到其城下呢!"班超依例赏赐鞬支,由他自去。焉耆王广遂与酋豪至尉犁迎班超,奉献珍宝。

焉耆国有苇桥之险。广因心怀戒惧,不想让汉军入其国,遂拆除苇桥,断绝交通。班超则绕道涉过没腰深的急流挺进。七月末,班超进入焉耆,距城二十里,扎营于大泽之中。广想不到断桥亦未能挡住班超,而且来得如此突然,很是恐惧,急欲将其部众尽数驱入山中以自保。焉耆左侯元孟过去曾入质洛阳,亲汉,故于暗中将此情况派人密报班超。班超将来人处死,示不信用,并与诸国王约定会期,扬言要对与会者施以重赏。焉耆王广、尉犁王汎及北鞬支等三十人如期与会。焉耆国相腹久等十七人惧诛,皆亡入海。危须王也未到会。班超怒斥广说:"危须王何故不到?腹久等人为什么逃亡?"遂令吏士将广、讯二王及以下诸人全数拿下,一并斩于陈睦故城,传首京师。然后纵兵抄掠,斩首五千余级,俘虏一万五千人,获马畜牛羊三十余万头,更立元孟为焉耆王。为稳定局势,班超留居焉耆城内半年,善加抚慰。于是,西域五十余国无不纳子内属。西域从此又与中原联为一体。这有利于西域与中原进行更为密切的经济文化交流,使通往西亚各国的"丝绸之路"重新畅通无阻,更好地起到与西方、西南诸国进行经济文化交流的桥梁作用。

永元九年(97 年),班超还派遣甘英出使大秦国(罗马)。甘英到了条支国的西海(波斯湾)岸。由于安息国(波斯)一向用汉丝和丝绸品与罗马贸易,赢取大利,担心甘英到达大秦,开辟直接通商的道路,断绝安息财源,遂极力阻止甘英,甘英临海而还。这是中国使节远至波斯湾的最早记载,为不久之后罗马与中国的直接来往创造了条件。

五、班昭上书代兄言　帝感其诚征超还

李邑曾诬称班超"无内顾心",其实班超何尝不念故土?只是由于壮志未酬,功业未就,不得中途退归。随着功成业就和年事日高,他对中原强烈眷恋的思想感情愈来愈难以克抑,遂于永元十二年(100 年),上书和帝,请求允许他还归故土。此书情辞恳切,感人肺腑,大意如次:

臣闻太公封齐,五世葬周,孤死首丘代马依风。夫周齐同在中土,千里之间,犹见如此,何况远处绝域如小臣,能无依风首丘之思哉?蛮夷之俗,畏壮侮老,臣超犬马齿歼,常恐年衰,骤然不起,孤魂捐弃。昔苏武囚居匈奴,尚为十九年,今臣幸得奉使节,带金银,出护西域,如自以寿终屯部,诚无所恨,然恐后世或因臣沦没西域,而有沮丧之感,屈志之想。臣不敢望到酒泉郡,但愿生入玉门关。臣老病衰困,冒死瞽(音 gǔ 古,没见识之意)言。谨遣子勇随献物入塞。趁臣生在,令勇亲见中土。

班勇将书呈上,和帝得无亲览,览后如何表态,史无明载,只是延宕二年,并无动静。幸赖班超还有一妹,名昭,一名姬,字惠班,因其夫为曹世权,故又被称为曹大家。班固死后,所撰《汉书》的八表及《天文志》遗稿散乱,尚未完成,均由她与马续续撰而成。《汉书》初出,读者难以通晓,她又教授班固的学生马融通读。马融及其弟子郑玄均为汉代大儒,声望极隆。而究其学殖渊源,又都曾直接或间接受惠于班昭。班昭的才学可想而知。和帝时,班昭因担任皇后和妃嫔的教师,故得时常出入宫廷。她遂亦上书

和帝,代兄复请。其书动之以情,晓之以理,言真意切,更为动人,大意如下:

妾同胞兄西域都护、定远侯超,幸得以微功特蒙重赏,爵列通侯,位二千石。天恩殊绝,诚非小臣所能承受。超之始出,志捐躯命,冀立微功,以自陈效。会陈睦之变,道路隔绝,超以一身奔走绝域,晓示诸国,因其兵众,每有攻战,辄为先登,身被金创,不避死亡。幸赖陛下洪福,尚得延命沙漠,至今已有三十年。骨肉生离,不复相识。随其前往的时人、士众,皆已亡故。超年最长,也已七十,衰老患病,头发无黑,两手不遂,耳不聪,目不明,扶杖乃能行。虽欲竭尽其力,以报答皇恩,迫于岁暮,犬马齿龀。蛮夷之性,悖逆侮老,而超旦暮入地(故去),或久不见代,恐开奸宄之源,萌生逆乱之心。而卿大夫咸顾眼前,莫肯远虑。如有猝变,超之气力,不能从心,倘因此而上损国家累世之功,下弃忠臣竭力之用,诚可痛也。故超万里思归,自陈苦急,延颈遥望,然三年于今,未蒙省录。

妾私下听说,古者十五受兵,六十而还,亦有休息,不任职也。陛下以孝治天下,得万国之欢心,不遗小国之臣,何况超得备位侯伯。故敢冒死为超求哀,乞超余年。一得生还,复见阙庭,使国家永无劳远之虑,西域无仓猝之忧,超得蒙文王葬骨之恩,子方哀老之惠。《诗》云:"民亦劳止,汔可小康,惠此中国,以绥四方。"超有书与妾生诀,恐不复相见。妾诚伤超以壮年竭忠孝于沙漠,疲老则捐死于旷野,诚可哀怜!如不蒙救护,超后倘有意外之变,妾盼超家得荣赵母、卫姬先请之贷。妾愚憨不明大义,触犯忌讳。

书奏,和帝深受感动,遂征班超,使归中原,擢戊己校尉任尚为都护,以代班超。班超欣然受命,与尚交代。任尚向班超请教说:"君侯在外面三十余年,而小人猥承君后,任重虑浅,恳请君侯不吝赐教。"班超坦诚说道:"班超已年老失智,任君屡当大任,那是我班超所能赶得上的!非要超说几句,愿进愚言。塞外吏士,本非孝子顺孙,都因罪过徙补边屯,而蛮夷生性异俗,难养易败。今君又性格严急,水清无大鱼,察政不得下和,故宜改从简易,宽小过,总大纲,如是而已。"任尚很不以为然。班超走后,任尚即对其亲信说:"我以为班君当有奇策教我,谁料他今之所言竟如此平淡,不足为训。"然而,"不听老人言,吃亏在眼前",果真不假。数年之后,诚如班超所戒,任尚专务苛察,果然激起西域反叛。东汉政府以其险阻,难相应赴,撤销都护,遂绝西域,尽废班超前功。

班超在西域活动三十一年,于永元十四年(102年)八月还洛阳。朝廷拜他为射声校尉。班超的胸肋早已有病,回洛阳后病情加重,医治无效,遂于九月故去,享年七十一岁。

　　班超不迷恋京师的繁华和安逸,从青年时代起就立志效法张骞,终于"投笔从戎",奔赴西域。在西域,班超依靠汉和西域各族人民的支持,以大智大勇和"不入虎穴,焉得虎子"的英雄气概,坚忍不拔,艰苦奋斗,克服了千难万险,终于帮助西域的各族人民摆脱了匈奴的控制和奴役,恢复了西域与内地的交通,为巩固统一的多民族的国家做出了杰出的贡献。在历史的长河中班超为自己,同时也为汉与西域各族人民,立下了万古不朽的丰碑。

　　当然,班超之所以能凭几十几百人,主要是其三十六名属吏,在人生地不熟的绝域之地,建立起卓越的历史功业,是因为他把个人的雄心壮志与国家和人民的利益紧密结合了起来,既得到汉与西域各族人民的支持,又有强大的东汉王朝做其后盾。窦宪奉朝廷之命几次率军破匈奴,逼使匈奴主力向西远徙,就使形势大有利于班超在西域所开展的活动。班超所处的那个时代造就了班超这样一位了不起的英雄。

多谋略善权变——司马懿

司马懿字仲达，河内温县（今河南温县）人，西晋初被尊为宣帝。汉灵帝光和二年出生在一个官僚地主家庭，少时博学，善谋略。尚书崔琰曾向其兄司马朗称赞司马懿说："令弟聪明果断，有胆识，非你所及啊！"

一、受遗二主　佐命三朝

建安十三年（208年）赤壁之战后，曹操败北，势力减弱。孙权势力达到交州地区，刘备也乘机占有包括武陵、长沙、桂阳、零陵四郡（皆在今湖南境内）的荆州江南部分。孙权和刘备的势力都得到了进一步发展，三分天下的鼎足之势已逐渐形成。

建安十三年（208年），曹操废除三公（东汉以太尉、司徒、司空为三公），重新恢复了丞相和御史大夫制，自任丞相。同年，司马懿被曹操提拔为丞相府的文学掾，后来又提升为丞相主簿。建安二十一年（216年），曹操晋爵为魏王，立曹丕为王太子，司马懿被提升为太子中庶子，常为曹丕献计献策，深为曹丕所倚重。

建安二十四年，关羽向襄樊（今湖北襄樊市）发动进攻，目的是直下宛（今河南南阳）、洛（今河南洛阳），占领曹操的统治区，统一中原，实现诸葛亮在"隆中对"提出的战略计划。蜀军水淹七军，生擒于禁，杀死庞德，进展十分顺利。曹操听到这些消息，恐慌不已，打算迁都。当时正任太子中庶子的司马懿提出不同的意见，他对曹操说："于禁率领的军队，虽然被大水淹没，战败了，但对战争的全局并没有什么影响，如果现在就考虑迁都，一定会引起朝野内外的不安。刘备与孙权是外表上的联合，内里互相猜忌，关羽得胜，孙权是不会高兴的。我们可派遣一位使者去联络孙权，让他去抄关羽的后路，事成之后，可把江南的土地封给孙权，樊城之围自然就解除了。"曹操采纳了司马懿的建议，打发使者东联孙权。后来，孙权派吕蒙偷袭了荆州，关羽被杀，曹操坐收渔翁之利，由此可见，司马懿确有高人之见。

建安二十五年（220年），曹丕废掉汉献帝，登上了皇帝的宝座，史称魏文帝,司马懿也被任命为抚军将军,录尚书事,是曹丕的左膀右臂。

魏文帝在位时期,司马懿的地位日趋重要,他直接参与曹魏政权的重大事务的决策和执行。魏文帝曾两次征吴,皆留司马懿镇守京城洛阳,"内镇百姓,外供军资",使魏文帝无后顾之忧。魏文帝在东征前下诏书说:"我将东伐孙权,但惦记后方,把镇守后方的重任委托给司马懿,我率军东征,抚军(司马懿任抚军将军)总领西边防务,我率军西征,抚军总领东边防务。"

魏黄初七年(226年),魏文帝曹丕病死,其子曹叡(即魏明帝)即位。魏文帝在临死前,在遗诏中命司马懿、曹真、陈群三人辅佐朝政。曹叡在位十五年后死去,临死前,他又临终托孤,命司马懿辅助少帝曹芳,所以史称司马懿是"受遗二主,佐命三朝"的元勋。

二、征讨孟达　智取上庸

由西蜀投降曹魏的孟达,于魏明帝太和元年(227年),在上庸(今湖北竹山县)发动叛乱,弃魏投蜀。孟达自认为宛城距离上庸一千二百里,地势险要,司马懿一时无法赶到上庸。可是当孟达刚起事八天,司马懿就亲率大军赶到上庸,兵临城下。司马懿为什么来得这么快呢?原因是孟达平素与魏兴太守申仪不和,申仪风闻孟达与西蜀又有来往,立即报告了魏明帝。魏明帝命令司马懿监视孟达的行动。司马懿为了充分做好消灭孟达的准备工作,并尽量推迟孟达的起事时间,除了从军事上做好征讨的准备工作,他还设法麻痹迷惑孟达,使他犹豫不决,延缓起事的时间。为此,他给孟达写了一封信,大意是:昔日将军(指孟达)抛弃刘备而归顺朝廷,朝廷委你重任,让你策划攻取西蜀。刘备政权对你恨之入骨,诸葛亮日夜思谋击败你,但是毫无办法。今郭模(诸葛亮派其诈降曹魏)说你要叛魏归蜀,这事关系重大,诸葛亮怎能轻易泄露,显然这不是真事。孟达看到这封信后,心中窃喜,认为司马懿没有怀疑他要背魏归蜀,因此,在发兵起事上就举棋不定,迟迟不决。这样一来,司马懿就为部署攻打上庸争得了时间。

孟达刚一发动起事,司马懿立即出兵征讨。司马懿命令全军偃旗息鼓,日夜兼程,沿途严密封锁消息,只用了八天时间就围困了上庸。这令孟达万分惊讶,急忙向西蜀和东吴求救。诸葛亮与孙权分别派兵救援,司马懿派出两支人马,阻击东西两线的援兵,使得蜀、吴两军无法接近新城郡(包括房陵、上庸、西城)。孟达利用上庸三面临水的特点,在水中埋设水栅,拦阻魏军接近城池。司马懿将全军分为八队,昼夜不停,轮番攻城,士兵泅水破栅,直抵城下。魏军攻势猛烈,孟达军心动摇,孟达的外甥邓贤和部将李辅开门投降,孟达被杀。司马懿在这一战役中成功地运用了政治上麻痹敌人、军事上速战速决的战术,是军事指挥史上的杰作。

三、祁山之胜　地位日隆

诸葛亮日夜规划实现他的夙愿,东联孙吴,北伐曹魏,统一中原,但由于东吴偷袭荆州和章武二年(222 年)的彝陵之战,使双方的关系十分紧张。虽然在刘备死前双方互派使者,但东吴依旧是隶属曹魏,对西蜀抱有敌对的态度。蜀与吴的这种关系,对蜀国北伐曹魏不利,诸葛亮为了打破僵局,主动派遣邓芝出使东吴。邓芝对孙权详细分析了恢复同盟关系的好处,孙权权衡了利弊,同意与西蜀恢复联盟,断绝与曹魏的臣属关系,这样吴、蜀又结成同盟,共同对抗曹魏政权。

西蜀与东吴和好之后,诸葛亮集中全力经营南中地区(今四川南部、云南东北部和贵州西北部一带),他采用"南抚夷越"的方针,通过七擒七纵孟获而制服了南中地区,使西蜀有了稳定的后方。

诸葛亮利用魏文帝曹丕刚死的机会,于后主建兴六年春开始了第一次北伐曹魏的战争,历史上也称"五出祁山"。至建兴七年(229 年),诸葛亮共进行了三次北伐战争,蜀军取得了一些胜利,曹军不断损兵折将,处于被动挨打的局面。

建兴九年(231 年)春,诸葛亮又开始了第四次北伐曹魏的战争,他率领十万大军,包围了祁山(今甘肃西和西北),魏军的形势危急。魏明帝急调足智多谋的司马懿担任魏军的统帅,迎击蜀军。司马懿知道蜀军远道而来,粮食供应困难,急于求战,便采用凭险固守的持久战的作战方针,拒不出战,使诸葛亮无法进行决战。蜀军由于缺乏军粮,被迫撤兵,司马懿的持久战的作战方针,又取得了成功。

建兴十二年,诸葛亮经过三年的准备后,发动第五次北伐战争。他亲率大军出斜谷口(今陕西眉县南),进入鄠城(今陕西眉县北),在渭水南岸的五丈原(今陕西眉县西南)扎下来,准备向魏军发动进攻。魏明帝仍命司马懿统领魏军,也在渭水南岸构筑营寨,与蜀军对垒。魏军将士有人向司马懿建议,我军应在渭水北岸扎营,隔河相对,以阻止蜀军的前进。司马懿不同意这样做,他说:"渭水南岸人口众多,粮食充足,是兵家必争之地。不能让给敌人。"司马懿深知蜀军缺粮,不宜久战,因此他仍然采用拖延的

中国历代名将大观

战术,坚守不战,让时间拖垮蜀军,迫使蜀军不战自退。诸葛亮对司马懿的战略意图也非常清楚,知道敌人了解己方缺粮的弱点,于是决定在滑水前线屯田养兵,准备长期进行战争。双方相持了几个月,诸葛亮一直在寻找决战的机会,但司马懿据守要塞,始终不出战。诸葛亮想用激将法激怒司马懿,使其出兵迎战,他派人给司马懿送去一套女人穿戴的衣服,当众侮辱他,魏军将士大怒,坚决要求出战。司马懿成竹在胸,不急不怒,拒绝出战,他看得清清楚楚,蜀军运粮困难,屯田粮又不足用,势必退兵,决定等到那时再抓住战机,与蜀军进行决战。诸葛亮实在无法引诱司马懿出兵,而粮食又日益缺乏,心中烦闷,不久,病死于五丈原。蜀军主帅死去,只好退兵。

　　司马懿作为一名军事统帅,对战争全局了如指掌,知己知彼,了解敌我双方的优劣条件,并善于利用这些条件达到战胜敌人的目的。司马懿成功地阻止了蜀军的进攻,使他在曹魏政权中的地位日高,威望日隆,为他全面控制曹魏大权奠定基础。

四、辽东大战　巧夺襄平

　　景初三年(239年),魏明帝病死,其子曹芳即位。魏明帝在临死前委托司马懿与大将军曹爽(曹真子)辅佐朝政。

　　曹爽与司马懿的关系,开始时还融洽,但时间一长就产生了矛盾。曹爽极力培植私党,排挤司马懿。司马懿外表上不露声色,暗中积聚力量。曹爽有五个心腹,即何晏、丁谧、邓飏、李胜和毕轨,这五人在当时号为名士。魏明帝认为他们浮夸无能,一律不用。曹爽提拔何晏、邓飏、丁谧为尚书,李胜任河南尹,毕轨当了司隶校尉。除这五人之外,大司农桓范也是曹爽的亲信,人称"智囊"。曹爽的私党为他出谋划策,削弱司马懿的实权,任用私人,控制京城内外、朝野上下。

　　曹爽奏请皇上,提升司马懿为太傅(皇帝的老师,品位尊贵,但无实权),实际上是明升暗降,想削夺他的军权。与此同时,曹爽提拔自己的几个兄弟,让他们都当了大官。真是"附合者升迁,违忤者罢退"。

　　司马懿虽对曹爽的所作所为十分不满,但一时又无力制服。他秘密组织人力,决定等待机会以决雌雄。司马懿为了迷惑麻痹曹爽,向皇帝告病假,在家休养。

　　正始二年(241年),曹爽与何晏等人正在狂饮作乐时,突然接到警报,东吴分兵两路进攻边境,一路由卫将军全琮率领进攻淮南,另一路由威北将军诸葛恪率领进攻六安(今安徽六安),请朝廷速派大军救援。曹爽接到报告后,惊慌失措,不知如何是好。何晏出主意,让他速召朝廷大臣商议。正商议间,又来了急报,说东吴的另外两支人马又来攻打。一路由车骑将军朱然率领攻打樊城(今湖北襄樊市樊城),另一路由大将军诸葛瑾率领进攻沮中(今湖北沮水上游,一说在南漳县境蛮河流域),形势危急,大臣们要求大将军曹爽做出决定。曹爽什么主意也拿不出来,只好请求皇帝让司马懿来朝议事。请司马懿的人回来说,司马懿在病中,无法来议事。曹爽本人无作战本领,他的亲信又无能征惯战的大将。时间不断拖延下去,而前线的警报又频频地传来:樊城被围,淮南的芍陂被占等。曹爽又不敢亲自领兵上阵,急得像热锅上的蚂蚁。正在这时,司马懿到朝堂议事来了,说樊城和沮中是边防要地,问曹爽为何不派兵救援。曹爽无言可对,只好说等太傅来想办法。司马懿决定亲自带兵出征,满朝文武隆重送出洛阳的津阳门。

司马懿到了樊城前线之后,立即出兵向东吴挑战。朱然听说司马懿亲率大军迎战,不敢出战。司马懿抓紧暂短的休战机会,挑选精锐,组织突击队,申明军令,决心要打败吴军。朱然见势不妙,连夜撤军。司马懿率军追击,杀伤敌人一万多人,缴获大量战船和军用物资,大获全胜。另几路吴军,也因战事不利,陆续退了回去。司马懿来去仅一个月就胜利还朝了。从此,司马懿的声望日隆,而曹爽的名声下降。

曹爽不甘心自己的失败,急欲找个机会挽回威信。正始五年(244年),尚书邓飏和长史李胜鼓动曹爽出兵伐蜀,曹爽也跃跃欲试,决定出兵。司马懿极力劝阻曹爽不要出兵,但曹爽一意孤行。这年三月,曹爽到了长安,征调了十万人马,又联合征西将军夏侯玄统率雍州和凉州的军队,从骆口(今陕西成固县)浩浩荡荡杀向汉中。当时蜀军驻守汉中的是镇北大将军王平,他决定坚守要隘,阻击敌人,命令护军刘敏率领一万人马据兴势山(今兴道县西北),依险坚守,王平亲率一支军队坚守黄金谷(在兴道县境内)。

曹爽率十万大军向兴势急进,但到兴势一看,蜀军已全部占领关隘要道,遍插旌旗,连绵百余里。魏军无法前进,只好停了下来,两军对峙了一个多月,曹军远来,粮食消耗殆尽。这时,又接到司马懿给夏侯玄的信,劝他们赶快退兵,不然要遭到大败。司马懿在信中说:"昔日武皇帝(指曹操)率兵进攻汉中,几乎大败。这次兴势险要已被敌人占据,我军已无法前进,如不赶快退兵,恐遭更大的失败,责任重大,望速退兵。"曹爽接到信后正在犹豫不定,忽然又接到蜀大将军费祎率大军从成都赶来增援的消息,见势不妙,急忙下令退兵。曹军走到三岭(在十南山,即沈岭、衙岭、水岭),遭到蜀军的伏击,曹爽虽然冲出重围,但是十万军马损失大半,狼狈逃回洛阳。

曹爽战败回来后,不仅没有收敛,反而变本加厉,广树私党,控制朝政。曹爽勾结太监张当密谋推翻曹魏政权,觊觎皇帝的宝座。但他们对司马懿还有所顾忌,不断派人探查。有一次曹爽派他的心腹河南尹李胜,借调往荆州任刺史的机会,向司马懿辞行,以便观察动静。司马懿知道李胜的来意,他佯装病重,在两个侍女的服侍下喝粥,把粥撒满了前胸,手上拿的衣服也掉在地上。李胜对司马懿说:"听说明公旧病复发,没想到病情这样严重。我蒙皇上恩典,任我为本州刺史(本州指荆州,李胜为荆州人)。"司马懿装出病情严重、语言错乱的模样,打岔说:"我年老多病,死在旦夕。君去并州,并州靠近胡人,要做好防备,恐怕我们今后不能相见了,我儿师和昭请多为照顾。"李胜说:"我是回本州,不是并州。"司马懿又说:"君不是到并州去吗?"李胜又重复说:"我是回荆州。"司马懿装作才明白的样子,说:"我年老糊涂,没有听懂您说的话,今调回荆州任职,正是建功立业的好机会!"李胜回去后,把司马懿的一言一行,一举一动,都当做真事一五一十地告诉了曹爽,并说:"司马公仅是一具没有断气的尸体,形神已经离散,我们对他不必有任何顾虑了。"曹爽听后心中非常高兴,从此不再防备司马懿了。

司马懿暗中抓紧时机,积蓄力量,他一方面让他已经当了中护军的儿子司马师掌握一部分禁军,另一方面积极招募、蓄养心腹武士三千余人,并争取到太尉蒋济、司徒高柔、太仆王观等元老重臣的支持。只待时机一到,立即发动政变。

五、两虎相争　夺取政权

正始十年正月(249年),魏帝曹芳拜谒魏明帝高平陵。曹爽兄弟四人及心腹何晏、邓飏、丁谧、毕范全部随从。司马懿看到时机成熟,立刻带领两个儿子司马师与司马昭和三千武士,假传皇太后的旨意,关闭城门,占据武器库,派兵占领城南洛水上的浮桥,封锁曹爽等人回京的要道。同时派人占据中央各要害部门,命高柔行大将军事,占领曹爽的军营,命王观行中领军事,控制军权。

接着由司马懿领头,由蒋济、尚书令司马宇等签字,上书曹芳历数曹爽等人的罪行,要求惩处他们。奏章中指责曹爽违背先帝遗命,败坏国法,专权误国,任用私党,控制禁军,骄纵日甚,"有无君之心"。最后要求罢免曹爽兄弟的职权,保留爵位,如若不然就军法从事。这道奏章由专人送往高平陵,曹爽首先看到了奏章,兄弟四人慌了手脚,不知如何是好,就压下奏章,然后把皇帝车驾留在伊水(洛阳城南,洛水支流),征发屯田兵几千人筑寨守卫。

司马懿派侍中许允和尚书陈泰去见曹爽,传达司马懿和皇太后的命令,让他们及早认罪,可从轻发落。司马懿又派曹爽所信任的殿中校尉尹大目到伊水劝说曹爽投降。说司马公指洛水发誓,只要大将军交出兵权,最多是免除官职,绝对不会处罪的。

这时曹爽的谋士桓范已逃来伊水。在他逃出洛阳时,司马懿担心他给曹爽出主意,对他不利。他找到太尉蒋济,着急地说:"智囊走了,怎么办?"蒋济说:"桓范是有智谋的,但劣马贪吃好饲料(指曹爽贪恋家室),曹爽一定不会听他的。"结果正如蒋济所说。桓范一见到曹爽兄弟就说:"赶快保护皇帝到许昌去,下诏征集全国的勤王军,以镇压司马懿的叛乱。"曹爽犹豫不决。桓范又说:"这事非常明白,天子跟随你们,号令天下谁敢不应!如不这样做,既使你们想当个贫贱的老百姓也做不到,到那时只有被杀头!"曹氏兄弟默然不语,从初更一直拖到天亮,最后曹爽下了决心,把刀往地下一扔说:"免官就免官,革职就革职,反正我还能当个富家翁!"桓范一听,大哭失声,说:"曹子丹(曹真字子丹)是个有能力的人,怎么会生出你们这些兄弟,连猪狗也不如,没想到我今天和你们一起受灭族之罪!"

曹爽一伙回到洛阳,向司马懿请罪,后回府第。司马懿立即派兵把他们监视起来。不久,曹爽兄弟以及何晏、邓飏、丁谧、毕轨、李胜、桓范等人,以大逆不道、企图谋反的罪名,全部被处死,并灭三族。当时蒋济曾向司马懿建议:"曹真建有大功,不应灭其子嗣。"但司马懿没有听从。

司马懿在这一场政治大斗争中,深谋远虑,部署有方,取得了完全的胜利,掌握了朝廷大权。

嘉平三年(251年),司马懿病死于洛阳,终年七十三岁,遵照他的遗命,丧事从简。

司马懿一生在军事上、政治上取得了巨大的成就,为曹魏政权创立了功勋,同时也为司马氏代魏立晋奠定了基础。

司马懿死后,其子司马师、司马昭,连续打败他们的政敌。甘露五年(260年),司马昭杀死魏帝曹髦,景元五年(264年),司马昭称晋王,立其子司马炎为王太子。不久,司马炎迫曹魏末帝曹奂让位,司马炎正式当了皇帝,称晋武帝,建立了晋朝,史称西晋。

中流击楫志在中原——祖逖

一、闻鸡起舞　立志报国

祖逖生于晋武帝泰始二年（266年），卒于晋元帝大兴四年（321年），字士稚，是东晋南朝时期第一个举兵北伐，决意收复中原的著名将领。祖逖少年时代，为人豪爽豁达，不拘泥当时种种繁琐的封建礼仪，到十四岁时，依旧对读书作文没有兴趣，诸兄都为他的前途发愁。但他轻财好施一身侠气，常有不凡之举。他经常借兄长的名义，把家里收取的大量租谷织物，散发给贫困之家，因而受到乡邻宗亲们的称赞和敬重。

祖逖青少年时期，西晋王朝正日趋腐朽。由于门阀政治的长期统治，世家豪族广占田产、奴僮，人民群众受到残酷剥削，阶级矛盾日益严重，人民起义趋于频繁。西晋永熙元年，历史上有名的白痴皇帝晋惠帝司马衷登位，皇后贾氏乘机弄权，次年即引发了一场持续不断的宫廷政变，以汝南王司马亮等为首的皇室诸王互相攻杀夺权，史称"八王之乱"，乱事长达十六年之久，这场政变使西晋统治大为削弱。在中央朝廷日益丧失统治和控制力量的情况下，魏晋以来居于边境并逐渐内迁中原的匈奴、羯、氐、鲜卑、羌等少数民族，由于不满晋朝的统治和压迫，纷纷起来反抗，民族矛盾和阶级矛盾互相交织并日趋尖锐，社会动乱愈益严重。

祖逖对日益深重的社会危机感到忧虑，遂萌生济世匡时之志。他一改过去不喜欢读书的习惯，开始涉猎经史，博览群书，探讨古往今来的历史变迁，寻求安邦定国之策。他还经常往来京师洛阳，实地考察社会现实，从历史和现实中吸取了有益的经验和知识，增长了才干，引起了人们的注目，称他"有赞世才具"。

祖逖二十四岁时被辟察孝廉，不久又再举秀才（孝廉、秀才是当时荐举人才的科目，入仕当官的途径）。后与刘琨（后为并州刺史）同为司州主簿（掌管文书簿籍的官吏）。这时祖逖不仅注意读书，而且重视习武，苦练本领。他与刘琨十分友善，来往密切。两人都有报国之心，意气相投，常常共被同寝，睡到半夜，闻荒村鸡叫，祖逖就踢醒刘琨，说："这不是不好的声音"，意思是说鸡叫就是对我们的提醒。于是两人立即起床，相对起舞这就是民间熟知的"闻鸡起舞"的故事。两个好友还经常互相鼓励说，如果天下大乱，就应该挺身而出，好好干一番事业。后来他们在各自的战线上，英勇杀敌，实践了诺言。

二、慷慨渡江　收复河南

祖逖胸怀大志，渴望施展才能，匡时救弊，不久便受到西晋皇室诸王的重视，前后应召在齐王司马冏（音窘 jiǒng）、长沙王司马乂乂等府上供事。西晋永兴元年（304 年）七月，八王之乱尚未平息，成都王司马颖居邺（今河北临漳西南）遥控朝政，东海王司马越奉惠帝北伐攻邺，祖逖从征赴战。结果王师败绩于汤阴（今河南汤阴西南），惠帝被俘，晋朝廷之乱益发不可收拾。祖逖退回洛阳，因愤于诸王之乱，此后虽然诸王纷来争聘，均予拒绝。

同年八月，匈奴左贤王刘渊乘乱起兵反晋，建立政权，定都左国城（今山西离石县北），自称汉王。西晋怀帝永嘉二年，刘渊正式称帝，建都平阳（今山西临汾西北），国号汉。此后，内迁中原的诸少数民族也纷纷自立一方，开始了历史上所谓的"五胡十六国"的混战局面。

永嘉五年，刘聪即位，派刘曜、石勒等攻陷西晋京师洛阳，怀帝司马炽被俘，不久被杀死于平阳，洛阳被烧掠一空，化为焦土，史称"永嘉之乱"。此后，北方汉族地主和百姓纷纷南迁避乱，祖逖也率亲友数百家南下，移居淮、泗一带。流徙途中，祖逖非常关心逃难群众，常以车马装载同行的老弱病残者，自己徒步而行，还把衣粮药物分给群众共用，因此深得大家拥戴，加上祖逖富有胆识，处事稳当公平，于是被流亡者推为首领，按当时习惯称"行主"。就这样，在与人民同甘共苦中，祖逖的威信日增，并在自己周围聚集了不少群众，积蓄了力量。

祖逖到泗口（今江苏清江西南）时，声望极高，被镇守建邺（今江苏南京）的琅邪王司马睿（后来的东晋开国君主元帝）任为徐州刺史，又征为军咨祭酒（主要参谋官员），进而迁居京口（今江苏镇江）。祖逖虽然来到了比较安全的地方，并有了不小的官职，但他并不满足现状，苟且偷安。他对北国沦没、山河破碎痛心疾首，立志重返北方，收复失地。从此，他着手进行准备工作，开始招收人马。因他爱抚下属，待士众如子弟，有志之士，襁负而至，很快就有许多勇夫猛士汇集到他的周围，为他以后的北伐奠定了军事基础。

　　当时的北方，自洛阳陷落、怀帝被俘后，晋愍帝司马邺在长安登位，西晋政权虽然暂时得以维持下来，但它立即受到匈奴族刘曜的围攻，危在旦夕。晋愍帝急忙派人到南方，要求司马睿率兵二十万北上救援。司马睿在江南经营多年，实际上已建立了自己的政权，他表面上也讲北上收复失地，其实只想做偏安江南的小皇帝，对长安的呼救，他以忙于安定江东，无暇北伐为辞，断然加以拒绝。一些有识之士，如周嵩、熊远等曾向司马睿提过北上的建议，结果都遭到他的贬斥，甚至险些丧命。

　　祖逖不顾个人安危，毅然向司马睿提出北伐积极建议。他说："晋室之乱(指八王之乱)，是因为诸王争夺权利，自相诛灭，从而使戎狄(指少数民族)乘隙而起纷争。如今百姓深受苦难，人人都有奋起反击之志。只要大王能发挥自己的影响，派大军北伐，我等甘愿带头统兵，这样必得各地响应，国耻可雪。"祖逖的建议极恳切而又坚决，司马睿虽然仍听不进去，但虑及祖逖在大众中的威信，不得不勉强做出一番姿态，于西晋建兴元年(313年)下令北伐。司马睿任命祖逖为奋威将军、豫州刺史，作为北伐军的统帅，但只交给他一千人的粮食，三千匹布，而且不给武器和士兵，要他自行招兵买马，制造武器。这种派将出征只给粮(也少得可怜)不给兵的作法，固然可笑，但这已经是对祖逖另眼看待了！

　　面对司马睿集团如此冷淡的态度，祖逖当然非常失望。他深知前途艰难，困难重重，但仍欣然领命，整饬人马，于这年八月率部属百余渡长江北上。船驶到中流，祖逖面对奔腾的江水，感慨万分，敲击船桨，当众立下誓言，说："我祖逖此行北上，如果不能收复中原，就如大江东去，绝不南渡重返！"辞色壮烈，部众莫不慨叹。在祖逖的鼓励下，大家同仇敌忾，齐心协力，踏上征程，决心背水一战。

　　渡过长江之后，祖逖先屯于淮阴(今江苏清江西南)，并建筑冶铁炉场，打造兵器，又募得士卒两千余人，随后继续北上。

　　这时局势发生了新的变化。西晋建兴四年，汉国主刘聪遣刘曜攻陷长安，晋愍帝出降，不久被杀，西晋政权覆灭。次年，在江南的司马睿称晋王，年号建武。建武二年，愍帝死讯至，司马睿正式称帝，是为东晋元帝。而在攻灭西晋过程中，刘聪的大将、羯族人石勒乘机扩大势力，逐渐摆脱匈奴族的汉国的控制，以冀州的襄国(今河北邢台)为中心，自树一帜，占据黄河以北(下简称河北)大片土地，并向黄河以南(下简称河南)推进。318年，刘聪死，汉国内乱，刘曜夺权登位，迁都长安，改汉为赵，史称前赵。石勒于319

年也正式建立政权,自称赵王,史称石勒政权为后赵。从此,前、后赵互相火并。

对祖逖来说,北伐的主要敌手是占据河北并逐渐南下的后赵石勒。然而,祖逖从淮阴北进时,首先碰到的却是遍布于各地的坞壁武装。坞壁的起源很早,晋末战乱相循,地主豪强更争先恐后修堡筑坞,各据一方。坞堡主们根据切身利益和当时局势变化,或与石勒相通,引为靠山,为非作歹,有的继续忠于晋朝政权,有的则脚踩两端,持观望态度。各坞堡之间,又相互联系,或拥兵互攻,关系十分复杂。祖逖依据这些坞堡主之间的关系,审时度势,根据不同情况,采取不同方式,妥善处理好自己与这些地方武装的关系,扫除前进障碍,利用他们的力量壮大自己实力。

东晋元帝建武元年,祖逖进攻河南,屯兵芦洲(今安徽亳县东),为割据在谯郡(今安徽亳县)等地的坞主张平、樊雅所阻。张平、樊雅等拥兵数千,并统领董瞻、于武、谢浮等十余部,各部数百人,兵势很盛。张平自称豫州刺史,与祖逖官号相同,樊雅自号谯郡太守,各据一方,不服晋朝。祖逖先是遣参军殷父进行劝说,争取和解,但张、樊丝毫没有归晋之意,加上殷父出言不逊,和谈失败,殷父被杀。于是祖逖决心拔掉这个硬钉子。由于他兵力比较弱小,两方相拒达一年之久,也未能分出胜负。祖逖转变策略,设计买通张平部属谢浮,让他诱杀张平,事成后,祖逖率军进据太丘(今安徽永城西北)。樊雅闻变,赶忙调兵遣将前来进攻,并暗中派兵趁夜偷袭,直奔祖逖大营,祖逖临危不惧,镇定指挥左右顽强奋战,终于击退了敌兵,转危为安。接着乘胜追击,兵围谯城,屡败樊雅。但是,谯城防守坚固,久攻不下。祖逖乃派人求助于南中郎将王含,王含遣参军桓宣领兵五百赴援。桓宣曾先后力战石勒,屡建战功,又奉司马睿之命劝说张平、樊雅归晋,当时张、樊表面臣服,实未归降。祖逖很器重桓宣,让他"单马从两人"再前往说服樊雅。桓宣喻以民族大义,又申说了利害和前途,义正辞严,经过两度反复工作,终于使樊雅开城出降,祖逖收复谯城。

祖逖进据谯郡一举,惊动了石勒,他忙派其侄、后赵大将石虎(字季龙)引兵进围谯城。桓宣受王含派遣前来支援祖逖,石虎闻报,急忙收兵退去。祖逖遂奏请朝廷留桓宣为谯国内史,协助自己。占谯郡,退石虎,是祖逖北伐的重要成果。

随后的数年,祖逖的北伐进入了更为重要的时期。首先,祖逖挥师进攻陈川。陈川是蓬陂(今河南开封东南)坞堡主,趁乱自号宁朔将军、陈留太守。当祖逖攻击樊雅时,陈川曾遣部将李头率兵前来支援。由于祖逖声望很高,李头非常佩服,与之结好,并经常称赞祖逖,叹道:"能得到祖逖这样的人为主,我死无恨矣!"陈川闻之,勃然大怒,立即杀死李头,李头部属冯宠率众逃归祖逖。因此,陈川对祖逖十分嫉恨,加上他本性贪残凶暴,遣兵大掠豫州诸郡,截获子女车马,危害百姓,身为豫州刺史的祖逖,当然不能坐视不管,他遣将军卫策邀击,尽获所掠,皆令归还原主,而且严禁自己将士从中拿取任何财物,维护了群众的利益。从此,祖逖北伐军更加深得河南地区广大人民的欢迎。

陈川并不甘心失败,却又惧怕祖逖,东晋太兴二年四月,投靠石勒,以石勒为靠山,对抗祖逖。当祖逖攻陈川蓬关时,石勒令石虎领兵五万渡河南下助陈,双方对峙。祖逖初战不利,遂避开石虎主力,退屯梁国(今河南商邱南)。石勒又遣部将桃豹占领蓬关,祖逖率军再退淮南(今安徽寿县),以保存实力。石虎未能寻歼对手,收兵大掠豫州郡县,又把陈川部众五千户迁徙回襄国(今河北邢台),留下桃豹等驻守陈川故城(应指浚仪县),继续阻击祖逖。

东晋太兴三年(320 年),祖逖北伐军与石勒在黄河以南地区展开了激烈的争夺战。祖逖先派韩潜夺取陈川故城东台,石勒将桃豹据故城西台,两军对垒,韩潜开东门出入,桃豹从南方放牧,经常互相攻战,胜负难分,达四十天之久。这是祖逖对石勒的重要一战。祖逖虑及硬攻难以奏效,遂苦思良策,决定以智破敌。

当时北方久乱不安,生产遭受严重破坏,不仅百姓忍饥挨饿,就连军需物品也非常缺乏。祖逖命令士卒千余人用许多布袋,装满泥土,运上台城,让敌军一望可见。又命数人担米上道,伪装因疲劳而停在半路上歇息,以待敌人。石勒士卒一见米担,蜂拥而上,挑米者故意丢弃米担而逃,石勒兵众获米,再看台城上一堆堆装得满满的布袋,以为也是米粮,于是便认为祖逖军粮食充足,兵强马壮,而自己却已缺粮多时,难以支撑,士气因而大为低落。也就在这时,石勒遣将运粮来援,祖逖忙派韩潜、冯铁截击于浚仪附近的汴水,尽获粮草。消息传来,桃豹等更加绝望,丧失斗志,赶忙乘夜晚率全军偷跑,退到东燕城(今河南延津北)。祖逖即命韩潜进屯封丘(今河南封丘),又命冯铁据守二台,自己进驻雍丘(今河南杞县)。与此同时,他频发军队,四出截击石勒军,并屡次败之。

祖逖铲除负隅顽抗的坞主,大败石勒,黄河以南广大地区的局势大为改观。一些地主武装纷纷表示归附晋朝。当时比较有影响的坞主如赵固、上官己、李矩、郭默等,都属可以争取团结的对象。如郭默,河内郡(治野王，今河南沁阳）人，永嘉乱后，率众自为坞主，前往依附者颇众，他爱抚将士，很得人心。李矩，平阳人，为乡人推为坞主，有抗敌报国之志。还有魏浚，东郡东阿（今山东东阿）人，洛阳陷后，曾屯洛北，招集人马，打造武器，人们襁负而归，后来与匈奴刘曜力战而死。这些有识之士，多怀家国之痛，锐意进取，虽然有的与祖逖没有直接联系，但都是有利于北伐的积极力量。他们当中，由于各种原因，有的互有隔阂，乃至彼此讨伐。祖逖为了争取他们共同对敌，做了大量排解工作，申以国家民族大义，示以祸福得失。结果李矩、郭默等不仅消除了彼此之间的对立情绪，转为合作，而且感于祖逖的恩德，纷纷前来投奔，乐归祖逖指挥。但是还有一些坞主虽无意对抗祖逖，但又害怕因此而受石勒报复，处于窘境。祖逖对这些人采取了谅解和灵活的态度，允许他们在归附自己以后，继续与石勒方面保持表面上的从属关系，有时还故意派军伪装偷袭他们，以此迷惑石勒。这些坞主非常感激，就利用自己与石勒的来往，探听情况，经常把石勒军队的重要情报，及时通知祖逖，对祖逖在军事上屡败石勒，起了一定的作用。

通过在军事上和政治上的不断斗争和努力，祖逖收服了河南各地的坞主和地方武装，拔除了石勒在这里的据点镇戍，收复了河南广大的地区。石勒退缩到黄河北岸，从此不敢窥兵河南。人民群众对祖逖收复河南欢欣鼓舞，一位白发苍苍的老者，在祖逖举行的一次庆祝酒会上，流着眼泪，激动地说："我们都老了，想不到还能见到亲人，现在就是死了，也无所遗憾！"还即席作诗歌颂祖逖及其北伐军的业绩。消息传到北方，祖逖青少年时的好友，一直忠于晋朝、正在并州（今山西太原一带）抗拒石勒的刘琨，特地遥致书信，盛赞祖逖的功业成就。还有一些人率领亲众从河北前来投依祖逖。可见祖逖收复河南的行动，完全符合广大人民特别是汉族群众的愿望，其影响所及，直达黄河以北地区。也正因为如此，一贯不热心支持北伐的东晋朝廷，这时也不得不再作些姿态，提升祖逖为镇西将军。这是祖逖北伐取得最大成就的时期。

三、北伐受挫　抱恨长终

收复河南之后，祖逖开始以河南为基地作渡河北上进军河北的准备。为此，他练兵积谷，积蓄力量。由于妥善处理了坞堡问题，使这些分散各地的武装力量归属自己统一指挥，获得了大批人力和物力的补充。随着人马的增多，队伍的扩大，祖逖很注意军队的整顿，关心士众，做到有功者必赏，即使只做一点好事，也要"赏不逾日"。军队纪律严明，士气很高，因此深受群众欢迎。

当时黄河流域因战争频仍，生产停顿，百姓和军队经常挨饿。东晋王朝虽然偶尔支援一点粮食，却因道远不至。祖逖便实行劝课农桑的方针，发动群众，积极恢复和发展生产，连他的子弟及亲属也都下田耕耘，上山砍柴。祖逖自己更是身体力行，俭约清廉，不私蓄资产，反对奢侈。由于祖逖对社会经济的重视和措施有力，在人民群众的辛勤劳动下，久经战乱破坏的社会经济逐渐有了初步的恢复和发展，军队士马日益健壮，百姓生活也得到改善，社会日趋安定，逐渐在黄河南岸建立起较为稳固的基地，为扫荡中原创造了有利条件。

祖逖北渡黄河的准备，直接威胁到了石勒的统治中心，引起了石勒的不安。石勒建立政权，与据守关中一带的前赵刘曜对峙，时有恶战；当时北方还有不少汉族和其他少数民族的政权或武装力量，也与他并立而争。石勒要应付这些对手本就不是容易的。他不得不主动向祖逖求和，特地派人修整祖逖母亲坟墓，又遣使送财物送书信给祖逖，希望互相通好和解，交换货物等等。但是石勒的策略没有奏效，祖逖除了从经济角度考虑，任双方进行贸易外，仍一如既往，积极做北伐中原的准备。

东晋太兴四年，当祖逖正加紧准备，即将过河北上的关键时刻，晋元帝突然任命戴渊为司州刺史征西将军，都督司、兖、豫、并、雍、冀六州诸军事，坐镇合肥，管辖地区包括已收复的黄河南岸和未收复的河北，实际上就是剥夺了祖逖指挥北伐的大权。祖逖对此毫无思想准备，受到沉重打击。那么，为什么会发生这种变化呢？这必须从东晋朝廷内部的斗争谈起。原来晋元帝司马睿之所以能在江南站稳脚跟，建立政权，主要是依靠南下的北方士族和江南本地士族的支持和联合，其中北方名族王导、王敦兄弟又起着关键的作用。司马睿正式称帝后，政治上靠王导辅政，军事上靠王敦支持，史称"王与马（指司马氏）共天下"。但是，王敦是一个有野心的人物，他坐镇武昌（今湖北鄂城），拥重兵控制长江中游，擅自任命将官，培植亲信，与朝廷对抗。晋元帝惧怕王氏图谋不轨，又见祖逖在河南势力大振，很不放心。因此，便命亲信戴渊镇合肥，又命刘隗镇泗口，各拥兵驻守，表面上是为了加强北伐的军事部署，实际上是想以此防范王敦，其中对戴渊的任命又包含有牵制祖逖的意图。

戴渊虽然是一位颇有名气的人物，但他疏于谋略，没有远见，更无收复失地之志。用这样徒有虚名的庸人统领至关重要的北伐，祖逖当然是忧虑重重。况且自己呕心沥血·多年苦心经营，好不容易才打开局面，现在却无故被搁在一边，实与贬官削职无异。想到这些他不免心灰意冷，愤愤不平。加上这时晋元帝与王敦的对抗愈演愈烈，战云密布，内乱一触即发，更使他意识到功业不就，北伐难成，因而悲愤致病。但即使在这种情况下，祖逖仍然以大局为重，力图进取。他不顾重病之身，利用自己有限的权力，继续指挥将士营缮军事要塞武牢城，加强沿河营垒，调遣部队，作北进和防敌的准备。然而终因忧愤过度，一病不起，就在东晋大兴四年（公元 321 年），抱恨死于雍丘，时年五十六。豫州百姓闻祖逖死讯，痛哭流涕。祖逖死后不久，王敦举兵叛乱，东晋统治阶级忙于内战，更把北伐大事置之脑后，石勒乘机重新起兵，轻而易举地占领了河南的大片土地。祖逖一番轰轰烈烈的可望成功的事业，在东晋统治集团的内讧中被葬送了！但是祖逖的功绩和他的精神，却长留在人们心中。人们在他浴血苦战过的谯梁地区立祠，纪念这位有功于国家，有功于人民的一代名将。

功高盖主统一中原——杨素

杨素,字处道,弘农华阴(今陕西华阴)人,大约生于北魏末年、西魏初年,出身于大官僚家庭。少年时代,落拓有大志,不拘小节;勤奋好学,精研不倦,涉猎大量典籍,能写一手好文章,又爱好书法,草书、隶书尤精。所有这些,对他后来成为一员名将都是很有助益的。

一、才华横溢　机逢良时

杨素初露头角,是在北周武帝亲政之时。周武帝亲政的前一年,杨素的父亲杨敷在与北齐交战时战死,死后朝廷未予赠谥。按当时的惯例,有功之臣或大官僚死后,朝廷要赠给官职,叫赠官。这种赠官一般比生前担任的官职略高一些;同时,还要根据他生前的品行、功绩等等情况,加封荣誉名号,叫谥号。杨敷官为刺史,虽然按照官职是可给也可以不给赠谥的,但他是在战争中为朝廷守忠节而死,按理是应该赠谥的。建德元年,周武帝亲政,杨素上表申述,要求朝廷给他父亲赠谥,不料却遭到周武帝的断然拒绝。杨素很不甘心,又再三上表,周武帝勃然大怒,下令把他推出斩首。在生死攸关之际,杨素大声呼喊:

"臣事无道天子,确实是该当死罪。"周武帝一听,觉得此人颇有胆量,不但赦他无罪,而且还赠他父亲为大将军,谥号"忠壮";并提拔他为车骑大将军、仪同三司。从此,杨素开始受到周武帝的重视。

杨素当上车骑大将军后,有一次周武帝让他替自己起草诏书。杨素下笔立成,很快就写出一篇词义兼美的诏书,周武帝看后十分欣赏,对他说:"好好干下去,将来不怕不富贵。"他应声回答说:"臣只怕富贵来逼我,我却无心贪图富贵。"意思是说,我本来不贪图高官厚禄,怕的是人们把高官厚禄强加给我。周武帝听了很高兴,觉得他对自己的前途充满信心,而又才华横溢,机敏过人,是个不可多得的人才,因此对他就更加器重了。

建德四年(575年),周武帝大举亲征北齐,以齐王宇文宪为前锋。杨素请求周武帝,让他率领父亲的旧部充当伐齐的前锋。周武帝同意了他的请求,并在出征之前,赐给他一根马鞭,对他说:"我正想重用你,所以把这马鞭赏赐给你。"马鞭本是用来驱赶马匹的,周武帝赐他马鞭,是表示将要驱使即重用杨素的意思。杨素没有辜负周武帝的厚望,他率领杨敷的旧部,会同齐王宇文宪率领的大军,在河阴(今河南孟津北)击败北齐军队,立下了大功,被封为清河县子。建德五年,周武帝再次亲征北齐,仍以齐王宇文宪为前锋,命令杨素率部从征,宇文宪率领大军攻占晋州(今山西绛县),分兵万人向北进入鸡栖原(今山西霍县北),遭遇北齐的大军。宇文宪率兵前救失利,被迫撤退,北齐军队乘胜追击,处境十分危急,杨素与北齐军队拼死苦战,才使宇文宪顺利渡过汾水。在周武帝灭北齐统一北方的战争中,杨素又屡建功勋。建德六年,周武帝灭北齐后,杨素因功晋爵为成安县公。

在周武帝灭北齐过程中,南方的陈朝乘机出师,派遣大将吴明彻率军渡过淮水,占领原属北齐的淮水以北大片土地。北齐灭亡后,周武帝派兵进入淮北,与陈朝争夺淮北之地。陈朝大将吴明彻击败北周军队,于宣政元年(578年),围彭城(今江苏徐州)。杨素奉命随大将王轨率军驰援,在彭城东南吕梁大败陈军,俘虏了吴明彻。接着,杨素又率军南下,于泗口(今江苏淮阴)击败陈将樊毅,为北周进入淮水以南创造了条件。

但是,就在这一年,立志于灭陈统一全国大业的周武帝病死,他的儿子周宣帝即位。大象二年,周宣帝病死,八岁的周静帝即位,朝廷大权落在外戚、大官僚杨坚手中。杨坚的专权引起大官僚尉迟迥等人的强烈不满,双方爆发了一场尖锐的斗争,杨素坚决站在杨坚一边,杨坚命令杨素镇守河南地区的重镇汴州(今河南开封)。尉迟迥乘杨素赴任途中之时,在相州(今河南安阳)起兵反对杨坚,并得到洛阳以东地区大多数州县官吏和守将的支持,镇守荥州(今河南荥阳西北)的宇文胄也起兵响应。前往汴州的道路被隔断,杨素只好在洛阳滞留。不久,他接到杨坚任命他为大将军,让他率军讨伐宇文胄的命令,迅即发兵进攻荥州,经过一场激战,阵杀了宇文胄。阵杀宇文胄,对尉迟迥是个沉重的打击。不久,尉迟迥的反叛即被削平,这就为杨坚篡位铺平了道路。杨素也就被升任为徐州(今江苏徐州)总管,进位柱国,封爵清河郡公。第二年,杨坚迫周静帝把皇位"禅让"给他,改国号为隋。杨素以佐命之功,进位上柱国,后又晋升为御史大夫。

二、飞渡三峡 天陈功高

隋朝建立后,北方蒙古大草原有强盛的突厥汗国,长江以南有控制三峡之东的陈朝。隋文帝一方面致力于巩固北部边防，阻止突厥的南下，一方面积极进行各种准备，以待时机成熟时南下伐陈，统一全国。开皇五年（585年），突厥因遭隋军的打击早已分裂为东西两部，东突厥沙钵略可汗遣使与隋朝修好，为隋朝伐陈解除了后顾之忧。十月，隋文帝任命杨素为信州（今四川奉节）总管，委以伐陈的重任。

信州是三峡西端的一个重镇。杨素来到信州，即以此为基地着手伐陈的准备。陈朝以长江为天然屏障，陈军中的南方士卒又善水战，隋朝要想渡江灭陈，必须有一支强大的水师和大批的战船。杨素一面加紧训练水师，一面大力建造船舰。除了建造可容百人的"黄龙船"，还有名为"五牙"的大舰，起楼五层，高百余尺，可容纳士卒八百人，船上布满旗帜，船的左右前后还安置六个巨大的拍竿，高五十尺，可以用来拍打敌船，是战斗力很强又极为壮观的战舰。经过两年的努力，建造了大量的舰船，仅"黄龙"即多达几千艘，一支强大的水师建立起来了。

开皇八年（588年）十月，隋文帝兵分八路，正式发动了伐陈的战争。杨素任行军元帅，统率巴蜀水师，自信州顺流而下，顺利地冲过瞿塘峡、巫峡。当他到达流头滩（今湖北宜昌西）时，据守狼尾滩（今湖北宜昌西）的陈朝将领戚昕以战船百余艘、士卒数千人，企图阻挡隋军的前进。狼尾滩地势险峭，易守难攻，不少隋军将士感到束手无策，产生畏难情绪。杨素对左右说："胜负大计在此一举。如果白天下船进击，敌人就能窥察我军的虚实，而且江流迅激，舰船行驶难以控制，也不便于战斗，不如在夜间再发动袭击，打他个出其不意。"左右将领一致赞同他的主张。到了晚上，隋军静悄悄地顺流而下，同时另派部将王长袭率领步卒从南岸袭击戚昕营寨，派大将军刘仁恩率领骑兵从北岸夹攻陈军。戚昕没有料到杨素竟敢在这种险要的形势下发动夜袭，毫无戒备，结果被打个措手不及，惨败而逃。陈军大部被俘，杨素下令加以安抚，并全部释放。然后，命令水师继续顺流而下，向东挺进。几千艘舰船布满大江，旌旗猎猎，甲胄生辉。杨素坐在一艘大船上，坐镇指挥，威风凛凛，两岸的陈朝士卒见了大惊失色，都说："此公乃江神也！"

第二年正月，杨素率领大军抵达岐亭（今湖北宜昌南津关）。岐亭在西陵峡口，越过岐亭就是开阔的江汉平原，江水开始平缓。如果岐亭一失，陈朝西境就无险可守，西部防线就将全部崩溃。陈朝急忙派遣吕忠肃集结大军据守岐亭，并在北岸开凿江边岩石，连缀三条铁锁，横截江面，企图阻遏隋军的战船。杨素与刘仁恩率领部分士卒登陆，配合水军进攻北岸的陈军,前后四十余战。吕忠肃据险顽抗,给隋军造成很大伤亡,损失五千余人。但是陈军士卒没有乘胜反击,他们为了求功邀赏,却争先恐后地抢着去割隋朝战死士卒的鼻子,军阵顿时大乱。杨素抓住战机,回军再战,转败为胜。吕忠肃见势不妙,扔下营寨逃命,杨素即命令砸毁三条铁锁,顺流而下。吕忠肃复聚军来战,杨素派遣擅长水战的士卒数千人,乘坐四艘五牙大舰,用拍竿击碎了十几艘敌船,大破陈军,俘获士卒二千余人,吕忠肃只身脱逃。隋军于是顺利通过西陵峡。屯守安蜀城(今湖北宜昌西北的长江南岸)的陈朝信州刺史顾觉弃城逃走,驻守公安的陈朝荆州刺史陈慧纪见势不利,烧掉军资储蓄,引兵东撤。陈朝巴陵(今湖南岳阳)以东地区,再无一兵一卒防守,杨素顺流而下,抵达汉口(今湖北汉口)。就在此时,隋朝东部战线两路先锋军将领贺若弼、韩擒虎,已在长江下游渡过大江,攻入建康(今江苏南京),活捉了陈朝皇帝陈后主。不久,陈朝所属州县相继投降,陈朝灭亡,隋朝的统一宣告完成。

杨素在伐陈战争中为牵制和打击陈朝水师做出了重要贡献,特别是在夜袭狼尾滩、强攻岐亭、斩断拦江铁锁等一系列作战指挥上,有着突出的表现。同时,他督造舰船、训练水师有方,为取得胜利创造了条件。因此,凯旋长安时,隋文帝论功行赏,任命他为荆州总管,晋爵为越国公,封邑为三千户,实封千户,赐绢万段,粟万石,以及金宝等,又赐陈后主妹为妾,及女妓十四人。同年六月,隋文帝又提升他为纳言,开皇十年,再迁内史令,杨素一跃而居宰相之位。

三、兵扫江南　维护统一

隋文帝统一全国后,江南大地主的利益受到很大损害,对隋朝存在强烈的不满情绪。开皇十年底,朝廷大军撤离江南后,他们到处散布隋文帝要把江南百庶迁徙到关中的谎言,搞得人心惶惶。在婺州(治州在今浙江金华)、越州(治所在今浙江绍兴)、苏州(治所在今江苏苏州)等地,相继发生反隋的叛乱,小者数千人,大者数万人,首领或称天子,或称大都督,署置百官。叛军互相煽惑,攻州陷县,杀害朝廷委派的地方官吏,十分嚣张。原先陈朝所属的郡县,大多被卷进了叛乱,特别是东南沿海地区尤为严重。刚刚获得的统一局面,遭到严重的破坏。于是,隋文帝乃下诏任命杨素为行军总管,率领大军南下镇压。

开皇十年(590年)十一月,杨素率大军由广陵(今江苏扬州)出扬子津渡江,迅速攻克京口(今江苏镇江),相继占领晋陵(今江苏常州)、无锡(今江苏无锡)等地,挥师直插浙江(今钱塘江)。著名的叛乱首领高智慧自号东扬州刺史,占据浙江一带,拥有战舰千余艘,屯据险要,兵众甚为强劲。杨素采用裨将来护儿建议的韩信破赵之策,让他率数百艘小船,乘夜偷渡浙江,直登江岸,突袭高智慧的大营,乘风纵火。叛军见营寨着火,烟焰冲天,胆战心惊,不知所措。杨素乘机指挥大军渡江,奋力冲杀,经过一天的激战,终于击溃了叛军。高智慧率残部逃入海中。杨素派史万岁领兵二千,进剿其余叛军。杨素则亲率大军自余姚(今浙江余姚)浮海南下,转战温州,大败另一叛军首领沈孝彻,然后折向天台(今浙江天台山),直指临海(今浙江临海),一路追歼残余叛军,前后百余战,所至克捷。

隋文帝看到江南大局已定,杨素久战沙场,十分劳累,下令让他回长安休息。杨素回到长安后,认为残余的叛军尚未全部肃清,如不及时消灭,将会成为后患,请求隋文帝让他继续南下肃清残敌。隋文帝批准了他的请求,任命他为行军元帅。杨素立即起程,迅速赶到会稽(今浙江绍兴)。此时,泉州叛乱首领王国庆重新发展势力,被杨素镇压下去的各支叛军的亡散士卒,都纷纷向他投靠,气焰十分嚣张。王国庆认为海路十分艰险,隋军的北方将士又不善水战,所以只在陆路设防,海路毫无戒备。杨素亲率大军泛海而进,突然上岸登陆,发动大规模的攻势。王国庆惊慌失措,仓惶离开泉州逃命,余部纷纷逃入海岛,或者窜入深山。杨素分遣部将,水陆进剿,取得了很大胜利。先前逃入海岛的高智慧又在闽州(今福建福州)重振旗鼓,王国庆率领残部投奔高智慧。杨素暗中派人招降王国庆,劝他斩送高智慧,立功赎罪。王国庆看到隋朝大军逼近,别无出路,便伺机捉拿高智慧,执送杨素的大营。杨素在泉州处死高智慧,残余的叛军群龙无首,纷纷缴械投降。江南地区大规模的叛乱被彻底平定,隋朝大一统的局面终于得到了巩固。

杨素平定了江南大地主的叛乱,结束了自西晋末年以来近三百年的南北对峙局面,实现了全国的统一,符合了人民要求统一,结束分裂,过上安定生活的愿望。因此,杨素的平叛,符合南方人民的要求,深得南方人民的支持。杨素十分注意军纪,治军极严,每当部队临敌,战斗即将打响之时,他总要严厉惩处犯有过失的将士,有时一次就斩杀百余人。战斗打响之后,他又总是命令一二百人首先冲击敌阵,获胜则已,如果败下阵来,也一律斩杀,然后命令一二百人再往前冲杀,如退下阵来,又斩首示众。因此,将士都严守军纪,服从指挥,听从调遣,打起仗来,都抱着必胜之心,拼死力战,所以总是战无不胜,所向披靡。同时,杨素还注意奖赏有功的将士,赏罚分明。凡是出征将士,他有功必录,即使是很小的功劳,也从不遗漏。当时他深得隋文帝的信任和器重,凡是他奏请奖赏的,隋文帝照赏不误。因此,尽管杨素对将士的过失惩处极重,但将士们仍然愿意冒着生命的危险,跟随他四处征战,为他拼死效力。因此,杨素指挥的部队,战斗力特别强,能转战千里,所向克捷。

平定江南的叛乱之后,杨素班师凯旋,隋文帝特派外戚、左领军将军独孤陀前往浚仪(今河南开封)迎接,犒劳慰问。到京师后,隋文帝晋升杨素的儿子杨玄感为仪同三司,并赐给杨素黄金四十斤、缣(jiān 细绢)三千段、马二百匹、羊两千口、公田百顷、住宅一区。开皇十二年(592 年),隋文帝又任命杨素为尚书右仆射,与高颎(jiǒng)共同掌管朝政。

四、驰骋塞外 所至克捷

开皇十九年二月,杨素奉命率军北征突厥,踏上了新的征途。

突厥是隋初的北方劲敌。开皇三年,它被隋朝击败,再加上贵族内讧,分裂为东西两部,彼此互相攻杀。后来,东突厥因受西突厥的逼迫,沙钵略可汗派人与隋朝修好。但是到都蓝大可汗在位时,因为隋文帝将安义公主嫁给他的弟弟突利可汗,而他向隋朝求婚遭到拒绝,心中愤愤不平,遂与隋朝断绝关系,派兵抄掠隋朝边境。突利可汗遣使向隋朝报告都蓝大可汗的情况,隋朝大臣也向隋文帝上奏,说都蓝可汗企图袭击大同(今山西大同),隋文帝于是命令宰相高颎、杨素和大将燕荣分兵讨伐都蓝可汗。

都蓝可汗得知隋朝出兵后,与西部的达头可汗结盟,联合攻打突利可汗。双方在长城下展开一场激战,突利可汗大败,部落散亡,带着五名骑兵跟随隋朝使臣南下,到长安投降了隋朝。

高颎、杨素率军出塞后,进入突厥境内。高颎领东路军出朔州(今山西朔县)道,大败都蓝可汗。杨素西出灵州(今宁夏灵武)道,与达头可汗遭遇。过去隋朝将领与突厥交战,为防止突厥骑兵奔突冲阵,在布设方阵时,都是把战车兵、步兵和骑兵互相参用,将战车兵和步兵摆在方阵四周,骑兵放在方阵中间。杨素认为这种战术是消极被动的自卫的作战方法,是无法制敌取胜的。他一反传统的战法,命令诸军组成骑兵阵。达头可汗得到消息,自恃突厥骑兵强壮雄悍,瞧不起杨素的骑兵阵,认为自己轻易就可把杨素打败,高兴地说:“天赐我以良机也!”他下马仰天而拜,然后驱使十余万骑兵冲杀过来。杨素采纳部将周罗喉的建议,乘突厥骑兵还未布好战阵之时,让他率领精锐骑兵迎击,自己亲率大军继后冲击。突厥骑兵遭到惨败,达头可汗身受重伤,落荒而逃,部众伤亡不可胜计。

击败达头可汗后,隋文帝敕封突利可汗为启民可汗,命令长孙晟(shèng)率五万民夫修筑大利城(今内蒙古和林格尔)以居之,同时派二万军队屯驻边塞,以防达头可汗进攻启民可汗。达头可汗不甘心自己的失败,不久又率领十万骑兵南下进攻隋朝。隋文帝命令杨素会同诸将分兵四路还击。隋军尚未出塞,都蓝可汗即为部众所杀,达头可汗自立为步迦可汗,夺取东突厥的大可汗位。隋朝派人招抚,不少突厥部众纷纷归附投降。但是步迦可汗仍然继续与隋为敌。开皇二十年(600年),他又率兵南下骚扰。隋文帝又命令晋王杨广会同杨素、史万岁等将率军分道出击。史万岁一路在塞北与步迦可汗遭遇,歼敌数千人,迫使他向北远遁。

开皇二十一年步迦可汗经过一年的修整,又再度出兵南下。隋文帝以杨素为行军元帅,与启民可汗率众北征。仁寿二年春,步迦可汗的部将思力俟斤等南渡黄河,掠启民可汗所部男女六千口、牛马羊牲畜二十万头,然后北归。此时杨素正在黄河之北,他率军追击,转战六十余里,连连获胜。突厥骑兵往北败退,杨素紧追不舍,在夜间逼近敌军。为了防止思力俟斤惊逃,杨素命令部队稍稍往后退却,自己亲率二名骑兵与两名突厥降卒尾随思力俟斤,与之并肩而行。思力俟斤毫无觉察,当他扎下营帐准备休息之时,杨素即指挥后面的大部队全速冲杀过来,把突厥骑兵打个落花流水。经过这次打击,步迦可汗的势力逐渐衰落下去,而启民可汗则得到了杨素等在战争中所俘获的突厥人口和牲畜,势力大振,不久就取代步迦可汗而成为东突厥的大可汗,进而统治了蒙古大草原。启民可汗与隋朝情同一体,双方友好往来,未再发生战争,这种和平的局面一直延续到隋炀帝的大业末年。

出将入相的军事家——李靖

唐初，人才济济，文武齐备。但出朝为将，入朝为相，既通兵法，又善征战，就要首推李靖了。

一、遇主逢时

李靖生于北周武帝天和六年（571 年），卒于唐太宗贞观二十三年（649 年），本名药师，雍州三原县（今陕西三原）人，出身于官僚家庭。

青少年时期的李靖，姿貌魁伟，并受到良好的教育，有文武才略和远大的抱负，曾对亲近的人说："大丈夫要遇主逢时，必当立功立事，以取富贵，何必去做咬文吐字的书生！"李靖的话并不是青少年狂语，他的舅父、隋朝名将韩擒虎经常和他谈论兵法，每每赞不绝口，曾说："可以与谈论孙、吴兵法的，除了李靖还有谁呢！"那时李靖才二十岁左右。大约在隋文帝后期，李靖进入仕途，最初做长安县（今陕西西安西北）功曹，是一个地位很低的小官。后来在他三十岁左右，到兵部做驾部员外郎，地位也不算高。但在朝廷中，他却以超群的文武才略，深得吏部尚书牛弘、宰相杨素的赏识。牛弘曾经赞叹李靖说："李靖，王佐之才也！"意思是说李靖具有辅佐皇帝的才干。杨素有一次拍着自己的座位，对李靖说："卿终当坐此。"言外之意，李靖将来一定能做宰相。

隋炀帝大业末年，李靖出任马邑（今山西朔县）郡丞，丞在郡中地位仅次于太守、通守。当时，由于隋炀帝的昏庸残暴，奢侈腐化，好大喜功，滥用民力，又连年发动对外战争，社会经济濒临崩溃，人民生活极端痛苦。广大农民纷纷揭竿而起，起义的烽火遍布各地。一些贵族和地方官吏也乘机起兵，占领州郡，称王称帝。李靖在马邑，觉察到太原留守李渊正在密谋策划起兵，于是他前往江都（今江苏扬州），准备向在那里的隋炀帝告发。不料走到长安，道路阻塞不通，只好滞留长安。大业十三年，李渊在太原起兵反隋。他乘瓦岗军与镇守洛阳的隋将王世充正在争夺河南，关中兵力空虚之机，迅速抢渡黄河，攻占了长安。李渊在长安俘虏了李靖，决定把他处死。

临刑之际,李靖呼喊说:"你李渊起兵,本为天下除暴乱,以成大业,为何以私怨而斩壮士?"李渊一听,知道李靖不是寻常人物,再加上李世民又站出来为他说情,这才免他一死。李靖从此归附了李渊和李世民父子,实现了他多年以来梦寐以求的"遇主逢时"的愿望,在李渊统一全国,李世民征讨东突厥的战争中,立下了丰功伟绩。

二、平抚岭南

大业十四年三月,在农民大起义的沉重打击下,隋朝的统治已经陷于瓦解状态,隋炀帝在江都被大将军宇文化及等人杀死。五月,李渊在长安建立唐朝,他就是唐高祖。武德二年(公元 617 年),唐高祖稳定了在关中地区的统治,并且在占据了巴蜀地区(今四川)后,便以关中为根据地开始着手进行统一全国的战争。他一方面命秦王李世民经略北方,一方面则以赵郡王李孝恭等人经略荆州地区(今湖北荆州地区)。当时的荆州为梁王萧铣所盘踞。萧铣是南朝梁皇室后裔,在隋末农民大起义中起兵,占据了长江中游地区,势力范围东起巴陵(今湖南岳阳),西抵三峡,北自汉水中游,南极交趾(今越南北部),建都江陵(今湖北江陵),拥有精兵四十万,是当时南方一股极为强大的割据势力。

为了讨伐萧铣,唐高祖命令李靖率兵南下,前往夔州(今四川奉节),进行出征前的准备工作。李靖率领唐军抵达峡州(今湖北宜昌)后,受到萧铣军队的阻挡,迟迟无法开赴夔州。唐高祖对李靖本来就有宿怨,听到他滞留峡州不进的消息,恼怒异常,命令峡州都督许绍把他处死。幸好许绍很爱惜李靖的才干,上奏请求赦免,唐高祖这才作罢。后来,许绍击败了萧铣的军队,李靖到达夔州。第二年,开州(今四川开县)少数民族首领冉肇则进攻夔州,驻守夔州的赵郡王李孝恭迎战失利。李靖闻讯,急率八百士卒偷袭冉肇则大营,并在一个险要地点设下伏兵,阵杀了冉肇则,俘敌五千余人。这个以少胜多的消息传到京城,唐高祖特别高兴,对大臣们说:"我听说使功不如使过,李靖果然立了大功。"他亲手写了一个敕令给李靖,说:"既往不咎,以前的事,我早就忘了。"从此,唐高祖对李靖倍加重用。

武德四年(公元 621 年)初,李靖经过深思熟虑,根据敌我双方的情况,向李孝恭提出了攻取萧铣的十条方略。李孝恭把李靖的方略上报给唐高祖,唐高祖极为赞赏,决定加以采纳。于是,便任命李孝恭为夔州总管,任命李靖为行军总管,兼任李孝恭的长史,让他担负战争的具体指挥工作。

李靖接到任命,即按十条方略,积极进行出征的准备工作。讨伐萧铣,水师在作战中的作用是十分重要的。但唐军缺乏战船,而且军中的士卒大部分是北方人,不习水战,所以李靖就加紧建造战舰,训练水师。而且唐朝在巴蜀地区的统治还很不巩固,李靖劝说李孝恭,选用巴蜀大地主和少数民族酋长的子弟,安置在自己的身边,表面上是提拔重用,实际上是作为人质。这样,不仅稳定了巴蜀局势,同时因水师多是巴蜀人,对稳定军心也起了重要作用,为战争的胜利奠定了基础。

九月,唐高祖下达讨伐萧铣的诏令,唐军兵分四路向荆州地区进发。赵郡王李孝恭受命为荆湘道行军总管,李靖摄行军长史,统领十二总管,为唐军的主力,自夔州顺流东下。时值江水泛涨,三峡路险,急流汹涌,萧铣认为李孝恭、李靖根本不会沿水路出师,毫不加防备。李孝恭的部将也认为江水猛涨,不宜出师,建议等到江水退落以后再进军。李靖认为:"兵贵神速。现大军刚刚集结,萧铣还不知道,如果乘江水正涨出师,突然出现在江陵城下,攻其不备,乃是兵家上策。即使萧铣得知我将出师的消息,仓促调集军队,也无法应战。擒获萧铣在此一举,机不可失也!"李孝恭采纳了李靖的正确意见。于是,大军分乘二千余艘战舰,由夔州出发,浩浩荡荡,乘急流,过险滩,顺利渡过三峡,顺流而下,在十月间抵达夷陵(今湖北宜昌)。萧铣大将文士弘率精兵数万屯驻于清江(今湖北清江,自宜都注入长江),李孝恭准备乘胜追击。李靖认为,文士弘是萧铣手下的名将,士卒精锐骁勇,不可力战,主张把战舰停泊在长江南岸,暂时不与敌军交锋,待其士气衰落,再出兵决战。但是,李孝恭没有采纳李靖的合理建议,命令李靖驻守大营,亲自率军向文士弘发动进攻。不出所料,李孝恭果然失利,被迫回奔江南的大营。李靖密切观察敌情,他发现文士弘的军队在小胜之后,都离船上岸抢掠财物,阵势混乱不堪,立即指挥将士乘机出击,一举击败了文士弘,缴获战舰四百余艘,歼敌万余人。文士弘带领败兵逃窜,李孝恭挥师进击,直至百里洲(唐时,长江在今湖北枝江南北分流,二流之间有一小岛即百里洲,今已不存)。文士弘整军复战,又遭惨败,退入北江(长江出百里洲而东流的水道)。

打败文士弘后,李孝恭命令李靖率领精兵,直逼江陵城下。萧铣做梦也没料到李孝恭、李靖的大军会来得如此神速。在此之前,萧铣下令罢兵归农,只留下宿卫士卒几千人,将大部分士卒分散到各地去屯种。这时,他只好又仓促下令,把士卒重新集中起来。江陵的防御极为空虚,道路遥远,士卒一时无法集结。李靖首先乘虚攻占外郭,然后又攻下江陵水寨,先后击败萧铣大将杨君茂、郑文秀,俘虏士卒四千余人,进而围困江陵城。在攻下江陵水寨时,缴获了萧铣大批战船,李靖下令把这些战船全部散于长江水中,顺流飘荡。部将对他的做法,很不理解,说:"缴获敌人的船只,应该加以利用,为什么把它们丢弃了,难道是为了资助敌人吗?"李靖回答说:"不然,萧铣所盘踞的地区,南至岭外(今广东、广西等地),东到洞庭湖,范围很大。假若我军一时攻城不下,萧铣援军赶到,我们就内外受敌,进退无路,虽有船只,又有什么用处呢?如果把缴获的这些战船散在江中,萧铣沿江将领忽然见到船只顺流飘散而下,必然认为萧铣已被打败,江陵失守,就不敢再进兵了,等到他们弄清事情的真相,至少也得十天半个月。我们用这个办法延缓敌人救兵的到来,必定可以顺利地攻克江陵。"果然,赴援萧铣的救兵抵达巴陵,见到大江之中飘荡的船只,疑惑不进。萧铣见无援军到来,李靖攻城甚紧,无计可施,只好下令打开城门出降。李靖率军先入城,号令严肃,军不私掠。李孝恭率领大队人马随后入城,诸将建议没收萧铣将士以及同唐军交战而死的人的家产,分赏给将士们。李靖却坚决反对,他指出:"王者之师,应该宣扬忠义。为萧铣战死的人,死为其主,乃是忠臣,不能与叛逆者同等看待。至于投降的人,更不应该加以惩罚,因为萧铣所控制的地区,还有许多尚未归附,如果我们惩罚萧铣的降将,没收他们的家产,那里的将士就会坚守不降。所以,我们应该宽大为怀,以慰人心。"李孝恭接受李靖的意见,不仅不没收萧铣将士的家产,并下令严禁掳掠。全军将士秋毫不犯,江陵城中,人心安定。江汉之间萧铣所属的州县得到这些消息,纷纷望风归降。几天后,援救萧铣的各路大军十余万人,得知萧铣已经投降,也都解甲而降。

平定萧铣后,唐高祖授予李靖上柱国,封永安县公。接着,李靖受命代表朝廷按国家制度任命地方官吏安抚岭南地区,并拥有"承制封拜"的特权。李靖到达岭南后,派遣使者分道招抚诸州。武德五年(622 年)七月,岭南少数民族的重要首领冯盎投降,岭南之地全部为唐朝所占有,计得九十六州,六十余万户。于是,唐高祖又任命李靖为岭南安抚大使、检校桂州(今广西桂林)总管,让他镇守岭南。

三、统一江淮

武德六年七月,接受唐朝招抚的江淮农民起义军,由铺公柘领导,在江南重新起兵反唐。唐高祖任命李孝恭为元帅,李靖为副元帅,率兵前往镇压。

　　铺公柘原是江淮起义军主要领袖之一。江淮起义军是隋末农民大起义的一支重要力量,主要活动于淮南江北地区,与翟让、李密领导的瓦岗军、窦建德领导的河北军齐名。这支农民军以历阳(今安徽和县)为根据地,沉重地打击了隋炀帝的统治,并迫使外出巡幸的隋炀帝滞留江都(今江苏扬州),无法北归东都洛阳,为推翻隋朝的腐朽统治建立了丰功伟绩。武德二年,江淮军主要领袖杜伏威派遣使者到长安,向唐朝投降,被唐高祖封为吴王。后来,杜伏威击败了江南一些地主武装势力和农民起义军,完全控制了淮南江东之地,并将根据地迁到丹阳(今江苏南京)。武德五年,秦王李世民率兵镇压了窦建德部将刘黑闼的势力后,占领淮北地区,而长江中游地区及岭南地区也在前一年为唐朝所占领,杜伏威感到势单力孤,难以存在下去,为表示投降的诚意,便主动前往长安入朝。辅公柘对杜伏威降唐深为不满,就率领部众在623年秋重新起兵反唐,自称皇帝,建立了"宋"政权。起兵之后,他立即部署兵力,向海州(今江苏连云港西南海州镇)、寿阳(今安徽寿县)发动进攻。

　　李靖受命与李孝恭一起带领李绩等七总管的军队镇压辅公柘。到武德七年初,唐军先后攻占了广陵(今江苏扬州)、芜湖(今安徽芜湖)等地,把江淮起义军压缩在江东地区,辅公柘为了确保丹阳的安全,派遣大将冯慧亮率水师三万屯驻于江东的博望山(在今安徽当涂西南三十里),大将陈正通率步骑三万屯驻于青林山(今当涂东南),并在梁山(博望山对岸)、博望二山之间拉起铁链,封锁江路,以防李孝恭、李靖顺江而下,或沿江由陆路东进。李孝恭与李靖率水陆大军抵达舒州(即今安徽安庆一带),冯慧亮死守不战,双方处于对峙状态。李孝恭召集众将研究对策,大多数将领认为,冯慧亮拥强兵扼守,又据水陆之险,如果强攻,一时难于取胜,建议出兵绕道直取丹阳,掩袭辅公柘的根据地,丹阳一败,冯慧亮就会不攻自降。李孝恭准备采纳诸将的建议,但李靖却认为冯慧亮所率领水陆二军虽然是辅公柘的精兵,但辅公柘亲自率领的部队数量也不少。现在博望山等几个营寨尚且不能攻拔,攻取丹阳又谈何容易! 如果攻取丹阳,将要腹背受敌,非常危险。他提出唐军前往挑战,将冯慧亮的军队引出城外,可以一举破敌的建议。李孝恭认为他的分析很有道理,便派一些老弱士卒前去进攻冯慧亮的营寨,而把大部分精兵放在后面,列阵以待。战斗打响后,前去攻营的老弱士卒不胜而退,冯慧亮不知是计,率兵出城追击,追奔了几里路,正遇上朝廷军的大队人马,被打个措手不及,遭到惨败。李孝恭、李靖乘胜率领水陆大军俱进,转战百余里,博望山、青林山的戍卒纷纷溃败,冯慧亮、陈正通二将弃阵逃遁,死伤万余人。李靖率军攻到丹阳,辅公祏得知冯慧亮、陈正通的败讯,十分恐惧,尽管手下还拥有数万精兵,仍然弃城东走,向会稽(今浙江绍兴)撤退。唐军紧追不舍,辅公祏的士卒沿路溃散,最后辅公祏在武康(今浙江德清西武康镇)被俘。至此,江淮农民军便被彻底镇压下去,唐朝基本上完成了全国的统一。

战争结束后,唐朝在丹阳设东南道行台,以李靖为行台兵部尚书。不久,废除行台制度,设扬州大都督府,又以李靖为大都督府长史,协助李孝恭统治江南地区。经过长期的战乱,江南社会经济凋敝,人心浮动,李靖派官吏到各地进行安抚,使民心逐步安定下来,生产也日渐恢复和发展起来。

四、北击突厥

李靖做了一年多的扬州大都督府长史,于武德八年又奉命来到北部边疆,投入了反击东突厥的斗争。

雄踞漠北的东突厥,在隋末乘中原战乱之机再度崛起,不少农民起义领袖和地主武装割据势力纷纷向他称臣纳贡,甚至向他借兵,就连唐高祖李渊也曾向他称臣纳贡,并借兵南下,发展自己的势力。后来,李渊称帝建立唐朝,觉得向东突厥称臣纳贡是个耻辱,而东突厥也不愿意看到中原地区出现一个统一的强大的唐王朝,于是双方的关系日趋恶化。从武德五年起,东突厥的颉利可汗便多次率兵南下,进攻唐朝,并且一度逼近到长安。唐高祖在镇压了辅公祏,基本实现全国的统一之后,决心集中力量进行反击,武德八年,他命令李靖率领江淮兵一万出潞州(治所在潞州,今山西长治)北上。八月,颉利可汗带领十万骑兵南下,大肆掳掠朔州(今山西朔县),唐将张瑾率兵迎击,在太谷(今山西太谷)全军覆没。第二年四月,颉利可汗又进攻灵州(今宁夏灵武),李靖率兵前往抵御,在碛石(今宁夏青铜峡南)展开一场激战。他指挥将士顽强拼杀,经过一天战斗,迫使颉利可汗引兵北退。不久,唐高祖便以李靖为灵州大都督,让他担负北方的御敌重任。

武德九年,唐朝太子李建成(唐高祖长子)、齐王李元吉(唐高祖第四子)与秦王李世民(唐高祖次子)争夺权力的斗争日趋激化。李世民的妻弟长孙无忌竭力劝说李世民发动政变,诛杀太子李建成、齐王李元吉,李世民犹豫不决,征求李靖的意见,他婉言辞谢,没有答话,从而得到李世民的敬重。六月,李世民发动玄武门事变,诛杀李建成和李元吉,两个月后,唐高祖传位给他,他就是历史上著名的皇帝唐太宗。唐太宗继位后,即以李靖为刑部尚书,后来又任命他代理中书令(宰相),再后又改任为兵部尚书兼代理中书令。

唐太宗即位后,东突厥颉利可汗乘唐朝发生政变之机,率大军直逼渭水便桥(今陕西西安通往咸阳的渭河桥处),威胁长安。唐太宗感到唐朝还没有足够的力量与之决战,只好亲自前往渭水便桥,与颉利可汗结盟,送给他大批金、帛,颉利可汗这才回师北撤。

但是,在这一事件之后,东突厥内部贵族之间互相争权夺利的矛盾急剧激化,特别是颉利可汗与突利小可汗之间的矛盾更是尖锐,不时发生内战。同时,遭受突厥统治的铁勒诸部中的薛延陀、回纥等,也乘颉利可汗南下进攻唐朝的时机,逐步发展自己的势力,摆脱了突厥的控制。再加上蒙古草原气候恶劣,频年大雪,牛马牲畜大批死亡,人民生活发生困难,东突厥的势力日渐削弱了。而唐朝经过唐太宗几年的治理,人心安定,社会经济逐步复苏起来,开始显露出升平局面的曙光。于是,唐太宗决定进行大规模的反击。贞观三年九月,他任命兵部尚书李靖为行军总管,代州(治所在代州,今山西代县)都督张公瑾为副总管,讨伐东突厥。十一月,李靖与李绩等分兵四路,合兵十余万,北上出击。第二年初,李靖率骁骑三千从马邑(今山西朔县)进屯定襄(今内蒙古和林格尔)南的恶阳岭,然后夜袭颉利可汗的牙帐所在地定襄。颉利可汗没有预料到李靖会突然率兵深入突厥境内,他误以为唐朝大军必定是倾国而来,否则不敢孤军深入,慌忙率众越过青山(今内蒙古大青山),逃向碛口(大沙漠之口,在今内蒙古二连浩特西南)。李靖不战而定襄后,派间谍潜入敌人内部,实施离间计,使颉利可汗的亲信康苏密带领一部分东突厥部落降唐。这是唐朝建国以来对东突厥战争中取得的第一次重大胜利,唐太宗得到捷报,特别地高兴,晋封李靖为代国公,并赞扬李靖说:"汉朝李陵以步卒五千抵御匈奴,然而终归降于匈奴,他尚且留名青史。李靖以骑兵三千进入突厥地区,攻占定襄,威震北方,此前所未有,足以雪往年渭水便桥结盟之耻也!"

颉利可汗逃到阴山(今内蒙古阴山)之北的铁山之后,尚有余众数万,但已是困难重重,所以派遣使者到长安谢罪,请求内附于唐朝,并且表示颉利可汗本人将亲自入朝的意愿。唐太宗派遣唐俭前去抚慰颉利可汗,并命令李靖率兵迎接颉利可汗。颉利可汗并非真心实意要入朝,只是想借此阻止唐朝的进军,准备待到莒青马肥之时,再逃往大沙漠以北(今蒙古地区)。

李靖引兵与李绩相会于定襄北的白道(今内蒙古呼和浩特北),两人分析当时的形势,商议说:"颉利可汗虽失败,但突厥部众依然很盛。一旦让颉利可汗逃入漠北,道路远阻,我军就不易追击。现在朝廷的使者已经到达颉利可汗那里,颉利可汗必定认为朝廷不会再出兵进攻,而不加防备。如果现在选拔一万精兵,携带二十天的口粮,前往偷袭,就可轻而易举地把他活捉。"他们把自己的意见告诉行军副总管张公瑾,张公瑾犹豫不决,说:"皇上的诏书已经同意接受颉利可汗投降,朝廷的使者也已经去他那里,我们怎好再发兵进击呢?"李靖说:"这就是韩信所以破齐的计策也!"夜里,李靖便领兵出发,李绩继后,进至阴山,俘获突厥数千人。果不出李靖、李绩所料,颉利可汗见到朝廷使者唐俭心中大喜,以为唐军不会继续北进,毫无戒备。李靖派遣苏定方率二百轻骑为前锋,乘雾而行,悄悄地逼近颉利可汗的牙帐。当唐军到达距离牙帐七里的地方,颉利可汗这才觉察,匆忙骑马奔逃。李靖率军掩击,突厥部众溃散,唐俭乘混乱之机脱身返回,唐军歼敌万余人,俘虏男女十万余口,牲畜数十万头。颉利可汗带领万余人准备越过大沙漠,向北逃遁。李绩率兵抢先赶到碛口,挡住颉利可汗的逃路,突厥部众纷纷投降。颉利可汗眼看翻越大沙漠的通道被堵死,被迫向西逃,准备穿过河西走廊(今甘肃西部),进入吐谷浑地区。由于众叛亲离,不久即被唐军俘获。至此,号称控弦百万的强大的东突厥汗国灭亡了。

东突厥灭亡的消息传到长安,唐太宗异常高兴,因为这不仅消灭了唐朝北部的一个劲敌,而且洗掉了唐高祖在太原起兵时向东突厥称臣的耻辱。唐太宗和太上皇李渊特地在皇宫的凌烟阁上举行庆祝酒宴。酒酣之后,太上皇李渊亲自弹奏琵琶,唐太宗随乐起舞,由此可见父子二人的兴奋心情。

五、位高而谦的晚年

在灭东突厥的战争中,李靖功居第一。但是凯旋归来,御史大夫萧瑀却上奏唐太宗,弹劾他"破颉利牙帐,御军无法,突厥珍物,掳掠俱尽"。唐太宗虽然下了一道敕书免予弹劾,但是等到李靖入宫晋见,还是当面对他大加斥责。李靖忍让为怀,不予置辩。后来,唐太宗明白这是有人陷害李靖,赏给李靖许多绢匹,并对他说:"以前有人说你的坏话,现在我已经明白自己上当了,你千万不要把这件事放在心里。"八月,正式任命李靖为尚书右仆射(宰相)。李靖担任宰相后,虽然身居富贵,功名显赫,但在盛名之下,颇知自足,为人沈厚,从不盛气凌人,被唐太宗誉为"一代楷模"。贞观八年,李靖因病请求辞去宰相职务,唐太宗便给他特殊礼遇,让他在病情好转时,每两三日到政事堂参加宰相会议。

就在辞掉宰相职务的这一年底,六十四岁的李靖又率军出征了。当时,唐朝与吐谷浑屡有摩擦,唐太宗决定大举讨伐吐谷浑。唐太宗本想以李靖为帅,但又觉得他已年迈,不好开口,李靖知道后,请求挂帅出征,说:"臣虽年老,尚可一征。"唐太宗喜出望外,任命他为西海道行军大总管,率兵部尚书侯君集、刑部尚书李道宗等五总管,出征吐谷浑。贞观九年闰四月,李道宗于库山(今甘肃兰州西)大败吐谷浑,吐谷浑王伏允放火焚烧野草,然后向西逃跑。李靖部将认为,野草被烧,马就缺食,不可深入追敌。但是李靖采取了侯君集的建议,分兵两路追击吐谷浑王伏允,李靖率领薛万均、李大亮沿湟水(今青海湟水,黄河支流)西进,为北道,侯君集与李道宗沿黄河西进,为南道。李靖在牛心堆(今青海西宁南)大败吐谷浑,接着南下,又在赤水源再度击败吐谷浑。侯君集等往西追击伏允到达乌海(今青海冬给措纳湖)。各路唐军不顾路途艰险、缺水缺粮的困难,越过积石山(今青海阿尼玛卿山),穷追不舍,终于击溃伏允的军队。伏允逃入大沙漠中(今柴达木盆地),其子慕容顺举国投降。不久,伏允为部下所杀,李靖立慕容顺为吐谷浑王,然后率军凯旋而归。

在出征吐谷浑的过程中,李靖因为行军总管高甑生延误军期,曾按军法处分。凯旋之后,高甑生为报私仇,诬告李靖谋反。后来唐太宗虽然以诬告罪将高甑生流放边疆,但这件事却在李靖的心中投下了一层阴影,使他觉得自己功高位重,成为众矢之的,难以自处。为了避免招惹麻烦,从此他便阖门杜绝宾客,即使亲戚也不让随便进入家门。后来改封爵为卫国公。贞观二十三年(649年),病死于家中,享年七十九岁。唐太宗下令将他陪葬于昭陵,把他的坟墓修成铁山、积石山的形状,以旌表他北灭东突厥、西征吐谷浑之功勋。

李靖不仅是能征善战的一代军事统帅,而且也是一位对兵法很有研究的一代大军事家。据说,唐太宗曾让李靖教大将侯君集兵法,侯君集对唐太宗说:"李靖想要谋反。"唐太宗问他证据何在,他说:"李靖只教给我兵法的粗略部分,而不教精华部分,他留了一手,显然是想要谋反。"唐太宗就去问李靖,李靖回答说:"这是侯君集想要谋反。现在全国形势已经安定,我教给侯君集的那些兵法,就足够制服四方之用,他却坚持要把我的全部兵法学到手,这不是要谋反又是为了什么呢?"侯君集后来果真与废太子李承乾一道谋反,这里姑且不说李靖此时是否真的看出他有造反之心,但侯君集在唐初已是一员战功累累的名将,先后出任兵部尚书、宰相,唐太宗却让他向李靖学习兵法,这就足以说明李靖对兵法是何等精通了。另外,贞观二十年,唐太宗在亲征高丽败绩后,自己弄不明白失败的原因所在,就求教于李靖,问他:"我以天下之众,败于小国,究竟是什么原因呢?"李靖回答说:"这个问题江夏王李道宗可以解释明白。"唐太宗又去问李道宗,李道宗说:"陛下亲征高丽时,臣曾提出乘虚攻取平壤的策略,可惜陛下未予采纳。"唐太宗听后怅然地说:"当时行军匆忙,我已不记得这件事了。"此时李靖已是七十六岁高龄,又未参与高丽战事,但对唐太宗出征的过程及作战指挥的利弊得失了如指掌,一句话就解开了唐太宗百思不得其解的疙瘩。

李靖著有《李卫公兵法》一书,惜已失传,只有唐代后期杜佑写的《通典》及宋朝人写的《太平御览》,尚保留此书的部分内容。

平定安史之乱的主将——李光弼

　　唐玄宗天宝十四年,范阳(今北京)等三镇节度使安禄山和他的部将史思明发动叛乱,二十万叛军自范阳南下,如风扫残云,直下唐朝东都洛阳和京师长安(今陕西西安),这就是历史上著名的"安史之乱"。强盛一时的唐王朝濒临灭亡,幸亏有一批坚决维护国家统一、对唐朝忠贞不渝的爱国将领率领广大军民奋起抵抗,平定了这次叛乱,唐王朝这才转危为安,免于灭亡。李光弼就是其中一位贡献突出的将领,他为平定安史之乱立下了卓越的功勋。

一、讨伐安史　初战告捷

　　李光弼,生于唐中宗景龙二年(708年),卒于唐代宗广德二年(764年),契丹人,原籍营州柳城(今辽宁朝阳)。其先辈为契丹酋长,父亲李楷洛,在唐玄宗开元初年任朔方节度副使,封蓟国公。李光弼虽出身于少数民族,但幼年时却受到了良好的教育,能读班固的《汉书》。他善骑射,少年时便跟随父亲过着戎马生活,并子以父贵,资荫左卫郎。天宝五载,在河西节度使(治所在凉州,今甘肃武威)王忠嗣麾下供职,深得王忠嗣的赏识和器重,王忠嗣常说:"光弼必居我位。"意思是说,李光弼将来肯定能做上节度使这样的高官。天宝八载(749年),官至河西节度副使,封蓟郡公。天宝十一载,升为单于。大都护府(治所在今内蒙古和林格尔)副都护,成为边疆大吏。天宝十三载,朔方节度使(治所在灵州,今宁夏灵武)安思顺入朝,推荐李光弼为朔方节度副使,知留后事,实际上就是让李光弼代管朔方节度使事务。安思顺非常器重李光弼的才华,打算把自己的女儿嫁给他。李光弼因为不同意这门亲事,就装病辞官,回到了长安。

　　天宝十四载,当安禄山在范阳发动叛乱,攻下洛阳,进逼关中之际,唐玄宗命令在家养病的哥舒翰率二十万大军镇守潼关,保卫京师长安的安全。正在此时,李光弼被任命为朔方节度使左兵马使。十二月,他即随朔方节度使郭子仪沿黄河东进,并于静边军(今内蒙古和林格尔)击败叛军,获得了很大胜利。

至德元载正月，安禄山在洛阳自称大燕皇帝。唐玄宗为了进一步组织兵力收复洛阳，命令郭子仪回朔方扩充队伍，并选拔一员大将代替他率军征讨河北地区。郭子仪推荐了李光弼，唐玄宗便任命他为河东节度使（治所在今山西太原），把郭子仪所属的朔方军一万人拨给他指挥。不久，晋升他为魏郡（今河北大名）太守、河北道采访使，主持收复河北地区的战斗。李光弼率朔方各族骑兵万余人、太原弓箭手三千人，东出井陉（今河北井陉西北），攻占河北中部重镇常山（今河北正定）。正在围攻饶阳的叛军首领史思明解饶阳之围，率二万余骑兵进抵常山城下，企图围歼李光弼。李光弼先派遣步兵五千由东门出战，击退敌骑兵。接着，命一千名弓箭手分成四队出城大战，敌骑兵抵挡不住，退到城北。李光弼又派遣五千步兵出南城，在呼沱水（今河北滹沱河）两岸布阵，敌骑兵多次前来挑战，都被击退，损失了大量人马。此时，当地老百姓报告，敌步兵五千由饶阳前来，正在常山东的逢壁休息，李光弼即派遣步骑兵各两千人前往偷袭。他们偃旗息鼓，沿呼沱水西行，至逢壁，乘敌兵正在吃饭，突然发动袭击，几乎全歼敌兵。史思明得知步兵被歼，率兵退到常山东的九门县。常山所属九县中，至此已有七县被唐军克复了。

三月，唐玄宗任李光弼为范阳长史、河北节度使。此时，史思明断绝常山粮道，李光弼向郭子仪告急。郭子仪于四月间率军进入常山，与李光弼合兵十余万，在九门击败史思明，迫使他退守博陵（今河北定县）。唐军军威大振，乘胜攻占赵郡（今河北赵县）。接着，李光弼率军进围博陵，经过十天的围攻，一时未能攻克，加上粮饷不继，只好解围而去。五月，李光弼与郭子仪还归常山，并在沙河（今河北大沙河）大败史思明尾随而来的部队。安禄山见史思明处境不妙，派遣蔡希德从洛阳率步骑两万人、牛廷玠从范阳率步骑万余人前来救援。唐军采取"贼来则守，去则追之"的战略战术，深沟高垒，严阵以待，白天耀兵扬威，夜里偷袭敌营，使叛军无法休息。过了数日，叛军疲惫不堪，李光弼、郭子仪率军出城，在恒阳境内的嘉山与史思明展开激战，歼敌四万，俘虏千余。

二、太原大战 以少胜多

李光弼、郭子仪在嘉山大捷后，上表请求率军北上，直捣叛军巢穴范阳，捉拿叛军将领的妻子儿女做人质，迫使叛军不战自溃。但是，在大好形势面前,求胜心切的唐玄宗却误信宰相杨国忠的意见,逼迫防守潼关的哥舒翰出关与安禄山交战,以期及早收复洛阳。哥舒翰虽然拥有近二十万军队,但都是临时招募来的,未经训练,只宜据险坚守,不宜弃险与敌硬拼。在朝廷的一再催促之下,他只好在六月率兵出关,结果在灵宝(今河南灵宝北)被叛军打败,做了俘虏。叛军乘势攻占潼关,附近各郡官吏纷纷弃城逃跑。杨国忠与唐玄宗弃京师仓皇出逃,安禄山喜出望外,不战而下长安。

李光弼得知潼关失守,急解博陵之围,与郭子仪率军退入井陉,刚刚收复的河北郡县又相继丢失了。

至德元年(756年)七月,太子李亨在录武(今宁夏灵武)即帝位,是为唐肃宗。他召见李光弼和郭子仪,任命李光弼为户部尚书、北都太原留守、同中书门下平章事,命令李光弼率河北士卒五千赴太原,继续经略河北地区。

第二年正月,史思明在基本占领河北地区后,分兵由东、南、北三面进攻太原,四路合兵十万。他认为李光弼士卒不多,太原指日可取,打算在攻占太原后由北道迳取灵武。李光弼原所率领精兵已调往灵武,跟随他从灵武到太原的只有河北士卒五千人,再加上太原的驻守士卒,不过万余人。因此,听说史思明率各路大军合攻太原,李光弼的部将都惶惧不安,主张修城自固。李光弼认为:"太原城方圆四十里,贼垂至而役兴,是未见敌先自困也。"也就是说,还未见到敌人,就劳民伤财大修城墙,将使自己陷入困境。他决定在城外挖壕沟,这可节省民力、物力,又可以达到加强防御的目的。李光弼亲自率领士卒、百姓挖掘壕沟,并做了几十万个土坯。等到史思明的大军攻打太原时,他命令将士用土坯修筑营垒,营垒被敌人打坏,则用土坯随时补修。史思明攻城受阻,月余不能取胜,又选精锐士卒为游兵,进攻城南,再转攻城西,自己亲率士卒攻城北,而后转攻城东,试图寻找唐军防守的漏洞。然而,李光弼治军严整,令行禁止,士卒警戒巡逻,没有丝毫的懈怠,使史思明无隙可击。

李光弼在敌我众寡悬殊的形势下,不是单单防御固守,而是守中有攻。他挑选三个做过矿工的士卒,指挥将士从城中挖掘一条通往城外的地道。史思明派士卒在城外辱骂李光弼,唐军从地道里捉住他的脚,把他拖入城内,然后拉到城墙上处死。史思明士卒因而惶恐不安,走路时都得低头看地。还有一次,史思明的士卒以云梯攻城,还没有到达城下,就因地道塌陷而撤退。李光弼为阻止史思明强行攻城,还在城上安装石炮(抛石器),发射巨石轰击叛军,一炮射出的石块可以打死二十几个人。有一次,叛军攻城,就被石炮击毙十分之二三。叛军多次发动猛烈进攻,都被唐军击退了。

但他们自恃人多势众，继续围攻唐军。李光弼为了击破叛军的围困，派人到史思明大营诈降，并约定了出城投降的日期，借以麻痹敌人。叛军信以为真，放松戒备。李光弼乘机暗中派人把地道挖到史思明的大营，地道顶上留下很薄的土层，用木头支撑作为陷坑。到了约定出降的日期，李光弼派部将率数千士卒出城，伪装投降，史思明将士深信不疑，准备受降。

此时，唐军撤去地道中的撑木，叛军大营突然塌陷，死了一千多人，将士惊恐异常，乱成一团。唐军擂响战鼓，奋勇冲杀，俘斩叛军一万余人。

正值太原之战紧张进行时，安庆绪在洛阳杀死安禄山，自立为帝，令史思明等部回守范阳，仅留蔡希德率众继续围攻太原。史思明看到一时无法攻破太原，只好率军北归。至德二年（757 年）二月，李光弼率敢死队出击，大破蔡希德军，歼敌七万余人，缴获军资器械、粮草不可胜数，蔡希德率残兵仓皇逃窜。

太原之战，是唐军平定安史之乱以来的第一次重大胜利。这个战役前后共计歼灭叛军八万多人，沉重打击叛军的嚣张气焰，从而彻底打破了史思明企图夺取河东，然后攻朔方、陇右的计划，有效地掩护了朔方战略基地，为此后击败安庆绪，收复两京，创造了极为有利的条件，因而具有重大的战略意义。

太原之战是古代城邑保卫战中以少胜多、以弱制强的一个典型战例。在这次战役中，李光弼充分发挥了他的军事才能，运用了极为巧妙的战略战术。太原是河东节度使的治所，地处战略要冲，为河东之根本。李光弼依靠就地重新组建的劣势兵力守城，采用加固城池，顽强坚守，与不断寻机出击相结合的战法，不仅使叛军屡攻不破，而且给予歼灭性的打击，从而彻底打破史思明的战略计划，有效地保护了朔方战略基地的安全。在防守太原时，李光弼还采用了石炮和地道，发展了中国古代的守城战术与技术，取得了很大的成效。在战斗中，李光弼身先士卒，始终与士卒同甘共苦。叛军围城五十余日，李光弼设小帐幕于城东南角，不分昼夜，同将士甘苦与共。办理军务路过城中家门，未尝回顾，一直到击败蔡希德后的第三天，处理完军务，方归还府第。这对提高将士斗志，稳定军心、民心起了极为重要的作用。

太原之战胜利的消息传到灵武，唐肃宗下诏褒赏李光弼，以李光弼为司空，兼兵部尚书，仍同中书门下平章事，晋封魏国公。

三、邺城受挫　败不折兵

　　至德二年(757年)初冬,郭子仪等率军击败安庆绪,先后收复长安和洛阳,安庆绪败逃邺城(今河南安阳)。但是,唐肃宗认为胜利在握,急于迎唐玄宗回朝,大封功臣,因此迟迟没有组织战略追击。安庆绪乘机收集残部,重整旗鼓,他令黄河以南叛军全部撤至邺城会合,连同在河北诸郡招募的新兵,共聚集六万余人,准备固守邺城,对抗唐军。

　　过了近一年时间,唐肃宗才决定出兵北攻安庆绪。乾元元年八月,唐肃宗召李光弼入朝,升李光弼为侍中,改封郑国公。九月,命令李光弼、郭子仪等十节度使兵合数十万讨伐安庆绪。唐肃宗认为李光弼、郭子仪都是国家元勋,难相统属,因而不设元帅,而任命宦官鱼朝恩为观军容宣慰处置使,负责节度诸军,鱼朝恩实际上就成为此次出征的最高统帅。

　　十月,各节度使兵进逼邺城。安庆绪屡战屡败,退入城内固守,并以让位为条件,求救于史思明。史思明与安庆绪早有矛盾,他自恃兵强马壮,粮食充足,与安庆绪分庭抗礼。但安庆绪危在旦夕,他又担心安庆绪如被唐军消灭,自己将陷于孤立无援的困境,决定亲率大军南下救邺。他分兵三路攻入魏州(今河北大名北)后,按兵不动,于乾元二年(759年)正月在魏州城北自称大圣燕王。李光弼看出史思明按兵不动,意在麻痹朝廷的军队,然后乘朝廷军松懈戒备,以精兵进行袭击。为此,他建议以本部人马和朔方军主动发起攻击,迫使史思明出战,而史思明因有被朔方军击败的惨痛教训,必然不敢轻出,这样不仅暂时可以牵制史思明,而且时间一久,邺城必然疲困不堪而被攻破。邺城一破,魏州的史思明更加孤立,也就容易被消灭。但是,李光弼这一正确的战略方针遭到既无能又嫉贤的宦官鱼朝恩的反对,从而贻误了战机。

　　果不出李光弼所料,三月,史思明看到十节度使兵粮食不足,士气低落,亲率五万精兵突然进逼邺城下,袭击十节度使兵。李光弼因为早有准备,率军拒战,未分胜负。但是,由于十节度使兵互不相统属,没有主帅,指挥不统一。鱼朝恩掣肘诸将,屡屡贻误战机,再加上运输粮草的船只遭到史思明的劫掠,军中粮饷不继,士气低落,结果被史思明击败,损失惨重。各节度使相继率本部兵马撤归本镇。李光弼的军队没有受到什么损失,返归太原。

　　邺城之战后,史思明杀死了安庆绪,然后进入邺城。不久,留其子镇守邺城,自己返回范阳,在范阳自称大燕皇帝。

四、固守河阳 出奇制胜

　　邺城之败,鱼朝恩应负全责,但他却把罪责推到郭子仪头上,郭子仪的兵权被剥夺,唐肃宗任命李光弼代替郭子仪为朔方节度使,天下兵马副元帅。李光弼得到任命,即率五百亲兵自太原赴洛阳就任,在夜间到达朔方军大营。

　　李光弼到达洛阳时,郭子仪已离开洛阳入朝。朔方军将领对朝廷更换朔方节度使的做法极为不满,他们一方面为郭子仪打抱不平,另一方面又担心李光弼治军严肃,对部将约束过甚。加上李光弼又是在夜间到达朔方军大营,他们认为这是对朔方军的不信任。驻守河阳(今河南孟县)的左厢兵马使张用济尤其激愤,说:"朔方军不是叛军,为什么李光弼乘夜而入,这不分明是对朔方军的不信任吗?"他召集诸将到洛阳并谋划率领精锐士卒突然进攻洛阳,驱逐李光弼,然后请求朝廷让郭子仪继任朔方节度使。但是朔方军将领仆固怀恩等人认为,这样做必将引起朝廷对郭子仪的怀疑,会坑害郭子仪。他们劝止了张用济的军事行动。张用济无可奈何,单骑来到东都。李光弼因张用济未按时到达,以违犯军令罪将他处死。朔方军的将领这才表示,要服从李光弼的指挥调遣。李光弼素以治军严整著称,他严厉整顿军纪,巡视沿河诸营,朔方军的壁垒、旌旗,军情等从此为之一变。

　　八月,唐肃宗又任命李光弼兼任幽州长史、河北节度等使,准备出兵收复河北地区。但是,由于邺城之败,唐军士气受挫,史思明的气焰极为嚣张。九月,史思明率大军南下,渡过黄河,攻占汴州(今河南开封),然后西攻郑州。这时,李光弼已收缩兵力,退至洛阳。面对叛军的强大攻势,他召集诸将商讨守战之策。李光弼对东都留守韦陟说:"叛军乘胜而来,我军利在坚守,不利速战,这样,洛阳就必须放弃,你认为怎样?"韦陟建议留兵陕州,退守潼关,据险以挫敌之锐气。李光弼分析了敌我形势,认为:"敌我实力大致相当,贵进忌退,现在无故放弃五百里之地,叛军的气焰就会更加嚣张。不如移军河阳,北连泽(今山西晋城)、潞(今山西长治)二州,形势于我们有利时可进取,不利则可以退守。这样表里相应,迫使叛军不敢西侵,此即猿臂之势也。"但是,韦陟又提出:"洛阳为帝宅,奈何不守?"李光弼回答说:"若守洛阳,则汜水(今河南荥阳西北)、崿岭(今河南登封境内)、龙门(今洛阳南)三处都应派驻重兵,你作为兵马判官,能守得住吗?"韦陟无以对答。于是,李光弼下令撤退吏民、物质,放弃洛阳,北守河阳。

李光弼亲自指挥先头部队运输辎重,撤出洛阳。史思明前锋尾随而来,但不敢逼近交锋。李光弼手持火炬,率领全军安全地渡过黄河,到达河阳。此时,李光弼只有二万士卒,粮草仅够十日之用,但由于他部署有方,令行禁止,人心安定。

史思明进入洛阳,因城空毫无所得,又担心李光弼抄袭他的后路,不敢进入洛阳宫城,退到白马寺(今洛阳东北)构筑大营。从此,史思明南不敢出百里,西不敢攻潼关,与李光弼对峙于黄河两岸,李光弼的目的完全达到了。十月,史思明率兵进攻河阳,派骁将刘龙仙进至城下挑战,为唐将白孝德所击杀。史思明有良马千余匹,每天让士卒赶到黄河南岸的沙渚上去洗澡,循环往复,借以显示马匹之多,吓唬唐军,李光弼下令挑选军中的牝马五百匹,把这些牝马所生的小马驹留在城内,待史思明的士卒将马牵到黄河岸边,就将牝马全部赶到黄河北岸,牝马思恋留在城里的小马驹,嘶叫不已。史思明的牡马(一般战马都是牡马)听见牝马嘶叫,全都渡过黄河跑到北岸,为李光弼所获。史思明弄巧成拙,气急败坏,就派战船数百艘,以火船为前驱,企图顺流焚烧李光弼所控制的浮桥。李光弼早有所备,他在黄河北岸安装了数百棵百尺长竿,长杆一头固定在大木桩上,一头绑上铁叉,待史思明的火船一到,即用木铁叉叉住火船,使之无法向下游飘荡,自焚而尽。同时用木竿铁叉以拒战船,并施放石炮轰击,史思明几百艘战船几乎全部被击沉,不胜而去。史思明又派兵至河清(河阳之西,南临黄河)企图切断唐军粮道,李光弼亲自率军出河阳,在野水渡立营防御。到了晚上,他又突然返回河阳,只留部将雍希颢率一千士卒据守营栅,嘱咐说:"贼将高庭晖、李日越、喻文景,都是万人敌的猛将,史思明必派其中一人前来劫营,我暂且离开,你在此等候。如果贼兵到来,不要和他们交战。如果贼将投降,就把他领来见我。"众将不解其意,感到好笑。史思明听说李光弼领兵至野水渡,果然派遣李日越前来劫营,叮嘱他说:"李光弼长于据城坚守,现在他出城野战,必然成擒。你带铁骑连夜赶去,替我把他捉来,捉不到就别回来见我。"李日越率五百骑兵在第二天早上到达野水渡,隔着壕沟看见雍希颢的士卒正在营寨中休息,欢唱自如,感到奇怪,大声问道:"李光弼在吗?"士卒回答:"昨天夜里回河阳城去了。"又问:"这里有多少军队?"回答说:"一千人。"又问:"将领是谁?"回答说:"雍希颢。"李日越思索良久,对部下说:"如今李光弼已走,攻下营寨,只能俘获雍希颢,回去必定被杀,还不如投降的好。"遂率士卒投降。雍希颢领着李日越去见李光弼,李光弼厚加款待,收为心腹。不久,史思明另一猛将高庭晖也投降了李光弼。

史思明损兵折将,在洛阳进退维谷,气急败坏,于是亲率大军进攻河阳。李光弼命李抱玉坚守南城,亲自率军屯驻中潬(河阳西南黄河中的小岛)策应,击败史思明大将周挚的进攻,进入河阳北城。周挚收拾残兵,又渡河进攻北城。李光弼率众进入北城,他登城观察敌阵后,很有信心地对部将说:"贼虽多,气焰嚣张,但军阵不整,不足畏也。不过日中,必为诸君攻破。"他根据敌方兵力的分布情况,派遣众将分头出击,并命令说:"你们看我的令旗而战,若令旗缓缓飘动,你们可见机而战,若令旗急摆三下触地,则万众齐进,杀向敌阵,拼死而战,有退却者斩。"他把一把短刀藏在靴子里,对诸部将说:"战争是危险的事,我是国家重臣,不能死在贼兵手里,万一出战不利,诸君前头死在敌手,我就自刎于此,决不会让你们单独牺牲。"诸将率军勇猛出城。两军交锋不久,李光弼在城上急挥令旗三下触地,诸路军不顾生死,一齐杀向敌营,战鼓雷鸣,呼声震天。叛军抵挡不住,很快就败下阵来,被歼千余人,被俘数百人,溺死者又千余人,大将徐璜玉、李秦授也被唐军俘虏,周挚仅率数骑逃遁。史思明正率军进攻南城,得知北城败讯,无可奈何地下令退兵。

由于李光弼在河阳牵制了史思明主力军,使史思明不敢率军西进,从而保障了潼关和长安的安全。乾元三年(760年)正月,唐肃宗以李光弼为太尉、兼中书令(太尉仍是三公之一,中书令也是"使相",但地位却更加尊崇)。此后,李光弼沿黄河与史思明对峙,屡屡获胜,消灭了大批叛军。二月,率兵进攻河阳东北的怀州(今河南沁阳),击败史思明的援军,歼敌三千余人。三月,又破叛军安太清部于怀州城下,尔后留兵一部分围攻怀州。四月,李光弼又在河阳再次击败叛军,歼敌五千余人。史思明连连失败后,退守洛阳。十一月,围怀州的将士经过百余日激战,破城并活捉了安太清。

五、邙山兵败　固守淮北

上元二年二月,唐肃宗根据宦官鱼朝恩的建议,命令李光弼进取洛阳。李光弼看到史思明兵锋尚锐,所以上奏唐肃宗,说明不可轻进。然而,唐肃宗轻信宦官鱼朝恩之言,接连派宦官催促出军,李光弼不得已,令部将李抱玉留守河阳,与朔方节度副使仆固怀恩会同鱼朝恩率军渡过黄河,往攻洛阳。李光弼命令仆固怀恩在洛阳城北的北邙山据险布阵,但仆固怀恩骄傲轻敌,以骑兵据险列阵不便大战为由,请求移到平原布阵。李光弼指出:

"据险而列阵，败可以退，胜可以进，倘若在平原列阵，一战不利就会导致全军覆没。史思明士卒众多，不可轻敌。"仆固怀恩固执己见，违反军令，擅自把军队调到平原布阵。仆固怀恩布阵未定，史思明即乘机出击，唐军死伤数千人，遭到惨重的损失。李光弼被迫下令渡过黄河，退到闻喜（今山西闻喜），河阳、怀州又相继落入叛军手中。长时期以来河阳、洛阳两军对峙的局势已被打破，叛军随时可能西进入关，威胁长安，唐肃宗君臣为之大惧。然而，史思明获得大胜后不久，却被其子史朝义杀死，叛军内部因而发生一场持续几个月的混战，史思明集团四分五裂，再也无力从洛阳西进。

李光弼退到闻喜后，上表坚决请求贬官。唐肃宗认为邙山之败，罪在仆固怀恩，因此下令以李光弼为侍中，兼领河中节度使。五月，史朝义进攻淮水流域，唐肃宗又召李光弼入朝，任命他为河南副元帅、太尉兼侍中，都统河南、淮南、山南、江南、沂江等八道行营节度，出镇临淮（今江苏盱眙），以阻止叛军向淮水流域推进。

八月，李光弼起程赴河南行营临淮。宝应元年（762 年）正月，李光弼在赴任途中攻克许州（今河南许昌），擒获史朝义颍川太守李春，并于城外击溃了史朝义的援兵，然后径至临淮。李光弼到达临淮时，宋州（今河南商丘）已被史朝义围攻数月，情势危急。部将劝李光弼南保扬州，李光弼断然反对，说："朝廷以国家安危重任托付给我，我若退缩，朝廷还有什么希望！"五月，李光弼率轻骑北上，进入徐州（今江苏徐州）、派兖（今山东兖州）、郓（今山东东平西北）节度使田神功率军进击史朝义，迫使史朝义解宋州之围北撤。唐肃宗闻讯，封李光弼为临淮王。

十月，新即位不久的唐代宗以雍王李适（kuò）为天下兵马元帅，率各节度使兵和回纥兵讨伐史朝义。李光弼奉命率河南淮北各节度使兵自陈留（今河南开封南陈留）进攻洛阳。在唐军的打击下，史朝义众叛亲离，再加上李光弼镇守淮北，无法向南发展势力，九十万大军集结洛阳一带，困难重重，终于被仆固怀恩等各节度使兵和回纥兵击败。史朝义走投无路，率数百骑东逃，然后渡黄河北上，企图返回范阳老巢。但是，他的部将李怀仙已于范阳投降朝廷。宝应二年（763 年）正月，史朝义日暮途穷，被迫在林中自杀。至此，历时八年之久的安史之乱，终于被镇压下去了。

李光弼自始至终参加了平定安史之乱的战争，整整八个年头，指挥唐军多次击败叛军，消灭了叛军的有生力量，不仅给予叛军以沉重的打击，而且大大鼓舞和提高了唐军将士的斗志和胜利的信心，为唐王朝最终平定安史之乱作出了重大的贡献。因此史书赞扬他"战功推为中兴第一"。

六、一代雄杰　名留青史

在平定安史之乱的过程中,青藏高原的吐蕃乘机发展势力,进入了河西地区(今甘肃)。唐廷由于集中力量平定安史之乱,加上宦官从中作梗,没有采纳郭子仪的意见,及时加强对吐蕃的防御。宝应二年初,刚刚平定安史之乱不久,吐蕃乘虚攻入关中。四月,又进逼京师长安,唐代宗率百官出逃陕州(今河南三门峡),京师陷落。唐代宗急召李光弼赴行在。当时宦官程元振、鱼朝恩专权,他由于担心遭到鱼朝恩的陷害,迁延不去。后来郭子仪击败吐蕃,唐代宗回长安,任命李光弼为东都留守,李光弼又借故不受,并率军由洛阳返回徐州。唐代宗又召李光弼入朝,李光弼仍然惧怕遭到鱼朝恩、程元振的迫害,不敢前去长安。由于这一系列事件,李光弼的心情十分忧郁,再加上几十年的戎马生涯,积劳成疾,广德二年(764年)七月,这位久经战阵、功勋卓著的名将终于与世长辞了,享年五十七岁。

李光弼在戎马生涯中度过一生,特别是在平定安史之乱过程中,与郭子仪相继为朔方节度使、天下兵马副元帅,实际上是朝廷平定安史之乱的主帅,战功赫赫,加宰相头衔,位至三公,被封为临淮王,荣耀无比,与郭子仪齐名,当时号称"李郭"。但是,郭子仪以治军宽厚著称,李光弼则以治军严整著称,"军旅之政肃然"。李光弼在战略战术上,"以奇用兵,以少败众",在我国军事史上写下了新的篇章。有些史家评论古代名将,说孙武、吴起、韩信、白起等人比之于李光弼,"或有愧德",就是说,孙、吴、韩、白等人在某些方面还不如李光弼,对李光弼的军事才能评价极高。但是,史家又往往以李光弼晚年不勤王,不入朝而加以非难,认为李光弼令名不全,不能以功名始终,这实在是过于苛求了。因为在宦官专权的年代里,特别是李光弼功高盖世,程元振、鱼朝恩对他忌恨入骨,在这种情况下,他不奉召、不入朝,是完全可以理解的。实事求是地说,李光弼不愧是我国封建社会的一名杰出将领,是一位对历史发展做出过贡献的值得肯定的人物。

平定安史之乱　收复吐蕃——郭子仪

郭子仪生于武则天万岁通天二年，卒于建中二年，华州郑县（今陕西华县）人。出身于官僚家庭，父亲郭敬之，官至刺史。郭子仪体高貌秀，青年时以武举高等入仕，长期供职北部边陲，为军使，过着戎马生活。天宝八载（749年），任横塞军（今内蒙古乌拉特中旗西北）使、左卫大将军。天宝十三载（754年），郭子仪已是五十八岁，近花甲之年，改任为天德军（今内蒙古五原）使，兼九原（今内蒙古五原境内）太守、朔方节度（治所在灵州，今宁夏灵武）右兵马使。

一、讨伐安史叛军立军功

就在郭子仪担任天德军使，兼九原太守、朔方节度右兵马使的第二年即天宝十四载（755年）的十一月，身兼范阳（治所在今北京）、平卢（治所在今辽宁朝阳）、河东（治所在今山西太原）三镇节度使的安禄山，以讨伐杨国忠为名，于范阳发动叛乱。他留部将史思明镇守范阳，自己亲率所部兵众和东北方契丹等少数民族骑兵十五万，大举南下，企图以突然袭击的手段，攻取洛阳和长安。当时，唐朝内地承平日久，州县官吏长期不抓武备，库存的武器大都朽坏，不堪使用。安禄山的叛军所过之处，唐军望风瓦解，未敢抗拒，河北州县相继陷落。唐玄宗在安禄山起兵后，匆忙命令封常清率军镇守东都洛阳，高仙芝戍守陕州（今河南三门峡）。十二月，安禄山击败封常清，进入洛阳，并挥军西向。高仙芝与封常清被迫率兵退守潼关（今陕西潼关），据关扼守。但是，唐玄宗误听宦官边令诚的谗言，诛杀了封常清、高仙芝二将。而后起用卧疾在家的大将哥舒翰，率兵八万东讨，与封常清、高仙芝旧部合兵号称二十万，进驻潼关。

唐玄宗在命令封常清、高仙芝分别镇守洛阳、陕州的同时，还委派一些将领讨伐安禄山。同年的十一月，他任命郭子仪为卫尉卿、灵武郡太守、朔方节度使，由北路东进。十二月，郭子仪奉命率朔方军沿黄河东进，首先于振武军（今内蒙古托克托）击败叛军，乘胜收复静边军（今内蒙古和林格尔），南下进入长城之内，于河曲（今山西河曲）再度击败叛军，接着攻取云中（今山西大同）、马邑（今山西朔县）等地，向东进入东陉关（今山西代县西），如一把利剑直插叛军的后方。由于这一系列的胜利，郭子仪因功加御史大夫官衔。

天宝十五年（756年）正月，安禄山在洛阳自称大燕皇帝。唐玄宗命令郭子仪回朔方，招兵买马，收复洛阳。郭子仪推荐李光弼为河东节度使，领兵继续东讨河北，自己便返回朔方。他在朔方精选士卒，扩充队伍，然后率军前往代州（今山西代县）。二月，李光弼率军东出井陉（今河北井陉北），进入河北中部，收复常山（今河北正定）。史思明率二万骑与李光弼争夺常山，激战四十余日，仍无法取胜。史思明断绝李光弼在常山的粮道，李光弼向郭子仪告急。四月，郭子仪率军出井陉，与李光弼合兵十余万，在常山西南九门县大败史思明，然后攻入赵郡（今河北赵县）。安禄山闻知史思明大败，派遣蔡希德率二万步骑以及范阳万余士卒增援史思明，史思明收集亡散士卒，与援军合兵五万。郭子仪与李光弼屯驻恒阳（今河北曲阳），面对强敌，深沟高垒，严阵以待，并采取了敌来则严守、敌去则追击的战略战术，白昼耀兵扬威，夜里偷袭敌营，搅得史思明的军队将士无法休息。经过几天的对阵，叛军疲惫不堪。于是，郭子仪、李光弼率军出击，在恒阳境内嘉山再次大败史思明，杀敌四万，俘虏千余。郭子仪、李光弼率军乘胜追击，进围史思明于博陵（今河北定县）。唐军声名大震，河北中部十余郡的地方官和军民纷纷起来诛杀叛军官吏，归顺朝廷。

郭子仪与李光弼率领大军向河北胜利进军，加上河南、山东等地唐军的不断袭击，牵制了安禄山叛军的西进，切断了其前后方的联系，使战争的形势出现了有利于唐军的变化。郭子仪本想乘这个有利时机攻取叛军的老巢范阳，迫使安禄山北撤。而安禄山因为后方受到威胁，通往范阳的道路被断绝，军心动摇，一度也想放弃洛阳，走归范阳。但是，唐玄宗求胜心切，误听宰相杨国忠之言，连连遣使催促防守潼关的哥舒翰出关反攻，收复陕州、洛阳。哥舒翰当时虽然拥有近二十万的军队，但都是临时招募来的，没有战斗力。他认为叛军远来，利在速战，唐军凭借险要之地，利在坚守，主张在潼关据险坚守，以打破叛军的速决企图，待其兵力削弱，内部发生变乱时，再大举出击反攻，唐玄宗就是不听。哥舒翰只好在六月带兵出关，结果在灵宝（今河南灵宝）境内被打得大败，全军覆没，哥舒翰本人也被俘。叛军长驱直入潼关，攻占了长安。郭子仪、李光弼听说潼关失守，只好率军退入井陉，河北郡县又复为叛军所占。

二、收复两京

在长安陷落之后,唐玄宗带着太子李亨及杨贵妃、杨国忠和数千禁军仓皇出逃。在马嵬驿(今陕西兴平西),随行将士举行兵变,杀杨国忠,并迫唐玄宗缢杀杨贵妃。唐玄宗最后逃到成都,李亨转赴朔方。七月,李亨在灵武(今宁夏灵武)即位,是为唐肃宗,遥尊玄宗为上皇天帝。唐肃宗下诏令郭子仪从河北班师,然后以他所率领的五万军队为基础,逐步集中西北的边兵,调运江南的财富,充实灵武的力量。八月,唐肃宗任命郭子仪为兵部尚书、同中书门下平章事,仍为朔方节度使,并重新调整各地的军事部署,准备反击安史的叛军。

九月,叛军将领阿史那从礼率河曲等地各少数民族部落的数万骑兵西进,进抵经略军(今内蒙古杭锦旗南),企图从北线进攻灵武。唐肃宗命令郭子仪率军出击。十一月,郭子仪与阿史那从礼大战于榆林境内黄河北岸(今内蒙古托克托),歼敌三万,俘虏一万,获得全胜,保卫了灵武的安全。接着郭子仪率军南下,进驻洛交(今陕西富县)。至德二年正月,史思明又会同其他叛军合攻太原,企图夺取河东地区(今山西),进而长驱夺取朔方。李光弼在太原顽强坚守,歼灭大量叛军。正在太原之战紧张进行之际,安庆绪杀父安禄山,自立为帝。安庆绪控制着洛阳、长安一带。郭子仪认为,如果攻占居两京之间的河东(今山西永济西蒲州镇),即可进一步谋取收复两京。于是他首先派心腹潜入河东为内应,然后亲率大军由洛水渡过黄河,顺利地攻占了河东,从而为朝廷收复两京创造了有利条件。

唐肃宗看到安禄山已死,便想大举讨伐叛军,收复失地。四月,他任命郭子仪为司空、天下兵马副元帅,授以平定叛军、收复两京的重任。郭子仪率军辗转抵达凤翔行在,唐肃宗又以郭子仪为尚书左仆射。九月,唐肃宗命令天下兵马元帅广平王李俶(chù)、副元帅郭子仪率领朔方等军以及回纥兵共十五万,由凤翔出发,向京城长安推进。在长安西,唐军与十几万叛军展开一场激战,歼敌六余万,驻守长安的叛军首领张通儒丢弃城池东逃,被叛军占领一年零四个月的都城长安为唐军收复了。接着,郭子仪率军乘胜追击,在潼关歼敌五千,张通儒收余众退保陕州。安庆绪得知张通儒失败,长安、潼关相继失守,集结叛军奔赴陕州,企图在陕州与唐军决一死战,阻止朝廷军队东进。十月,郭子仪指挥各路军马夹击张通儒，叛军崩溃，张通儒等率残兵奔逃洛阳，陕州又被克复。安庆绪闻其主力战败溃散后，从洛阳渡河北上，退保邺城（今河南安阳），郭子仪不战而下洛阳。

京师长安收复后，唐肃宗率百官由凤翔回到长安，并迎太上皇唐玄宗回朝。十一月，广平王李俶、郭子仪自洛阳入朝，唐肃宗慰劳郭子仪，说："吾之家国，由卿再造。"唐肃宗在灵武即位后，所以能够迅速打败安史叛军，收复两京，主要是依靠郭子仪的朔方军，而收复两京的战争，虽然名义上由广平王李俶担任元帅而以郭子仪为副元帅，实际上担负起全军指挥职责的是郭子仪，李俶不过是挂名充数而已。所以唐肃宗把再造唐朝之功归于郭子仪，这是完全符合事实的。因此，郭子仪入朝后，唐肃宗即以郭子仪为司徒，封代国公。

三、抗击吐蕃

郭子仪虽不得志，在京闲居多年，且年过花甲，但他依然时刻关注着国家的安危。安史之乱以来，西北边境的驻军东调，防务空虚，青藏高原的吐蕃趁机扩张势力，屡屡袭击唐朝边境。郭子仪多次上书，指出："吐蕃、党项不可忽视，宜早为之备。"但是，朝廷却置若罔闻，不予采纳。

宝应二年初，河西、陇右之地（今甘肃中部、东部地区）便已经被吐蕃所占领。十月，吐蕃又攻入关中，占据奉天（今陕西乾县）、武功（今陕西武功）两地，京师为之震动。唐代宗下令以郭子仪为关内副元帅，出镇咸阳（今陕西咸阳）。郭子仪感到自己又有了为国立功的机会，心里十分高兴。但是，由于长期被废在家，部曲离散，当他出镇咸阳时，随行的人马仅有二十名而已。此时吐蕃拥有骑兵二十万，弥漫数十里，并已渡过渭水，直逼长安。郭子仪派人入奏，请求增派援军，遭到宦官程元振的阻挠，无法上达皇帝。吐蕃越过便桥（长安与咸阳之间渭水桥），唐代宗仓皇不知所措，东逃陕州，官吏鼠窜，禁军逃散，长安陷于一片混乱状态。郭子仪听到消息，忙由咸阳赶回长安，但等他到达长安，唐代宗已经出逃，他只好率三千骑兵南下，前往商州（今陕西商县），收集逃散的禁军。吐蕃轻而易举进入长安，洗劫府库街市，焚烧房屋，弄得全城索然一空。

郭子仪在商州招集亡散士卒，又得四千人，军势始盛。他抚喻将士，号召共雪国耻，收复京城，将士一致表示，愿听从他的指挥，拼死为之效力。唐代宗到达陕州后，唯恐吐蕃东出潼关，命令郭子仪急赴行在。郭子仪没有从命,他上表解释说:"臣不收复京城无以见陛下,我计划兵出蓝田关(今陕西蓝田境),那样吐蕃必定不敢东向。"唐代宗同意了他的作战计划。不久,郭子仪派长孙全绪为前锋,出蓝田趋商州,又令张知节率军继之。长孙全绪白天击鼓张旗,夜里烧燃起无数火把,以迷惑吐蕃。当地百姓告诉吐蕃军队说:"郭元帅自商州率领大军前来,队伍多得无法计数!"吐蕃信以为真,撤出长安。唐代宗以郭子仪为西京留守,郭子仪自商州进入长安,京城这才安定下来。不久,唐代宗自陕州返回京师,慰劳郭子仪说:"用卿不早,故及于此。"

广德二年正月,在平定安史之乱过程中立有大功的朔方节度使仆固怀恩与朝廷的矛盾公开化。仆固怀恩原是郭子仪的部下,长期在郭子仪麾下供职,战功累累,特别是在郭子仪收复两京的战役中,功勋卓著。后来郭子仪被夺兵柄,李光弼出镇临淮(今江苏盱眙),仆固怀恩出任朔方节度使。但是,仆固怀恩由于功高位重,遭到佞臣的构陷,因而愤怨不平。平定安史之乱后,仆固怀恩率朔方兵数万屯汾州(今山西汾阳),准备发动叛乱。唐代宗考虑到郭子仪长期为朔方节度使,又以治军宽厚而深得人心,朔方将士如同子弟思念父母一样的思念郭子仪,仆固怀恩本人也是郭子仪的部将,对郭子仪有一定的感情,因此便任命郭子仪兼关内、河东副元帅及河中等节度使,出镇河中(今山西永济县西南蒲州镇),随后又任命他为朔方节度大使,用以镇抚仆固怀恩。诏令一下达,仆固怀恩的将士纷纷议论:"我们跟着怀恩背叛朝廷,有何面目见汾阳王(即郭子仪)?"二月,郭子仪到达河中,河中的守将戍卒贪暴掳掠,他下令斩杀十四人,杖刑三十人,河中府的秩序马上安定下来。仆固怀恩的将士,听说郭子仪领兵前来,内部发生分化,互相攻杀。仆固怀恩束手无策,他的母亲长叹说:"当初我说朝廷待你不错,让你别造反。现在众心既变,必将延祸于我,如何是好!"并提刀怒斥仆固怀恩说:"我为国家杀此奸贼,取其心以谢三军!"仆固怀恩急忙率三百部众出逃,渡河北走。郭子仪到达汾州,仆固怀恩部众全部归顺。就这样,他兵不血刃而抚定一方,避免了一次大规模的叛乱。

仆固怀恩逃到灵州,收合亡散士卒,军势复振,同时又勾结回纥、吐蕃,计十万众,重新向长安进攻。唐代宗命郭子仪出镇奉天。十月,仆固怀恩与回纥、吐蕃兵进逼奉天,京师戒严。诸将纷纷请战,郭子仪认为:"敌大军深入,利于速战。我坚避以待之,彼必以为我军虚弱,不加戒备,如此即可破敌。如果匆促出战,一旦不利,则众心离散矣。有再敢言战者斩!"郭子仪部署队伍,严阵以待。仆固怀恩认为郭子仪毫无戒备,企图掩袭,及至乾陵(在今陕西乾县),突然发现大量唐军,惊慌不已,不战而退。

永泰元年九月,仆固怀恩再次勾结回纥、吐蕃、党项、吐谷浑等,引兵数十万攻入关中。吐蕃自北道攻奉天,党项自东道攻同州(今陕西大荔),吐谷浑等自西道攻鄠屋(今陕西周至),回纥与仆固怀恩相继于吐蕃之后。京师震恐,士民大骇。唐代宗急召郭子仪屯据泾阳(今陕西泾阳)。不久,回纥、吐蕃合兵围郭子仪于泾阳。大敌当前,郭子仪非常镇定,他派人上奏朝廷:"敌军都是骑兵,其来如飞,不可轻视。请派诸道节度使各出兵扼守要冲。"唐代宗同意他的建议,但诸道节度使都按兵不动。这时,仆固怀恩在进兵途中得了重病,返回灵武死去,于是回纥、吐蕃将领互争雄长而失和。郭子仪抓住这个有利时机,不顾个人安危,率领几名轻骑出城前往回纥阵前,免胄解甲,与回纥议和,回纥酋长见郭子仪仅率数骑前来,大为吃惊,忙下马拜见。郭子仪喻之以理,希望与之联合对抗吐蕃。回纥在安史之乱时曾帮助朝廷收复两京,他们的酋长深知郭子仪威名,答应了郭子仪的要求。吐蕃听说回纥与朝廷约和,连夜引兵逃遁。郭子仪于是派精骑同回纥兵一道追击,在灵台(今陕西灵台)西大败吐蕃,再次解京师之危。

闰十月,郭子仪入朝,然后回镇河中。河中地处两京之间,自广德二年(764年)仆固怀恩叛乱,郭子仪再任朔方节度使,河中就成为朔方军的根据地。为了解决军粮问题,郭子仪组织士卒种地以自给。他以身作则,不顾年迈,亲自耕种土地一百亩。其他将校也各自耕种一定数量的土地。在将帅的带领下,士卒耕种的积极性大为高涨,河中地区的荒地全都得到开发,生产的粮食不仅足供军饷开支之用,还有剩余。

此后两年,每到秋季,吐蕃就率兵进入关中抢掠,均被郭子仪率军击退。大历三年(768年),宰相元载认为,郭子仪率朔方兵镇河中,深居腹中无事之地,而吐蕃连岁入寇,守兵力不能拒,建议将他的朔方兵移镇邠州(今陕西彬县)。次年,郭子仪便奉命率朔方军前往屯驻邠州。此后,吐蕃虽然年年秋季入犯,但再也不敢进入关中的纵深地区骚扰了。

大历八年,郭子仪已是七十七岁高龄。吐蕃十万余骑兵入掠邠州等地,郭子仪部将浑瑊(jiān)抵御失败。郭子仪对诸将说:"败军之罪在我,不在诸将。"然后与诸将商讨对敌之策,重新调整部署,终于击败了吐蕃。

郭子仪出镇邠州长达十余年之久,此时的朔方兵人数已不及天宝时的十分之一。全军的将士也不及吐蕃的四分之一,战马不及吐蕃百分之二。但是,吐蕃每年秋季入寇关中,均被郭子仪击败。关中大多数地区因此免遭蹂躏,京师也得以安然无恙。

大历十四年,唐代宗病死,遗诏命令郭子仪在三天的治丧期间代理朝政,郭子仪奉命入朝。唐德宗即位后,尊郭子仪为尚父,加太尉,兼中书令,余官皆罢。从此,他结束了戎马生涯,在朝廷担任宰相。过了两年,郭子仪病死,享年八十五岁。赠太师,陪葬建陵(唐肃宗陵)。按唐代制度,郭子仪坟高当为一丈八尺,葬时破格增加一丈,以表彰他的功劳。

四、军人的楷模

郭子仪的一生,基本上是在戎马征战之中度过的。自天宝十四载安禄山于范阳起兵,郭子仪便以朔方节度使的身份参与平叛战争,多次立下汗马功劳。唐肃宗中兴,收复两京,主要依靠也是郭子仪所率朔方军的力量。安史之乱被平定后,郭子仪以朔方节度使先后出镇河中、邠州,防御回纥、吐蕃,捍卫京师,虽兵弱将寡,仍屡败敌兵,使京师得保无虞,关中百姓免遭涂炭。所以,史书上说:"天下以其身为安危殆三十年。"这是一点也不夸大的。

郭子仪治军宽厚,深得人心,朔方军将士都以父母事之,愿拼死为之效力。这是郭子仪在历次战争中所以能够打赢许多硬仗,屡次转危为安的一个重要原因。郭子仪功勋盖世,威震四方,敌人都很怕他,一听说他率领大军出战,皆望风而逃。节度使田承嗣对朝廷图谋不轨,专横跋扈,但是见到郭子仪派去的使者,即西向而拜,并指着自己的膝盖说:"我这膝盖不屈于人已是很久了,今为拜郭公。"郭子仪还为朝廷培养了一大批人才,有六十余名部将,后来位至将相。

郭子仪功高望重,但他从不居功自傲。安史之乱后,许多节度使手握兵柄,为非作歹,对朝廷貌合神离,拒不听命。但郭子仪深得人心,功高望重,权重势大,他却从不以此为资本,要挟朝廷,谋取私利。相反,他始终忠于朝廷,别无二心,有诏即赴命,绝无半句怨言。

当时宦官专权,嫉妒功臣。为了避免招来麻烦,郭子仪有时还拒绝接受朝廷的高官厚位。唐代宗时,曾下令以郭子仪为尚书令。但他认为唐初太宗为秦王时做尚书令,唐太宗即位后,这个职位经常空缺,如果接受这项任命,就会破坏国家的法度;同时,安史之乱以来,以官赏功臣,已使国家法度遭到破坏,现今安史之乱已被平定,就应按照国家的制度来任免官员。因而他坚决推辞不受。有时,他甚至不惜忍让而牺牲个人利益。大历二年

(767年)，他父亲陵墓被盗，人们怀疑是鱼朝恩指使手下人干的，但官府没有捕获盗贼。祖坟被盗，这在封建社会是件极为严重的大事，因此事情发生后不久，郭子仪自奉天入朝，朝廷内外气氛便十分紧张，担心他不会善罢甘休，甚至可能发动政变。但当唐代宗对他提起这件事，他却流着泪说："我长期带兵，对士卒约束不严，有时就发生部众盗掘坟墓的事。如今我父亲的墓被盗，这是老天的报应，与谁都无关。"盗墓的事才不了了之，朝廷内外惶恐不安的气氛也消除了。因此，尽管鱼朝恩、程元振对郭子仪屡进谗言，横加诽谤，但由于他为人坦荡，居功不傲，忠于朝廷，没有什么把柄可抓，每次都化险为夷，得以常保功名，长寿而终。

史称郭子仪"功盖天下而主不疑，位极人臣而众不嫉"。郭子仪的确堪称是一位封建时代的军人楷模。

"杨无敌"——杨业

杨家将的故事在我国民间流传久远,深入人心。杨业就是杨家将故事中最主要的真实人物。

一、在烽火中成长

杨业出生的时代,中国正处在五代十国的动乱岁月。黄河流域先后由后梁、后唐、后晋、后汉、后周五个朝代统治着。南方各地和北方的山西,先后建立了前蜀、吴、闽、北汉等十个割据政权。五代十国时期,藩镇林立,混战不已。北方生活在辽河地区的少数民族契丹,逐步强大起来。契丹贵族耶律阿保机于神册元年(916年)建立契丹国。契丹贵族乘中原地区动乱,时常向今天山西、河北北部一带出兵,掳掠人口和牲畜。杨业的家乡保德州火山,正是契丹经常骚扰的地方。杨业的父亲杨信率领当地百姓结成堡寨,抵抗契丹。到阿保机的儿子耶律德光统治的时候,后唐的藩镇石敬瑭想做皇帝,就以割地称臣为条件,乞求契丹出兵。后唐清泰三年,辽太宗乘势率大军入山西,第二年立石敬瑭为"大晋皇帝",出兵帮助石敬瑭灭亡了后唐。石敬瑭把幽云十六州(今北京和河北、山西北部一带)割给契丹,还向辽太宗自称儿皇帝。杨信对石敬瑭的卖国行为十分愤恨,就自树旗帜,起兵抗辽,转战于山西西北部,从石敬瑭手中攻取了保德、离石等地。他还同黄河西岸的府州(今府谷)折从阮、折德扆(yǐ)父子结为同盟,共同抵御契丹。那时杨业大约只有五岁。

石敬瑭死了以后,他的侄子石重贵即位,对契丹不再那么恭顺。耶律德光以此为借口,在契丹会同九年大举出兵南下灭掉后晋。第二年耶律德光进入开封,改国号为辽。他纵兵大肆掳掠,中原人民纷纷武装反抗,耶律德光被迫退出开封北归,途中病死。杨信带领儿子杨业,在耶律德光攻入开封之时,联合府州的折氏父子,共渡黄河北上,攻克麟州(今陕西神木县北),自为州主。这时杨业已有十八九岁。

山西自古出良将,民间谚语说"山东出相,山西出将"。杨业出生在这样的地方，父辈又是地方武装力量的领袖，加之生长在烽火连天的时代，所以他自幼就善骑射，好打猎。每次出猎，他的猎获物总是比别人多。他还常对伙伴说："我将来当了大将带兵，会像老鹰、猎犬追逐兔子一样。"十五六岁的时候，杨业已跟随父亲出入沙场了。

杨业同折德扆的女儿折太君结婚，折太君就是民间传说的"杨门女将"的主帅佘太君。折作为姓氏读 shé，折、佘同音，以折为姓的极少见，所以民间就把折作佘，折太君也就变成了佘太君。

折氏世居在今天的陕西府谷一带，是当地的豪族。折太君的高祖，是唐朝后期的地方武将。祖父折从阮在后梁时为府州刺史。后晋时，契丹入掠，他同杨信联合共同举兵抵抗。后来，他俩共同辅佐河东节度使刘知远做了后汉皇帝。折德扆是折从阮的长子，行伍出身，一直跟从父亲参加抗辽斗争，后汉时为府州团练使。折太君生长在军人家庭，经常耳闻战马嘶鸣，婚后的公公、丈夫，也是久经沙场的战将。所以，她也"善骑射"，"尝佐业立战功"，连她的侍女、仆从也个个武艺过人。她和杨业的婚姻可说是门当户对的美满姻缘。至今，山西临县、离石的人民还流传着杨业在当地的七星庙迎娶折太君的故事。

二、所向无敌的北汉将军

后周广顺元年，后周灭后汉。后汉的河东留守刘崇据河东称帝，史称北汉。在麟州任刺史的杨信，应刘崇之召，派长子杨业到太原见刘崇，留在刘崇的军中任保卫指挥使。刘崇为表示对他的爱重，赐杨业姓刘，改名为继业。那时，他大约还不到二十岁。

就在杨业赴太原上任不久，折德扆一家就归附了后周。折德扆归附后周是因为父亲折从阮在后汉时移镇邓州（今河南邓县），郭威建后周，加折从阮同平章事（宰相地位）。周世宗即位，又把折从阮召到朝中。后周如此厚待折从阮，当时任府州团练使的折德扆，自然要归附后周了。杨信初时因儿子杨业在刘崇身边，也就依附北汉，当折氏父子归附后周以后，他就处在孤立的地位，不得不归附了后周。从此，杨家父子分属两国。杨信归附后周的第二年，即后周广顺二年（952 年），病死麟州。长子杨业在北汉，次子杨崇训承袭了麟州刺史的职位。兄弟两人仍然分属两国。杨业的父亲、弟弟归后周以后，刘崇不但没有杀掉杨业，反而赐以刘姓，想通过杨业来争取杨信、杨崇训重新归附北汉。刘崇的做法的确没有落空,杨崇训因哥哥在北汉几次背周归汉。但由于北汉的国力日衰,杨崇训处在麟州,悬隔黄河,得不到北汉的援助,在周世宗柴荣的招抚下,最后只得又归附了后周。

北汉的皇帝刘崇,原是后汉开国皇帝刘知远的弟弟,由于后周夺了他家的皇位,他自然对后周十分仇恨。刘崇一反过去抗辽的态度,转而投靠契丹,攻打后周。杨业是在抗辽斗争中长大的,对北汉向契丹纳贡称臣,当然很不满意,不过他作为臣下也无可奈何。由于北汉同契丹之间仍然存在着复杂的矛盾,契丹统治者不但逼迫北汉纳贡,而且还经常到北汉境内掠夺物资。北汉最高统治者虽然委曲求全,但在契丹进扰时,也不得不派人还击。到刘钧统治的时候,北汉同契丹的关系十分紧张,双方长期绝交,处于战争状态。杨业在北汉屡建战功,不断升迁,这时已任代州(今山西代县)的建雄军节度使。代州是北汉与契丹相接的北部边境。杨业常驻代州,在那儿修筑许多堡寨防御契丹。在双方交战的时候,杨业就是前线的总指挥。后周和北汉之间,后来的北宋和北汉之间,先后爆发了几十场战争,从史书的记载看,杨业在宋太祖开宝年间(968—975年),才在战场上出现。大约在这之前,他主要承担防御契丹的重任。《宋史》上说杨业在北汉,"屡立战功,所向克捷,国人号为'无敌'"。这里所说的"屡立战功"、"所向克捷",主要应是指对契丹的战斗。"国人号为'无敌'",也主要指北汉人民表彰他防御契丹的骁勇和功绩。

赵匡胤于建隆元年夺了后周的皇位,建立宋朝。在北宋消灭各个割据政权统一南北的过程中,遇到的强劲对手,除契丹外,就要算北汉了。天会十二年,北汉皇帝刘钧死,最高统治集团爆发了争夺皇位的斗争。赵匡胤决定乘机发兵,灭掉北汉。杨业参加了这次抵抗宋军的战争。他被任命为侍卫亲军都虞侯,就是兼统北汉的中央部队。杨业和将领冯进珂领兵扼守太原城南的团柏谷。宋军的先锋何继筠夺下汾河桥,直逼太原城下。杨业打败宋军,迫使宋军退走。第二年初,宋太祖亲征北汉。杨业和将领冯进珂仍驻屯团柏谷。由于北汉牙将陈廷山投降宋军,杨、冯二将苦战失利,损伤千余人,退入太原城。北汉主刘继元解除了杨业的兵权。三月,赵匡胤亲至太原城东南,在太原城外布下四个军寨。杨业率骑兵几百人从城内冲出,直攻宋军东寨。东寨主帅挺身抵挡,北汉兵出援,杨业最后拽着城墙上垂下来的绳子,才进入城中。五月,宋军在围攻太原的同时,引汾水灌城,太原危急。北汉主命令杨业与司空郭无为等,领兵千余人乘夜出袭宋军。这天夜里正好下雨,汉军迷路,杨业马足受伤,只好中途返回城里。宋军久攻太原不下，其时正值暑天多雨，将士腹泻的很多，恰好辽的援军到来，赵匡胤只好下令班师。杨业和诸将乘势追击，获粮三十余万斛，茶绢以万计。这些东西对衰败的北汉政权，是一个不小的收获。宋军退去以后，辽军还在太原城下。一贯抗辽的杨业，劝北汉主刘继元说："契丹贪利不讲信用，将来必然会攻破北汉。这次来的援兵盛气凌人，但对我没有防备，我愿去袭击他们，不仅可以缴获几万匹马，还可以把辽军占领的河东之地要回来，使百姓免遭契丹的骚扰，您也可以从此长享富贵。"但北汉主没有听从他的劝告，反而在辽军北还时，送给辽军一份厚礼。广运三年初，北汉主令杨业攻晋州（今山西临汾），杨业被宋军将领武守琦打败。这一年，赵匡胤已基本上统一南方，又决定进攻北汉。他派出五路大军围攻太原，又派兵分攻北汉其余各州。宋军在这次战争中，各路都取得战果，北汉的太原也即将攻下。辽又派兵出援北汉，恰好这时赵匡胤突然死去，宋军只得撤兵。

杨业在抗宋的战争中，从史书记载上看，大都打了败仗。宋军并不骁勇，只是数量上远远超过北汉的军队。杨业同契丹作战，多是"所向克捷"，唯独与宋军对仗处于失败地位。这固然是由于史书作者的正统观念很强，写进史书的大都是有利于宋朝的事，但同时也说明杨业抗宋的斗志远不如抗辽那么足。

宋太祖死后，他的弟弟赵匡义继位，就是宋太宗。赵匡义即位后，到太平兴国四年（979年），南方诸国都已削平，攻打北汉成为完成宋朝统一的首要任务。这年二月，赵匡义集中兵力亲自伐汉。为了防止辽出兵救援北汉，赵匡义以一部分兵力先攻占太原以北的忻州（今山西忻县）石关岭一带。当契丹的几万援兵到了忻州，便被宋军击败。三月底，宋军包围了太原。至五月初，太原附属的小城羊马，被宋军占领。北汉的统兵将领都指挥使郭万超逾城投降，北汉军心瓦解。杨业对这次战争的形势是看得很清楚的。宋朝集中军事主力来对付北汉，而当时的北汉只剩下了十来个州的土地和三万五千多户居民，同宋朝的实力相差太大。所以，在宋军围攻太原时，杨业从北汉主的出路和河东百姓的利益出发，劝刘继元降宋。刘继元拒不接受投降。后来，北汉都指挥使投降宋军，刘继元的亲信大臣也都纷纷逃散，城中危急，刘继元走投无路，只好派人奉表出降，北汉至此灭亡。赵匡义早已听说杨业骁勇无敌，曾派人收买他，杨业不从。北汉投降以后，赵匡义召见杨业。杨业在北汉二十九年，很受北汉主的重用，他为感激知遇之恩，向北叩拜，大哭一场，算是告别北汉，然后解甲来见赵匡义。赵匡义大喜,赏给他许多东西,让他恢复原来的姓氏,单名一个业字,在自己的身边担任散职,做右领军卫大将军。杨业降宋,立即受到封赏,这不仅是由于宋太宗赏识他,更重要的是因为他曾劝说北汉主降宋,宋太宗授予杨业官职时的诏令,即表彰他"定策乞降",为宋朝立下了大功。一些史书记载,杨业在降宋之前,仍然据城苦战。那是因为,杨业虽然向北汉主提出了降宋的建议,但在这个主张实现以前,他认为必须继续忠于职守,这同他的建议并不矛盾。杨业从抗宋到降宋,表明他不仅骁勇善战,而且也是一个很有见识的将领。

三、威震雁门

北宋灭北汉时,击败了辽军大将耶律沙率的几万援军,斩杀了五员敌将和上万士卒。这就使宋太宗增长了伐辽的勇气。不过,宋军将士出征日久,加之在北汉掳掠许多财物,所以,人人思归,不想伐辽。太平兴国四年(979年)六月,宋太宗不顾将士的反对,率主力从太原向辽的南京(今北京)进发。契丹易州(今河北易县)刺史刘禹举州投降,涿州(今河北涿县)刺史刘厚德和范阳守军万余人也都投降,宋军连下数郡。辽军负责南京防务的北院大王耶律奚达和统军使萧讨古,合兵与宋军战于南京附近的沙河,为宋军所败,南京遭到宋军的包围。南京是辽的南面门户和军事重地。南京留守韩德让和大将耶律斜轸,见宋军已经兵临城下,就由耶律斜轸带万余骑兵出屯德胜口(今北京德胜门外)。宋军乘辽军立足未稳之机,就出兵攻打,耶律斜轸损失千余骑,退至清沙河(今清河镇一带)。南京附近的辽将和地方官相继降宋。辽景宗听到宋军入境,辽军战败的消息,准备放弃幽州。但他的妃子萧绰,就是后来著名的萧太后,接受大将耶律休哥的建议,动员强大的兵力,由耶律休哥统帅去救援南京。七月,宋太宗指挥将士攻城。耶律沙率援军赶到城外,引诱宋军交战于高粱河,战败退走。宋太宗亲率军队追击,追至清沙河时已是黄昏,耶律休哥和耶律斜轸从左右两边冲入宋军。宋军大乱,指挥失灵,败散而逃,死亡万余人。宋太宗身中数箭,从清沙河连夜逃归南京城南的宝光寺大营。第二天,宋太宗又化装乘驴车南逃,辽军一直追到范阳(今北京城西南)才回去。这便是杨业归宋以后北宋的第一次伐辽战争。

至于杨业到底参与了这次战争没有,史书几乎没有任何记载,只有《烬余录》上说太平兴国五年,宋太宗在莫州(今河北任丘北)为契丹所困,"杨业及诸子奋勇救驾,始得脱归大名"。这书上所说的是太平兴国五年宋朝伐契丹的事。实际上,这一年,宋太宗只是准备亲自带兵伐契丹,来到了河北大名。由于大臣的劝谏,宋太宗根本没有到达莫州。而且,当时杨业已经去代州(今山西代县)上任了。但《烬余录》上所说的情况,有点像太平兴国四年宋太宗在清沙河大败的情景。那时杨业是宋太宗的侍卫官和军事顾问,在宋太宗身边的可能性极大。当宋太宗被辽兵追击时,杨业自然会奋勇救驾。由于史书上没有记载,这也只能是一种推测,不能说确有其事。不过在这次战争结束,宋太宗还师之后,授杨业郑州防御使,兼刺史之职,比一般刺史高。可见,杨业在宋太宗伐辽的战争中是立下功劳的,否则不会在战后得到这个职位。

太平兴国四年九月,宋太宗班师南归两个月后,辽朝统治者为报南京围城之仇,出骑兵十万南伐,同时还派一支人马进犯雁门山南。这两路军虽然都先后被宋军击败,但通过这件事情,宋朝统治者更加清醒地认识到北部边防形势的紧张,所以,就在这年冬天,宋太宗以杨业老于边事,熟悉敌情,任命他为代州刺史,兼领"三交驻泊兵马都部署",派他和潘美一起戍守并州地区。宋太宗还给他很重的赏赐。三交是个地名,这里指太原以北的三交寨,即牧马河、汾河和滹沱河三条河谷通道的交岔口,地势重要。当时旧太原城已被宋太宗毁掉,新的太原城尚未建成,作为并州行营最高军政长官的潘美和杨业,只好先驻三交寨。所以他俩的官职也都冠以"三交"二字。潘美是领"三关行营都部署",杨业作为他的副手,称"三交驻泊兵马都部署"。宋朝的禁军出京屯戍,称为"驻泊"。统兵官中地位高的就称"驻泊兵马都部署",杨业以"三交驻泊兵马都部署"兼代州知州,具体地说,就是统辖并州路的禁军和代州的厢军(地方军),同时兼管代州民政。代州北边四十里就是重峦叠嶂的雁门山。雁门山的断崖峭壁间,有条崎岖曲折的路,号称天险,它就是著名的雁门关。自古以来这儿都是兵家必争之地。雁门关之外便是辽国,代州称得上是宋朝的边防重地,宋太宗委任杨业担任这个职务,可以说是对他的很大信任。志在疆场的老将杨业,也很乐于担当起防守宋王朝北界的任务。杨业从宋朝中央领到的禁军,加上代州一州的厢军,不过几千人。而契丹从代州南下的军队,常有上万人,甚至十万人。杨业不畏艰难,在当地人民支持下,以杰出的军事才能,丰富的作战经验,经常打败入犯的辽军。他虽然不知兵书,但作战勇敢,又有智谋,平时注意将士的攻战训练,能够与士卒同甘共苦。代北冬天异常寒冷,当地人大多穿着皮衣,杨业只穿絮有棉絮的衣服。他的衙门也不生火,侍从都冻得僵倒了,他却丝毫不感到寒冷。他从政简易,关心属下,所以士卒都愿为他出力。

杨业赴任不到三个月,在太平兴国五年(980年)三月,辽景宗就亲率十万大军进犯雁门关。杨业命部将董思愿守住雁门关峡谷南口,自己亲率数百骑从西陉(雁门关峡谷西支),绕道至雁门关峡谷北口,猛攻辽军,杀了辽朝的驸马侍中萧咄李,活捉马步军都指挥使李重海,缴获无数马匹盔甲武器。杨业因功升为云州观察使,仍为代州刺史,并兼郑州防御使。从此,辽军望见杨业的旌旗,就自动退去。

太平兴国七年四月,契丹分三路伐宋,其中中路三万人攻打雁门。杨业在雁门关大败辽军,斩辽军将士三千,乘胜追逐到朔州(今山西朔县)、寰州(今山西朔县东北马邑镇)和应州(今山西应县)等地,攻破辽军营垒三十六座,俘获辽军一万多人,得到牛马羊五万多头。

在杨业驻守代州的七八年里,辽军从未攻入过雁门关,河东百姓过上了安宁的生活。为此,河东人民世代传诵他英勇战斗的事迹。

杨业的战功,也遭到同僚的妒忌。和他一起戍边的主将还上书宋太宗,诽谤杨业。宋太宗看后就把这些奏疏封起来送给杨业,表示对杨业的信任,以此换取杨业对他的忠诚。但另一方面,宋太宗明知这些奏疏纯属诬陷之词,对上书者却不加追究,实际上是鼓励他们继续陷害忠良。因为,他需要一些人向他提供边将的情况,以便于控制。

四、杨业之死

从宋太宗亲自率兵讨伐幽州(宋称辽的南京仍为幽州)以后,宋辽之间没有大的战争。太平兴国七年(982年),辽景宗死,长子隆绪即位,就是辽圣宗。圣宗即位时只有十二岁,国事主要由母亲萧太后主持。宋朝的边臣纷纷上书宋太宗,乘辽朝主幼、太后专权、国人不服的机会,收取幽云十六州。宋太宗自太平兴国征辽惨败之后,也一直耿耿于怀,想要灭辽国,挽回面子。因此,他同意臣下的意见,积极做北伐的准备。不过,当时的辽朝对边防并没放松,辽圣宗即位的当年,萧太后就命耶律休哥为燕京留守,总领南面事务。在宋朝"筑城河北,聚粮边境"的同时,耶律休哥也在"劝农桑,修武备",加强边境的防务。

经过几年的准备,雍熙三年三月,宋太宗出动三十万大军,向辽朝发动了大规模的进攻。这次宋太宗虽然没到前线，但一切军事行动都由他亲自指挥。宋军分三路出兵，东路由曹彬、米信率领宋军主力，从雄州（今河北雄县）出击；中路由田重进率领，出飞狐（今河北涞源北）；西路由潘美任主帅，杨业为副帅，出雁门。按照宋太宗的部署，计划以东路曹彬的军队攻打涿州（今河北涿县）吸引辽军主力，然后中路、西路绕道辽的南京北边，三路合围，攻取南京。

战争的初期，三路大军捷报频传。曹彬的东路军取得固安、新城两县，然后攻克涿州，击败辽军。中路的田重进连克飞狐、灵丘和蔚州（今河北蔚县）。西路军的战果尤为辉煌。杨业率军从西陉北山，先在雁门谷北口击败辽军，然后追击至寰州。寰州的辽朝守将赵彦章举城投降。杨业的儿子杨延昭进围朔州。朔州的辽兵守将赵希赞抵抗失败，也开门纳降。杨业与杨延昭父子转攻应州，辽的守将艾正等投降。云州（今山西大同）也被杨业父子收复。他们又进兵浑源，同田重进在恒山之下会师。代北居民听说宋军到来，纷纷前来欢迎，见了杨业的队伍，热泪盈眶。他们热情支持宋军，有的充当向导，有的供应军需，有的乘夜斩辽军首级来献，还有的参加宋军打仗。杨业下令征募壮士，成百成千的人前来应征。

面对宋朝的全面进攻，辽朝忙调集各路军队，令耶律休哥抵御宋军主力曹彬的军队，派耶律斜轸抵御潘美、杨业。萧太后和辽圣宗亲至南京督战。宋军虽然取得了很大的胜利，但因兵力分散，相互不能很好地配合，加之粮草供应不及时，给辽军的反击提供了条件。四月，曹彬在涿州遇到耶律休哥的军队，粮食不继，萧太后和辽圣宗的援军已到了涿州东。辽军两边夹击，曹彬从涿州败退。五月，曹彬和辽军在涿州西南四十里的歧沟关大战。宋军败退，夜渡拒马河，耶律休哥引精兵追击，宋军掉到河里淹死的不计其数。曹彬退到易州，在州东沙河驻营，听说耶律休哥领兵来了，宋军争渡沙河，死亡过半，史书上记载"沙河为之不流"。曹彬的主力军全部溃败。宋太宗得悉东路军溃败，伐辽的勇气一下子全没了，急忙下令让中路、西路兵马撤退，令田重进屯定州，潘美、杨业退守代州，徙云、应、朔、寰四州吏民入雁门关，分别安置在河东和京西。

那时候，辽大将耶律斜轸率十万大军直奔宋朝西路军而来，先攻陷蔚州，潘美率师去救，同辽军战于飞狐，宋军败。原来已为宋占领的浑源、应州守将都弃城而逃。六月底七月初，耶律斜轸乘胜进入寰州。杨业按照宋太宗的命令率兵护卫云、应、寰、朔四州的官吏百姓向内地迁徙。那时曹彬、田重进的两路宋军都已撤回，辽军集中近二十万人的兵力，攻击代北的宋军。在辽军的优势兵力面前,杨业向潘美建议,不要正面同辽军作战,可以领兵出大石路,向北奔应州,虚张声势,将辽军的主力引向应州的西边。同时派人密告云州、朔州等地的守将,等宋军离代州北上时,令云州的官吏、百姓先出来,这就不怕辽军前来追击了。而位于寰州的辽军怕被宋军切断后路,就会转向应州,这样在寰州西侧的朔州军民也可乘势南出石碣谷(今朔县城南之上、下石峡谷),避开辽军的袭击。再在谷口安排三千弓弩手,派骑兵在中路支援,这样三州的官吏、百姓可以万全,陷入敌后的宋军也能安全撤退。杨业的这个"示形于东,而务于西"的计策,在兵少而又要完成护卫几州百姓撤退任务的情况下,是切实可行的。但是,监军王侁竭力反对杨业的建议,提出了一个不顾客观条件而蛮干的建议。他说:"我们领数万精兵,怎能如此怯懦?"他主张沿着雁门大路,大张旗鼓地行军到马邑(当时是寰州城的所在地)。另一将领刘文裕赞成王侁的办法。杨业忙说:"不可,这样势必大败。"王侁嘲笑杨业说:"君素号'无敌',今遇敌军不战,是不是另有什么打算(暗指杨业是否要去投靠辽朝)?"

杨业听了这话十分气愤,他对潘美、王侁等人说:"现在的形势对我军不利,按你们的主张去做,不是白白让士卒送命吗?你们说我怕死,我可以为你们打头阵。"当时作为西路军主帅的潘美,也要杨业执行王侁的方案。临行,杨业哭着对潘美说:"这次去必然会失败。我原是北汉的降将,早就应当死的。太宗没有杀我,而且委为将帅,授予兵权。我并非纵敌不打,只是想等候时机,杀敌立功,报答国家的恩典。今天各位责备我避敌,我当先去战死。"他说着用手指着陈家谷口(今朔县西南陈家沟)的方向说:"诸位在谷口两侧,埋伏好步兵和弓弩手。等我转战到这里,就以步兵夹击相救,不然就会全军覆没。"杨业说完就率领儿子杨延玉和老将王贵等,自石碣谷奔向寰州前线。

辽军统帅耶律斜轸听说杨业领兵前来,命先锋萧挞揽在路上埋下伏兵。第二天早上,杨业与耶律斜轸在朔州东边相遇,双方交战,耶律斜轸假装战败,且战且退。待杨业进入萧挞揽的埋伏圈,伏兵四起,耶律斜轸回师再战,把杨业包围起来。杨业率众突围,苦战到下午,箭尽力竭,拼力杀出重围,到达陈家谷口时天色已近黄昏。杨业见两边静悄悄的,连个人影也没有。原来潘美、王侁等在这儿等到上午,不见杨业到来。王侁以为辽兵败了,怕杨业独占功劳,就领兵离开了陈家谷口。潘美也沿交河西南走了二十里。一会儿,潘美听说杨业兵败,但没去接应,反而带兵逃走。杨业气得拍着胸口大哭，只好率领士卒力战。那时跟随他的将士只剩下百余人。杨业对他们说："你们都各有父母妻子，同我一起死在那里没什么好处，你们跑回去还可以报告天子。"将士都感动得泪流满面，谁也不肯离去。老将王贵杀死几十个辽兵，弓箭用完了自己也被杀死。其余士卒全部战死，没有一个生还。杨业的儿子杨延玉也战死沙场。剩下杨业一人，他身受几十处伤，还用刀砍杀了几百个辽兵。杨业的马也受了重伤，不能再行进。他躲到树林里，辽将耶律奚达望见他的袍影，射了一箭，杨业从马上摔下来，被捉住了。

杨业被俘后，送到辽军统帅耶律斜轸处。耶律斜轸责备杨业说："你同我国角胜三十多年，今天有何面目同我相见！"不过，耶律斜轸对杨业的骁勇也很敬佩，想招降他，但是遭到了杨业的坚决拒绝。萧太后和辽圣宗事先下有密令，要耶律斜轸切勿用暗箭伤害杨业，务必活抓。辽将耶律奚达虽然捉住了杨业，但因他是用暗箭射伤再捉住的，而且又没能劝降杨业，萧太后非但没有嘉奖他，反而处分了他。由此可见辽朝统治者对杨业是何等的钦佩和重视。杨业一生抗辽，自然不肯降辽。他被俘后叹息说："宋太宗待我甚厚，我总盼望打败辽军，捍卫边疆以报国家。没想到却被奸臣嫉妒，逼着我去送死，落得全军覆没，还有什么脸活在世上呢？"他在辽营绝食三天，就牺牲了。

造成杨业之死的原因，历来说法不一。多数认为潘美应负主要责任，因为他是西路军的统兵主帅。他不采纳杨业的正确建议，而听从王侁的错误主张，以致造成杨业兵败至陈家谷口，而潘、王又没有按事先的约定在那儿接应，却违约撤兵，这自然就导致杨业被俘。少数人认为，王侁和刘文裕应负主要责任，当时监军权力很大，潘美不敢不听他的。不过，持这种见解的人，也不否认潘美对杨业的死负有责任。因为他没有坚决反对王侁的主张，又在关键时刻违约撤兵。总之，杨业的死是王侁、潘美等人造成的。

杨业一生抗辽，从北汉时起，就在雁门地区抵御辽兵南下，一直到归宋以后，前后三十多年。辽兵南下掳掠，对当时北汉和后来的宋朝百姓来说，都是个很大的威胁，所以杨业抗辽就受到宋朝和宋以后历代人民的称颂。宋代大文学家欧阳修说，杨业、杨延昭"父子皆为名将，其智勇号称无敌。至今天下之士，至于里儿野竖（乡里儿童村夫），皆能道之。"杨家将故事的流传也就从此开始。北宋的杂剧中，就有杨家将的故事。南宋时，说书人也纷纷讲述杨家将的故事。据记载，那时说书人的话本里有《杨令公》《五郎为僧》等。元曲中的杨家将故事就更加多了。元曲大作家关汉卿，就写过杨家将的剧本，题为《盂良盗骨》。到了明代，已有了杨家将内容的长篇小说，题为《杨家府世代忠勇通俗演义》，有关杨家将的戏曲、小说一直流传到今天。宋朝人还为杨业修了几座祠庙，在山西代县有杨业的家庙；在苏州也有杨业家庙，在北京密云古北口有杨无敌庙，古北口的庙至今犹存。

士兵出身的大将——狄青

北宋是一个重文轻武的朝代,武将的地位低下,士兵的社会地位就更微贱了。要想从士兵升迁为将官,是十分困难的。不是从科举考试进入仕途的人要爬到执政大臣的高位,更是比登天还难。然而,在宋仁宗执政时期,却有一个人因为战功卓著,不仅由普通的士兵被擢升为将官,而且还升迁到地位同宰相相当的枢密使(主管军政的最高职务)这个执政大臣的高位。这个人便是赫赫有名的狄青。

狄青生于大中祥符元年,卒于仁宗嘉祐二年,字汉臣,汾州西河(今山西汾阳)人。自幼习武,有很突出的骑马射箭的本领,成年后流浪到京城开封,投身行伍,成为宋朝的宫廷卫兵。在宋朝,士兵脸上要像被处置黥刑的罪犯那样刺上字,以防止他们逃跑,士卒被称作"赤老",被视为身份微贱的人。在狄青名隶军籍的那一天,正好宋朝科举考试发榜,得中进士的人从皇宫中出来,人们都围上去观看新中进士的风采。狄青和几个士卒刚好在大道边上,看到这种情景,那几个士卒不无感叹地说:"人家当上了状元,我们才当兵,潦倒与富贵命运的悬殊是多么大啊!"狄青却不以为然地说:"话不能这么说,还要看各人的才能怎么样呢?"这句话在当时曾被人们当作笑料加以讥笑。但是,狄青却不以为然,决心用自己的才能,来改变人们认定的当了士卒就注定一辈子低贱的成见。

宋仁宗宝元二年,党项族在我国西北部(今天的陕西西北及宁夏、甘肃地区)建立了西夏政权,并在首领元昊的统领之下,势力逐步强盛起来。元昊撕毁了他的父亲德明在宋真宗景德三年与宋朝订立的接受宋朝册封的和议,公开称帝,接着就不断向宋朝的陕西边境州郡发动进攻。宋朝因为军政腐败,接连吃了败仗,不得不大量增兵支援,一部分宫廷卫士也被派到陕西对抗西夏作战。狄青就在这时被派到延州(今陕西延安)担任指使,指挥一支大约有五百人的军队。

当时宋军因为屡战屡败,将士大都产生畏敌避战的消极心理。而狄青则与众不同,他每次临阵作战,都披散着头发,戴上铜面具,身先士卒,冲入西夏军中勇猛劈杀,而且所向披靡,被西夏兵称为"天使"。狄青在延州四年,前后共参加大小二十五次战斗,其中有八次中流矢负伤,但却坚持战斗。破金汤城,略宥州(今陕西靖边境),屠庞咩、岁香、毛奴、尚罗、庆七、家口等族,焚烧积聚数万,收其帐二千三百,牲口五千七百。又建城桥子谷,筑招安、丰林、新砦、大郎等堡寨,都是控制西夏兵的要害。有一次与西夏兵大战于安远,狄青负了重伤,听说敌军又到了,立即挣扎挺起,骑马再次驰向战场,他的部下在他的拼死精神感染、激励之下,各个奋勇争先,终于击退来犯之敌。狄青与士卒同饥寒、共劳苦,在治军方面,特别注重正军纪、明赏罚,深得士卒的崇敬,士卒都乐于听他的指挥。狄青勇猛顽强的战斗作风和带兵艺术,在当时宋朝的陕西战场上是异常突出的。他因此受到当时主持陕西对西夏防御战争的大臣们的赞赏。有一次,经略判官尹洙召见狄青,与狄青谈论兵事。狄青讲起带兵打仗头头是道,博得尹洙的好评。尹洙遂将他推荐给经略使韩琦和范仲淹。范仲淹看见狄青大喜,说:"此良将材也。"并格外礼遇,特地送他一部《左氏春秋》,对他说,"当将领的如果不知道古今,不过是匹夫之勇而已",劝他认真读书。狄青很受感动,从此利用战争间歇时间刻苦阅读古代史书,悉心研究秦、汉以来所有的将帅兵法,终于成为一个既能勇猛地冲锋陷阵,又精通兵法的将领。他的名气也越来越大。他本人也因为屡建战功,从一个下层军官(延州指使)逐步提升为西上阁门副使、秦州(今甘肃天水市)刺使、泾原路副都总管、经略招讨副使,成为宋朝一个方面军的副帅,后又加捧日天武四厢都指挥使、惠州团练使。

宋仁宗以狄青数有战功,想召见他问以方略,碰巧西夏兵进犯渭州(今甘肃平凉),遂命狄青绘制图形上奏,宋仁宗看后更加器重锹青。因为掌握了兵法要领,狄青领兵作战方法也更加巧妙。在他担任泾原路副都总管、经略招讨副使时,西夏兵大举来犯,狄青所部迎敌的宋军数量较少,力量悬殊,处于劣势。但狄青并没有畏惧西夏的强大的兵力,相反,他冷静地分析了敌众我寡的客观形势,认为只有出奇方可制胜。于是他下令全军将士尽弃弓弩,全部带上短兵器,又密令改变原来钲鼓的信号,规定听到钲鼓一鸣就停止前进,再鸣就严阵以待,然后又佯装退却,钲鼓一停,则立即大声呼喊着杀向敌军。当两军短兵相接时,西夏兵见到宋军不像以往那样闻钲而前,而是闻钲则止则退,以为是狄青和宋军胆怯了,都放声大笑,完全没有戒备。当宋军在钲鼓之声停止后突然杀声震天,奋勇向前杀来的时候,西夏兵顿时慌了手脚,整个阵势大乱,自相踩踏踩践,死伤不计其数。狄青终于以奇兵取得以少胜多的辉煌战果。

中国历代名将大观

后来,元昊向宋朝求和,双方达成协议。元昊向宋朝称臣,宋朝则每年赐银、绮、绢、茶二十五万五千给西夏。狄青被调任真定(今河北正定)路副都总管,历侍卫步军殿前都虞侯、眉州(今四川眉山)防御使,迁步军副都指挥使,保大、安远二军节度观察留后,又迁马军副都指挥使。

宋仁宗皇佑四年,广源州(在今广西与越南交界处)壮族人侬智高想依附宋朝,依靠宋朝的势力摆脱交趾(今越南北部)的控制,但遭到宋朝的拒绝,侬智高恼羞成怒,向宋朝两广地区大举进攻。宋朝由于武器装备年久失修,在侬智高的进犯面前,许多州郡官员都望风而逃,使得侬智高不仅很快攻陷邕州(今广西南宁市),而且沿邕江东下,一路势如破竹,接连攻陷宋朝邕江沿岸的九个州,并且一度包围宋朝最重要的海外贸易港——广州。侬智高的士兵所到之处,纵火杀掠,给广南人民带来了极大的灾难,宋朝岭南地区为之大震。宋仁宗先后派遣杨畋、孙沔、余靖等大臣前往广南负责讨伐,但因为他们都是文官,不懂军事,指挥失当,均未能制止侬智高的凶焰。侬智高因为连败宋兵,气焰更加嚣张,竟然要宋朝册封他为邕桂节度使,承认他割据广南。束手无策的宋仁宗曾想答应侬智高的要求,把广南地区放弃给侬智高。有的大臣则主张联合交趾,借交趾的兵力消灭侬智高。

值此岭南危急的时刻,由于战功卓著而受到宋仁宗赏识刚刚升任枢密副使的狄青毅然挺身而出,要求宋仁宗让他重新披甲带兵出征。他满怀信心地对宋仁宗说:"臣起于行伍,如果不从事战伐就无以报国。愿得蕃落骑兵(即陕西边境少数民族组成的骑兵)数百骑,再加一些禁兵,去岭南取贼首送来都城。"

宋仁宗这时正为派出去的大臣皆不中用,广南出师不利而苦恼,听到狄青的请求,格外高兴,立即委派他为宣徽南院使,宣抚荆湖南北路、经制广南盗贼事,让他率军讨伐侬智高。并在垂拱殿置酒宴为之壮行。同时,宋仁宗还接受宰相庞籍的建议,打破宋朝以往不专任武将掌兵、以文官牵制武将的惯例,没有给狄青配备副手,授予狄青统一指挥岭南宋军讨伐侬智高的全权,并下令岭南诸军将领都受狄青统辖节制。

在出师之前,狄青对此次用兵的方略及用人任将等大事都作了周密的考虑。他认为,以往宋军之所以屡败,其原因在于军制不立、赏罚不明。这次出征,必须立军制、明赏罚。针对侬智高的军队使用摽牌(用藤制作的盾牌)为掩护,作战时宋军难以破敌制胜的情况,认为摽牌兵就是步兵,用骑兵冲击即可取胜,从而制定了使用骑兵的战术。过去宋朝每次命帅出征作战,总是有一些本来没有什么本领,也根本不想在战场上流血牺牲,却又想趁机捞取功名的人,利用各种关系请托主帅,在军队中混得一官半职。这些人成事不足,败事有余。孙沔受命讨伐侬智高时,就受请托带了一批浅薄无赖之徒在军中,所以不能成功。狄青一受命,也有人通过朝中权贵人物,想疏通狄青,跟随狄青去岭南。狄青总结了孙沔失败的教训,直接召见请托求行的人,说:"君想跟随我狄青出师,这是我狄青求之不得的事,何必去请人说情呢?不过,侬智高是个小寇,却派我狄青出马,可见事变已经很危急啦!跟随我在军中的人,倘若能击贼有功,朝廷有厚赏,我狄青不敢不替他们请赏。如果从军到岭南又不能杀敌,则军中无戏言,军法如山,狄青不敢徇私。请君三思,果真愿往,即奏禀让你到军中来。不仅是你一人,你的亲戚及所交游的人,都希望你把我的这些话带给他们。如果真愿意跟我出征,在我是求之不得的。"这一席话,使得托人说情的人吓得面色如土。其他一些本来也想混进军中捞取功名的人听了这些话,都打消了请托的念头。因此狄青身边的人,都是狄青平时很了解,并且能够在战场上充分发挥作用的人。例如,北宋抗辽名将杨业的孙子、杨延昭的第三子杨文广,就跟随狄青在南征的军中效命。人们从这一点看到狄青和以往将领不同的地方,树立了此行必胜的坚定信念。这样,在出师之前,狄青已经在他所统领的即将南下的宋军中树立了声威。

在一切准备就绪之后,狄青率领一支一万余人的队伍离开封南下。宋朝以往派出几支军队的将领都只顾驱赶士兵快速行军,不注意关心士兵的疾苦,不注意行伍纪律,宿营时不注意警卫,一遇侬智高军队,又立即驱使疲惫的士兵作战,以致屡败。狄青吸取了这些教训,队伍从开封出发后,每天行程不超过一驿站,凡到一州治所,必让士卒休息一天,使士卒保持旺盛的精力。到靠近前线的潭川(今湖南长沙)之后,狄青严明行伍纪律,使部队无论行军还是住宿,都做到行列整齐,粮食辎重及各种守备器材的运送都有条不紊。有个军人抢了过路人一把菜,狄青立即下令斩首示众。由于纪律严明,全军行动整肃,没有一个人敢出声喧哗,以至于一万余人的队伍在行军时竟悄然无声。在宿营时严密戒备,以防敌人偷袭。

当狄青率军到达广南时,前次负责讨伐事宜的余靖已经奏请朝廷批准,准备向交趾借兵进攻侬智高。狄青一面毫不犹豫地下令余靖停止派使臣向交趾借兵;一面向宋仁宗申奏说:"假兵于外以除内寇,不是本朝之制。"他还指出交趾愿出兵的许诺不可信,"蛮夷贪得忘义",请求宋仁宗取消向交趾借兵的计划。后来人们都佩服狄青的远见卓识。鉴于以往广南宋军将领屡败屡走，习以为常，视军法如儿戏，狄青决心从整顿军纪入手，改变这种恶习。皇祐五年正月初，狄青所部宋军同余靖、孙沔所部宋军会合在宾州。在这之前，他为扭转广南宋军轻敌致败、士气低落的局面，曾下令各支宋兵不得妄自出战，一切听从他新的军事部署。但是，广西宋将陈曙却一心想抢头功，趁狄青未到，擅自率兵出击，结果在昆仑关大败，部将袁用等人都狼狈逃遁。狄青对此十分生气，认为这次兵败是目无主帅、不听统一号令所造成的恶果，即所谓"令之不齐，兵所以败"。正月初八日清晨，他召集诸将，当场把陈曙、袁用等三十个对兵败负有直接责任的大小将官抓了起来，按败亡的军法论罪，然后一并推出军门处斩。这种为整肃军纪而采取的严厉处罚，连在座的余靖、孙沔等都相顾失色，那些平时玩忽职守，视军法如儿戏的将官更是吓得发抖，不敢抬头，全军为之震动。宋军以往那种纪律涣散、将领议事时各执己见，争吵不休，战斗中各行其是的情况，为之一变，军士都有了拼死取胜的决心。经过狄青对军队的整治，宋朝在岭南危急的军事形势开始有了转机。

在诛杀陈曙等败军之将、整肃军纪之后，狄青并没有因为兵已可用，立即轻率地向依智高盘踞的邕州（今南宁市）进军。他知道，昆仑关是宾州与邕州交界的险要隘口，且是进军邕州的必经之地，如果依智高派重兵把守，宋军的进军就有很大困难。于是他根据这一实际情况制定了一个奇兵巧夺昆仑关的计策。他先以粮运不继为借口，下令全军休整十天，筹备十天粮食，让依智高派来侦察宋军动向的探子产生宋军不会马上行动的错觉。依智高本来就因为以往作战都轻易取胜，不把宋朝官军放在眼里，听了探子的报告，认为宋军粮草接济不上，不会很快向邕州进攻，就更加麻痹大意，放松戒备，有人向他建议立即派重兵守卫昆仑关，他也不予接受，正月十五口上元节夜里，居然还在邕州张灯高会饮乐。狄青则利用这种情况，于正月十五日这一天清晨下令全军迅速向昆仑关挺进，他亲自率领前军，让孙沔率次军，余靖率末军殿后，在当天晚上就全军抵达昆仑关下。这天夜里，风雨大作，狄青穿上普通将士的戎装，率一支突击队冒雨进发，趁依智高未派重兵守备，一举夺取了昆仑关。第二天清晨，当宋军营中整好队列旗鼓，各将领在帐前等待号令的时候，狄青已率军越过昆仑天险，下令后面诸将迅速率队跟上。宋军就这样巧越昆仑关，直扑依智高的巢穴邕州。

依智高听说宋军已向邕州扑来，一时乱了阵脚，慌忙派兵迎战。正月十七日，两军在邕州附近的归仁铺相遇，狄青按照出师前制定的方略，让步兵打头阵，而把带来的二千陕西蕃落骑兵藏在阵后。依智高则以骁勇的军士持长枪居前打头阵,把羸弱的人放在后面。当两军接战时,侬智高军队为了挽回败局,疯狂向宋军反扑,战斗十分激烈。宋军前锋将官孙节英勇牺牲,但前锋士卒却个个奋勇,顽强作战,无一人退却。这时狄青登上高丘,手执五色旗,指挥骑兵分左右两翼迂回袭击侬智高的背后,把侬智高的队伍切成三段,然后加以袭击。侬智高的军队被杀得大败,作鸟兽散。侬智高见大势已去,不得不云弃邕州,逃往大理(在今云南省地区),后来在大理国被杀死,首级被大理国送到宋朝京城开封。在广南肆横达一年之久,给广南人民带来巨大灾难的侬智高侵扰事件,由于狄青善于用兵,在归仁铺一战而得以平息。

在平定侬智高这场侵扰的过程中,狄青不仅表现出卓越的军事指挥才能,还表现出不贪功冒力、能推功与下级的优良作风。邕州被收复时,曾发现一具穿着金龙衣的尸体,许多人都认为是侬智高之尸,主张呈报朝廷。狄青却说:"怎么知道不是诈谋呢? 宁可失去杀死侬智高之功,也不能贪功而欺骗朝廷啊!"在整个战役中,一切谋划都出自狄青一人,孙沔没有什么功绩。但是,侬智高一被消灭,狄青就把其余善后事项统统交给孙沔去处理,自己退在一边,让孙沔也有功可记。这种推功及人的作风,使孙沔对他的为人十分敬佩。

奇兵飞越昆仑关,一举扑灭侬智高的侵扰,这是狄青一生军事生涯中最精彩的篇章,也是他军事活动的顶点。从广南班师回朝以后,宋仁宗不顾一些大臣的反对,擢升他为枢密使。狄青的声望和地位也达到了顶峰。

狄青虽然当上了执政大臣,成了朝廷中掌握军政大权的最高长官,但是却没有忘记自己的行伍出身,脸上始终留着当士卒时刺下的字。宋仁宗让另一个大臣劝他用药除去脸上的刺字,狄青指着自己的脸说:"陛下以功擢臣,不问门第,臣如果没有脸上这两行字,怎么能到达执政大臣这样的高位呢? 臣决不敢除去这些刺字,为的是使天下那些被视为贱儿的士卒,知道国家有执政大臣这样的名位在等待他们建功立业呢!"当时都城的士兵因为狄青当上了执政大臣,只要一见他外出,都不由得产生一种自豪感,连平时作为低贱和耻辱标志的脸上刺字也成了互相矜夸的东西。

但是,奇功、声望和高位,尤其是在士兵中的影响,在把防范武将夺权作为国策的宋朝,却给狄青带来了不幸。当时有的官员散布流言蜚语以中伤狄青。有人则以宋太祖曾为周世宗忠臣,终于夺权的事例,要求宋仁宗解除狄青的职务。种种无端的诬谤,终于使宋仁宗动摇了对狄青的信任,于至和三年(1056 年)八月,罢了他的官,让他出镇陈州(今河南淮阳)。在狄青出镇陈州后，宋朝当权的宰相文彦博等人还不放过，每月从开封派两次使臣到陈州，名为抚问，实则监视狄青的行动。在这种精神压力下，狄青在陈州不到半年就因忧郁成疾，一病身亡，终年五十岁。一代名将就这样被重文轻武、猜忌有功武将的无形绳索绞杀了。狄青死后，宋仁宗为之发丧，赠中书令，谥武襄。狄青有两个儿子，一为狄谘、一为狄泳，并为阁门使。

宋神宗熙宁元年(1068年)，考次近世将帅，以狄青起自行伍而名动夷夏，深沈有谋略，能以畏慎保全终始，感慨万端，下令取狄青的画像入禁中，并亲自写了祭文，派使臣赍送猪羊到狄青家的祠堂中祭祀。

狄青死后，后代以狄青故事为题材的小说广泛流传，民间也有不少关于狄青智勇双全的传说，表明人们对于这位士兵出身的名将的深切怀念。

中国历代名将大观

力主抗金扶穹窿——宗泽

一、进士及第　初入仕途

宗泽生于仁宗嘉佑四年，卒于高宗建炎二年，字汝霖，婺州义乌（今浙江义乌）人，是和李纲同时代的抗金名将、民族英雄。

宗泽小的时候，就很有志气。他为人性格爽朗，喜欢读书。他曾经把家中的藏书都读遍了，为了能够学到更多的知识和继续深造，还带着书到四方去访求名师，在外边度过了十多年的游学生活。据说，他对历史书籍格外有兴趣，《左传》和《三国志》是他最爱读的两部书。由于勤学好问，到了二十多岁时，他已经有点名气了。

宋哲宗元祐六年，宗泽到京城开封参加廷试，他写了一篇长达万言的对策文章，直言无隐地批评了当时的朝政，遭到主考官的厌恶，把他置于末科，仅给了他一个"同进士出身"，宗泽通过科举开始进入仕途。

元祐八年，宗泽被派到大名府馆陶县（今山东馆陶县西南），去做县尉兼摄县令职事，开始了他一生的实际政治活动。宗泽在馆陶任职时间比较长。有一年，朝廷征发大批民工去开御河，当时正是严冬季节，许多民夫都冻得倒卧在道旁，上官仍然催逼得十分严厉。宗泽奉命巡视河堤，发现这一情况，就向上级请求说："现在天气这样冷，不但老百姓冻得吃不消，而且工程也不易进行，如果等到明年开春再动工，事情就好办多了。"由于宗泽的仗义陈请，开河工程终于被批准延期，许多役夫因此得以活命。

宋徽宗崇宁二年，宗泽被调到莱州胶水县（今山东平度县）任县令。当时胶水县的豪强势力很大，挟势虐民。其中有个叫温包的恶霸，依仗莱州通判（宋代州府长官的助手）是他的姻亲，在县里横行霸道，无恶不作。宗泽到任后，派人查清了他的罪行，就要惩治他。温包的姻亲果然以上司的身份出来包庇温包。宗泽对此毫不妥协，他理直气壮地说："（温）包犯法，某以法治，不知其他也！"他顶住了上级的威胁，依法惩治了温包。从此以后，胶水县的豪强势力收敛了一些。

宗泽前后做过三四任地方官,他无论到哪里,总不忘记为民兴利除弊,因此受到各地老百姓的热烈拥护。政和五年,他在担任登州通判的时候,登州境内有好几百顷官田,都是贫瘠不毛的荒地,根本不能种庄稼,可是朝廷每年却要这里的地方官上缴万余缗的租税。地方官借机向百姓进行搜刮,弄得人民叫苦连天。宗泽了解到这一情况,便上书请求朝廷免除这项征敛,减轻了当地人民的一些负担。

二、孤军奋战　进援京师

京城不断传来金兵逼近的军报,钦宗吓得没了主意。当时任刑部尚书的王云,这时已成了金国的细作,他劝钦宗派康王赵构(钦宗的弟弟)到金营中去求和。并煽动说:"真定城比京城高一倍,金兵一下子就攻破了,京城还能守得住吗?"钦宗无奈,只得叫王云陪同康王北上求和。沿途百姓拦马劝阻,可是他不听。当康王到达磁州时,宗泽又竭力劝他不要自投罗网,他这才答应留下来。当他回到扬州时,金兵又第二次包围了汴京,钦宗密令康王组织"天下兵马大元帅府",叫他担任大元帅,汪伯彦、宗泽为副元帅,起兵去救汴京。康王通知各地兵马在大名集中,当时正是寒冬,朔风刺骨,大雪纷飞。老将宗泽亲自率领本部人马,冒着严冬飞雪,踏冰渡河前来,力劝康王赶紧援汴。这时,北宋政府突然又传来命令说:和议正在进行,可望成功。当时宗泽很不以为然,他对康王说:"金人狡猾,企图借议和为名,延缓我们的救兵。我们应当赶快引兵进驻开德府(今河南濮阳),然后步步向开封推进,以解京师之围。到那时万一敌人变计,我们的军队已经到达城下,就不怕了。"可是汪伯彦等不愿进兵,劝康王派宗泽先走,实际上是把他赶出大元帅府,从此再也不得参与军机大事了。宗泽只得自己率领两千人从大名出发了。

靖康二年正月,宗泽从大名到了开德,沿途一连打了十三次仗,每仗都获得胜利。他上书劝康王命令各路宋军到东京会师,又通知附近几位大将合兵入援,可是一个多月过去了,仍没有任何回复。宗泽无奈,想到京城的危急,毅然率领本部人马继续前进,救援开封。部下有一个叫陈淬的军官谏阻说:"敌人气焰正盛,我们不可轻举妄动。"宗泽听了,非常气愤,要把他斩首。由于其他部将求情,才准许他去戴罪立功。宗泽率领部队前进到卫河以南,分析形势后认为,自己方面将孤兵少,如不深入,很难成功。于是,他亲自带兵向敌军大营猛扑,与陈兵相待的金兵展开白刃战。宗泽精神抖撇,操戈直前,转战于敌营之中,金兵大溃。当宋军向东面转战的时候,敌人又开来了生力军,把宋军团团围住。宗泽激励将士们说:"今天进也是死,退也是死,我们要从死里求生!"士兵们在宗泽的鼓舞下,都拼死战斗,无不以一当百,杀敌数千,金兵败退数十里,宋军获得了巨大的胜利。宗泽认为敌人在兵力上大大超过自己,一定不会甘心失败,如果倾营夜袭,将难以抵御。于是他决定乘黄昏时候拔营转移。当夜金兵果然来偷营,结果扑了一个空,金将大感惊奇!从此以后,金兵更知道宗泽的厉害,再也不敢贸然进攻了。

在宗泽孤军奋战击退金兵的时候,其他各路将帅却观望不前,汴京终于被金兵攻陷。这年二月,金主下诏废宋徽宗及钦宗为庶人,立宋臣张邦昌为伪楚皇帝。四月一日,徽宗、钦宗及后妃、宗室贵戚等三千多人被掳北去。汴京的所有金帛、宝货、文物、图册等也被金兵洗劫一空。北宋王朝灭亡了。史称这次事件为"靖康之难"。宗泽听到这个消息,想要带兵追上去,在归途中劫还两个皇帝。可是因为各路的援兵仍然不到,宗泽的这一计划没能实现。

三、南宋政权建立　宗泽力主抵抗

金兵北撤后,宋王朝的大臣们很多人都对张邦昌的伪楚政权抱敌对态度,他们认为,宋朝本是赵氏建立的,必须再立一个赵氏宗室来取代伪楚政权,并以它的名义来发号施令,才能有效地组织抗金斗争。宗泽就是这些大臣中的一个代表人物。

那么,究竟立谁为皇帝呢?这时候赵氏宗室中的亲王都已经被金人掳走,只有康王赵构因领兵在外,因此侥幸被留了下来。这样,朝臣们都把兴复宋室、抗击金兵的希望寄托在赵构身上。宗泽在当时曾上书给赵构,要求赵构振作起来,继承大统,并且要求诛讨张邦昌。在群臣及士大夫的劝进下,赵构于建炎二年(1127 年)五月,在北宋的南京应天府(今河南商郊)即了帝位,改年号为建炎,他就是南宋的第一个皇帝——宋高宗。

南宋政权建立初年,由于受到金兵的严重威胁,不得不起用抗战派的代表人物李纲为左相,来支撑一下局面。同时,高宗还下诏召宗泽赴南京。但是南宋小朝廷中以汪伯彦、黄潜善为首的投降派却拼命反对李纲和宗泽的出任,从一开始抗战派和投降派就展开了激烈的斗争。六月一日,宗泽奉召来到南京,就慷慨激昂地向高宗上书,提出首先应当做好以下四件事:

一是要慎重用人;二是要赏罚公平;三是要多听取臣下的意见;四是要积极地从事抗金的军事部署。高宗虽然表面上表示赞同,但是他内心里仍然倾向于汪、黄等投降派的主张。六月五日,宗泽就在投降派的排挤下,以龙图阁学士出知襄阳府,并且提举随(今湖北随县)、房(今湖北房县)、郢(今湖北钟祥县)兵马巡检使。但是襄阳当时并不是抗金斗争前方,宗泽杀敌报国心切,对此种任命感到愤慨,因此,他在赴襄阳途中上疏高宗痛斥投降派说:"我虽然年老无用,但也应当亲冒矢石,作诸将的表率,我最大的愿望就是舍生报答国恩。请您允许我!"高宗在看了宗泽的奏疏以后,认为他诚心为国,而且在大敌当前之际,把一个威望素著的抗战将领安置到后方,恐怕暴露自己的投降面目,于是在六月十日改命宗泽去做青州(今山东益都)知府。

在南宋政权建立后,河东及河北一带军民仍然坚持同敌人斗争着,正是由于两河人民的斗争牵制住金兵,才使宋廷的抗战派有可能去整顿修葺遭受金兵严重破坏的开封城,重新进行战斗部署。宗泽对于开封的战略地位的重要性是有深刻认识的。他上书给宰相李纲,要求保荐他去担当整顿开封这个抗金基地的防务。李纲对于宗泽忠诚为国的豪迈气概很是赞佩,他极力向高宗保举宗泽,高宗才改命他为开封知府。这年六月,原来的东京留守被劾罢官,宗泽升任为东京留守兼开封知府。

四、联络义兵　保卫开封

宗泽就任开封知府后,立即着手整顿开封城内秩序。他首先处死一批勾结金兵抢劫居民的坏人,并且下令严禁盗窃活动;接着,又着手做了稳定物价的工作,严厉打击那些乘机抬高物价的奸商,安定人民生活。同时,为了恢复京城的昔日面目,宗泽组织工匠把开封的宫室、宗庙及各部衙门都一一加以修葺。经过宗泽的努力,仅仅一个多月的时间,开封的市面秩序就基本上恢复正常了。在此基础上,宗泽还着手恢复了开封与外地的商业交往,并下令保护前来经商的贾人利益。开封的街巷市井又繁荣起来了。

在整顿修葺开封城的同时,宗泽更多考虑的是京城的防务问题。宗泽根据地形特点,在开封城的周围,建筑了二十四个坚固的壁垒,每个堡垒各派兵数万加以防守。沿河一线是金兵进攻的主要方面。宗泽为了加强沿河防务,亲自率领军民在河的南岸建筑起一层层像鱼鳞一样的连珠寨,派兵驻守。另外,还在黄河南岸挖了很多深广各丈余的壕沟,并在沟边设置障碍物,以阻挡金国骑兵的进攻。这样,就把开封这座重要城市布置得像铜墙铁壁一样。

当时,大河南北、太行东西,遍布着人民抗金队伍,依山靠水结寨,总计约有一百多万人,斗志昂扬,声势浩大。其中主要的有在太行山区战斗的由王彦领导的"八字军"(战士脸上都刺有"赤心报国,誓杀金贼"八字),在河北、陕西等地区活动的红巾军和河北、山西地区的五马山义军等。宗泽不顾高宗及黄、汪等人对义兵的敌视,分头派人去联络两河和陕西人民的抗金队伍,同他们建立联系,以便互相支援作战。当时河东义军首领王善,拥有部众七十万人。宗泽单骑到他营中,流着眼泪对他说:"国家危难的时候,如果有一两个像你这样的将军,还怕敌人不灭吗?今天你立功报国的时机到了,千万不可失掉啊!"王善被宗泽的爱国忠诚所感动,表示愿意归附。当时愿意听宗泽指挥的,还有号称"没角牛"的杨进和丁进、王再兴、李贵、王大郎等所率领的义军几十万人。这样,经过整编训练,宗泽的部下已经有一百多万人了,存粮可以支撑半年以上。宗泽还进一步结连两河山水寨忠义民兵,共同作战。从当时的实力来看,不但可以守住河南,而且有进军河北的可能了。宗泽部署停当后,接连几次上书高宗,请他回到京城,商量收复失地的大计。可是高宗依然采取敷衍了事的态度,并在汪、黄等投降派的阴谋下,于这年八月,迫使李纲辞去宰相职务,十月份,就率领小朝廷从南京逃到扬州去了。

女真贵族乘宋政府南迁,中原人心动摇之机,于建炎元年(1127年)十一月分兵三路向山东、河南和陕西进攻。金军中路主帅宗翰渡河后,屯兵洛阳,和宗泽相持。建炎二年五月,金兵进到白沙,距离汴京已经很近了,一时人心惶惶,部下也来问防守计划。当时宗泽正在和客人下围棋,笑道:"何必惊慌!刘衍(宗泽的部将)等在外面,自能抗敌。"当即选拔了精锐骑兵数千人,叫他们绕到敌人后方埋伏起来。金兵和刘衍交战的时候,伏兵一起杀出,前后夹攻,金兵大败。

二月初,金兵再次纠集大队人马,进犯开封。宗泽派统制官李景良等率领万余人,前往郑州迎敌。结果由于李景良等轻敌大意,被金军打败。李景良只身逃归,统领郭俊民投降了金军。为严肃军纪,宗泽下令将李景良斩首。宗翰攻打开封不下,便派遣郭俊民带着数百名金国将兵送信给宗泽,劝他投降。宗泽在气愤之余,痛斥了郭俊民一顿,把郭俊民连同随行的金人一齐斩首。宗翰的诱降也失败了。但他仍不死心,又于二月初十,出兵攻打开封北面的门户——滑州。宗泽派部将张㧟带领五千精兵去保卫滑州。当时开到滑州城下的金兵好几万人,宋、金两国兵力悬殊很大。但是张㧑却毫不畏惧,他激励将士说:"我们如果贪生怕死,还有什么面目去见宗公!"在张㧑的激励下,宋军无不以一当十,金兵措手不及,受到很大损失。然而终因寡不敌众,宗泽派出的援军尚未到达,张㧑已战死在疆场上了。随后,宋军大队人马开到,在滑州北门与金兵展开激战,迫使金兵渡河北去。宋将王宣等立即出兵追击,金兵大败。其他两路金军,也在遭到各地军民的沉重打击下,纷纷渡河退走。

由于宗泽领导的保卫开封战斗的胜利及中原人民对金兵的坚决抗击,不仅迫使金军知难而退,也使金兵进犯江淮的图谋遭到了失败,使高宗得以在扬州苟延残喘下去。宗泽因此被提升为资政殿大学士。

五、"出师未捷身先死"

在保卫开封得胜之后的一年时间里,宗泽无时无刻不在想着如何渡河去收复失地、中兴宋室的问题。宗泽知道,女真贵族对征服地区的统治与掠夺是不得人心的。他在多次同金兵交锋中,也发现金兵的弱点,金军中的女真人是少数,大多数是被征服的各族人民。宋军经过整顿,战斗力已大大提高了。两河州郡虽然先后沦陷,然而各处山寨义军的声势却很盛大,从山东到陕西,人民的抗敌力量正在不断成长。宗泽主动地派人去联合两河山寨义军,准备利用炎夏敌人马瘦的时候,进行全面反攻。同时利用敌人内部矛盾,进行分化瓦解的工作。有一次,一个金国军官被宗泽的部下捉住,经过审讯,才知道他叫王策,是契丹人投降金军的。宗泽令人松了绑,叫他坐在凳上,对他说:"契丹和宋朝原是兄弟之邦,现在金国贵族灭了契丹,又掳去了我国徽、钦二帝,按理说我们应当联合起来,洗雪国耻!"王策听了宗泽的话,很受感动,就把金国的虚实情况全部谈了出来。宗泽召集部下将领,商议大举渡河的计划,同时上书给高宗,请他迅速回到汴京,以号召中原,收复失地,迎还二帝,实现中兴大业。如果丢弃开封这个"祖宗二百年积累的基业",那么,宋王朝就再也没有恢复原来面目的可能了。

然而,以宋高宗为首的一群投降派,根本不把国家和人民放在心上,一心想在江南过着醉生梦死的荒淫生活。他们不但不支持宗泽的抗战主张,反而把宗泽看做是野心人物,诬蔑宗泽领导下的义军是"盗贼",竭力破坏宗泽的抗金斗争和出师计划。宗泽气愤地上书争辩,大意说:"自从金兵第一次围攻汴京以来,各地忠义人民,从四面八方赶来,保卫京城。当时大臣们没有远见,不但不予帮助,反而一概加以斥逐,使他们饥饿流离,这不是义军们的过失,而是朝廷措施失当的结果。如果朝廷把义军叫做盗贼,那么,恐怕两河山寨义军一下子就要解体了。"朝廷对于宗泽的驳辩竟然置之不理。

由于宗泽的威名很大,金人对他是既害怕,又尊敬,和汉人谈话时称他为"宗爷爷"。宗泽前后向朝廷上书二十多次,揭露汪、黄等人的"持禄保宠",不顾大局,劝高宗迅速回京,号召天下,出师讨敌。他虽然对于南宋王朝竭尽忠诚,但因投降派的打击,他的理想始终无法实现。这也表明,宗泽对于投降派大臣的卖国求荣的做法固然深恶痛绝,然而对于宋高宗本人却还抱有幻想。当时的宗泽已经是七十岁的老人了,眼看北伐的机会一次一次地被放过,不觉十分痛心,日子久了,竟忧愤成疾,背上生了疮,痛得很厉害。当部将们来到他的床榻前探问时,他还是提起精神说:"我因国耻未雪,所以积愤成疾,只要你们能够歼灭敌人,以成就主上恢复之志,我虽死无恨!"将领们听了,都感动得落下眼泪说:"我们一定尽力报国!"当部将们辞去时,宗泽知道自己已经不行了,他叹息地反复吟诵着唐代爱国诗人杜甫的名句"出师未捷身先死,长使英雄泪满襟"来表明自己的未竟之志。到了第二天,他的病势越发沉重了,临死之前,他对自己的家事一句不问,连呼三声"渡河"就气绝身亡了。东京的军民听到这位爱国老将逝世的消息,都失声痛哭起来,有一千多名太学生写祭文来哀悼他,这些充分反映了他们对这位爱国老英雄的衷心爱戴和怀念!

抗金的民族英雄——岳飞

岳飞是南宋初年的抗金名将,也是我国人民极为熟悉并为之景仰的民族英雄,在他近二十年的戎马生涯中,特别在抗击金军的战场上,组织和导演了无数次威武雄壮的活剧,为人民、为民族、为国家建立了卓越的功勋,但其最后,竟被秦桧之流以"莫须有"的罪名残酷杀害,这是多么刻骨铭心的历史悲剧。

一、屡次从军立志报国

岳飞,字鹏举,宋徽宗崇宁二年(1103年)生于相州汤阴县(今河南汤阴)永和乡的一个村庄中。佃农家庭,父名和,种田为业,母亲姓姚。

岳飞的家境是比较贫寒的。在其童年时就要参加一些力所能及的劳动。成年以后,又到大户人家做过庄客。岳飞少时沉厚寡言,有志气。随汤阴县枪手陈广学"技击",无所不精,成为一县无敌的人。后又随同乡人周同学骑射、研读《孙子兵法》,能挽三百斤的硬弓,且能左右射击。不久,金人入侵,岳飞的家乡遭到残酷地蹂躏,他目睹金军的洗劫及其铁骑践踏中原的惨状,遂立志从军,投身抗击金军侵扰的战场。这为他一生的抗金活动奠定了思想基础。

宋徽宗宣和四年(1122年),岳飞十九岁,因生活所迫,应真定(今河北正定)宣抚使刘韐的招募当上一名"敢死战士"。刘韐端详了岳飞的身材,了解了他的武艺后,就指定他当一名小队长。岳飞从军后,参加了宋、金联合攻打燕京的战役。这次攻战,宋军越过卢沟河,攻入燕京城内,但在巷战时被辽军打得大败,岳飞也随败兵溃退。

金军从宋攻打燕京的战斗中,看出了宋军的极其虚弱的本质,于是在宣和七年,灭辽以后,立即掉头南下,乘胜发动对宋的大规模的军事侵犯。河北、河东之地的忠义民兵和抗金将领,自动组织起来,保卫家乡,顽强地抗击女真奴隶主军事贵族集团的野蛮侵犯。中原地区从此战事不断,鼓角相闻。靖康元年,在家料理父亲丧事、闲居了四年的岳飞,又应枢密官员刘浩的招募，在相州（今河南安阳）参加赵构大元帅府的部队。但在第二年四月，他就因"越职上书"，力陈抗金、要求收复失地而获罪，离开了部队，并"狼狈羁旅"于归德（今商丘南）府中。

靖康二年，金兵在占领开封四个月后，俘房徽、钦二帝北去，北宋灭亡。宋朝的旧臣拥立徽宗的第九子康王为帝，是为高宗，建立南宋。就在这一年，岳飞在归德城中结识河北招抚使司的干办公事赵九龄，很佩服赵九龄的智谋和才干，赵九龄也很赏识他的军事知识和才能。经赵九龄的推荐，岳飞与河北招抚使张所作了一次晤谈，张所见他对兵法、军事形势、燕云的山川地理了如指掌，备加称赞，即用其为统领。

宋高宗赵构所建立的南宋王朝，只不过是腐朽的北宋王朝的继续，他登位伊始，就是以南迁流亡、坐稳自己的皇帝屁股为己任，不是以组织兵马、收复失地为使命。他对金军南下的铁骑，更是怕得要死。面对金军的继续南犯，朝廷中很快就爆发了以李纲、宗泽为首的主战派和以赵构、黄潜善、汪伯彦为首的主和派之间的激烈斗争。主张抗金、光复旧疆的李纲，在做了七十五天的宰相后便被罢免，河北招抚使张所也被贬谪到岭南，不久病死。张所的部众王彦、岳飞等在新乡陷入了金军的重围之中。岳飞和王彦，因为意见不合，遂各领一军，杀出重围。后来，又都辗转归附了东京留守宗泽，来到开封城外。岳飞的三次从军和从军后的挫折与遭遇，一方面反映了他矢志从戎报国的强烈愿望，另一方面也暴露了南宋统治阶级中的主和派对坚决主张抗金的将领是极尽打击、诬陷之能事的。历史给予岳飞的考验，实在是严峻而又残酷。

二、以少敌众　建立奇功

岳飞之遇宗泽，犹如"千里马"遇到了"伯乐"，得到了施展自己政治抱负和军事才能的机会。宗泽十分赞赏岳飞的才能与勇敢，相识之初，就派岳飞为"踏白使"，率领五百骑兵去抵抗逃到汜水关（今河南汜水镇西）的敌人，并一再叮嘱他说：我看你是一个很有作战本领的人，特地不追究你以前的罪过（指岳飞在新乡与王彦分道扬镳一事，这在当时意味着背叛上司，要被判处死刑），现今是你奋勇立功的时候了，但千万不要轻率从事。汜水关地势险要，为东、西两面的重要交通咽喉，也是南侵的西路金军的必经关口。岳飞率领五百骑兵，兵员少，粮食更是不足。面对数倍于己的金军，宜速胜而不宜久持。岳飞随即命令三百士卒，每人携带两束交叉捆在一起的柴草，埋伏在前山脚下。等到半夜，他们点燃柴草四端，高高举起，照得满山通明，金军以为是宋朝的大量援军来到，慌忙撤营遁去。岳飞乘胜追击，金军大败，疑兵之计获得了完全的成功。岳飞凯旋之后，宗泽论功行赏，用作统领，继又提为统制。

建炎二年，抗金老将宗泽死于开封留守任上，临死之时，连呼"过河"。这一悲壮情景，使他的部下发聋振聩，岳飞更是义愤填膺，发誓要继承宗泽的遗志，北上收复宋朝江山。但是接替宗泽任开封留守的杜充是一个刚愎、苛刻、喜欢残杀的无能之辈，根本无力约束和统率部下。集结在开封周围原归宗泽节制的各路军队与忠义民军，不战自乱，自相残杀。开封城外，一片鼓噪之声。杜充却带着岳飞等将渡过淮水和长江南下。建炎四年二月，开封落入了女真统治者手中。

建炎三年秋，南下犯宋的女真在渡过淮水以后，取道滁州、和州，准备在渡江之后经江东而趋浙江。这时，担任建康行营留守的杜充又不战而降。南宋的长江防线，如土崩瓦解。金军渡过长江天险，很快就攻占杭州、越州（今绍兴）、明州（今宁波）。高宗丧魂落魄，流亡到明州附近的海上，金兵仍在后面穷追不舍，企图捉拿赵构。面对将帅叛逃、士卒溃散、金军席卷而来、百姓惶惶呼救的局面，岳飞集合部队，激励部下说："我辈当以忠义报国、立功名、书竹帛，死且不朽。若降而为虏，溃而为盗，偷生苟活，身死名灭，岂计之得矣？"众将士们被岳飞的爱国情怀所感动，纷纷表示愿随他抗战到底。为使士兵不致剽掠、骚扰，岳飞严厉规定，不许侵掠百姓，所到之处，都要秋毫无犯。他先后移军驻屯于广德军、宜兴县，致力于安定地方的社会秩序，对窜入境内的散兵游勇，尽量加以收编，用军纪加以约束，不肯接受收编的或一向在县境内劫掠居民的，他就出动兵马去攻讨，并随时率领部队出外与金军作战。在很短的时间里，岳飞驻屯的宜兴县，竟成了百姓们躲避兵燹之灾的场所。岳家军形成的"冻死不拆屋，饿死不打掳"的良好军风，赢得了人民的广泛赞扬。他们建立起"先祠"，挂起岳飞的画像，纪念岳飞的恩德。人民有人民的选择与爱好，当地人民对岳飞的热爱与尊敬，是对他的最高奖赏。

建炎四年春，南侵的金军统帅兀术，因遭到南宋军民的抵抗，放弃了追袭赵构的计划，放弃已攻陷的江南州郡，声称"搜山检海"已毕，准备率部北撤。但分布在长江下游的南宋几位大将的几十万部队，全都拥兵自重、徘徊不前，坐失战机，眼睁睁地目送金军退回江北。只有岳飞，抓住金军向北撤兵这个机会，从宜兴出兵，沉重地打击了金军。

岳飞在探明金军的北撤计划之后，便率领部众主动出击，直趋静安，对金军予以拦腰猛击，并在建康附近的乡兵配合下，收复建康，就任通泰镇抚使。以后，岳飞又接受南宋王朝的一次次的"诏命"，平灭了李成、张用和曹成等军贼游寇。绍兴三年，由于岳飞在抗金斗争和各个战场所赢得的战功和声望，南宋政府就把东起江州（今江西九江）、西到荆州、北边包括长江北岸的一些州县，划为一个军区，由岳飞负责防守。此时的岳飞俨然是一位能独当一面、独负一区之责的大将了。但是，祖国的山河破碎、大河南北的人民在金兵的铁蹄下的痛苦呻吟，以及满朝文武将官的腐化怯战，却使岳飞的心头涌起一阵阵悲痛，他始终念念不忘北伐中原，希望能够收复故土。当有人感慨地问起："天下纷纷，不知几时方可太平？"他便毫不迟疑地答道："只要文官不爱钱，武臣不怕死，天下自然就会太平。"在他看来，只要朝廷能下决心北伐，文官武将不贪生怕死，不追求自己的荣华富贵，团结抗战，丢失的故土是不难恢复的。

三、收复襄阳　建立抗金基地

岳飞屡次向赵构上书，陈述收复中原的方略。他认为："襄阳上流，襟带吴蜀，我若得之，则进可以蹙贼，退可以保境。"

"襄阳六郡，地为险要，恢复中原，此为基本，臣今厉兵饬士，惟俟报可，指期北向。伏乞睿断，速赐施行，庶几上流早见平定，中兴之功，次第而致，不胜天下之幸。"岳飞的这些愿望和战略计划，是建立在深思熟虑和精忠报国的基础上，而且也是切实可行的。襄阳地处长江中游，越过汉水就可进入宛、洛之地打击金军。如果宋军的守淮部队从东面配合，金军就会陷于东、西不能兼顾的不利境地。但是他的战略计划，对赵构这位毫无复国之志的懦夫来讲，犹如对牛弹琴，始终不被采纳。

直到绍兴四年，金朝炮制的伪齐政权直接威胁到宋军的长江上游，并且威胁到下游安全的时候，宋高宗赵构才允许岳飞率兵北上进攻伪齐。

这一年三月，南宋政府下达了要岳家军进军收复襄阳等地的命令，但又规定，不许收"襄阳府、唐、邓、随、郢州、信阳军六郡土地，即不得辄出上件州军界分。所至州县，务在宣布德意，存恤百姓。如贼兵抗拒王师，自令攻讨，若遁出界，不须远追……不得张皇事势，或称提兵北伐，或言收复汴京（今河南开封）之类，却致招惹。"这是一道何等软弱的作战命令！岳飞的战略计划与雄心壮志因此受到种种限制与擎肘，尽管如此，他总算有了部分实现自己平生志愿的机会。岳飞接到命令后,立即从江州移军鄂州(武汉),又从鄂州渡江北上。这时,南宋朝廷将曾在河南地区与金军、伪齐军队多次作战的牛皋拨归了岳飞指挥。岳飞十分喜爱牛皋的忠勇与豪爽的性格,委派他为神武后军中部统领兼制置司中军统领,让他率领"踏白军"。牛皋熟悉河南一带的地形,在此后的战斗中发挥了很大的作用。

在鄂州城下,岳家军遇到了伪齐守将的顽强抵抗。岳飞亲自率众攻城,杀得敌军积尸成山,攻克了郢州。接着,他兵分二路,一路由他自己率领,攻打襄阳,另一路由部将张宪、徐庆率领,攻打随州(今湖北随县)。

襄阳的敌将李成不战自溃,攻打随州的张宪、徐庆却受到了挫折。牛皋自告奋勇,驰援张宪、徐庆,很快攻下随州。岳云也参加了攻打随州的战役,并率先手舞双锤登上随州城墙,从此赢得了"勇冠三军、艺高胆大"的赞誉。

岳飞占领襄阳后,预料到逃亡的李成,必然纠合金朝和伪齐的军事力量,卷土重来,一场恶仗仍然不可避免。他立即上奏南宋朝廷,报告自己在襄阳等地的防守部署,并提出在襄阳等地实行屯田,寓兵于农,以作长久打算的计划。同时,岳飞又加紧调遣兵将,准备迎击来犯的敌人。他派部将王贵分兵于横林,张宪取道于光化,分路出发,以便两面夹击,继又派骑兵往来策应,突袭于两军之间。在邓州城下,岳家军与李成的金、伪联军遭遇,李成经不住几路兵马的掩击,弃邓州而逃。六天以后,岳家军收复了唐州、信阳。

岳飞按照预定的作战计划收复已失的州郡,这是南宋王朝建立以来的第一次抗金胜利。这实在是出乎朝廷君相们的意料,他们称赞岳飞"机权果达,谋成而动则有功;威信著明,师行而耕者不变。久宣劳于边圉,实捍难于邦家"。岳飞被提升为靖远军节度使、湖北路荆襄潭州制置使。岳飞一面加紧襄阳等地抗金基地的军政建设,要求朝廷"速赐差官前来防守",布列州郡、治山筑寨以为"久安之计",另一面,他又派人结纳太行山一带的义军首领梁兴、李宝、赵云等人,准备实施酝酿已久的"连结河朔"、直捣中原的战略。

绍兴六年,岳飞再次从鄂州移军襄阳出师北伐。岳家军顺利地收复了伊(阳)、洛(阳)、商(州)、虢(州),继而围攻陈、蔡地区。黄河两岸人民,欢呼雀跃、奔走相告,纷纷与岳家军联系,准备一旦有实际军事行动,便配合岳家军作战。岳飞也兴奋地与部将相约:"直捣黄龙府,与诸君痛饮耳!"但是,这次北伐,虽然"五战五胜",却因"钱粮不继而抽回干事军马未能成功"。岳家军驻扎在襄阳,距离南宋王朝所在地的临安(杭州)有数千里之遥,而且居于长江之中游,粮饷的运送常不及时,在平时就有"粮食不足"的问题,处于前线浴血奋战的部队,也时时受到饥饿的威胁,这就严重地削弱了部队的战斗力。这次岳家军深入河南,朝廷措置粮草不力,以致留守在襄阳兵营中的士兵,竟有因饥饿而死的。岳飞面临着这种极其困难的处境,只得抽回前线的"干事军马"而半途折回。已经克复的州县再度陷入伪齐的统治之下,当地的忠义军民又一次遭受了金兵和伪齐的屠杀,岳家军与人民为此付出了惨痛的代价。岳飞悲愤之极,他感到自己的壮志难酬!岳飞的满腔热血沸腾起来,他想到自己从戎报国、矢忠矢勇、风尘仆仆地转战在南北的各种各样的战场上,虽然已得到了节度使的荣名和少保的官位,但是,与自己执著追求的收复失地、报仇雪耻的壮志宏图相比,个人的高官厚禄算得了什么?在一个雨过天晴的时刻,他凭栏远眺,放怀遐想,情不自禁地引吭高歌,写出了一首成为千古绝唱的爱国诗词——《满江红》:

> 怒发冲冠,凭栏处,潇潇雨歇。
> 抬望眼,仰天长啸,壮怀激烈。
> 三十功名尘与土,八千里路云和月。
> 莫等闲,白了少年头,空悲切!
> 靖康耻,犹未雪,
> 臣子恨,何时灭?
> 驾长车,踏破贺兰山阙!
> 壮志饥餐胡虏肉,笑谈渴饮匈奴血。
> 待从头收拾旧山河,朝天阙!

四、北伐中原 瑰丧敌胆

绍兴九年,距绍兴议和还不到一年的时间,金兀术便毁掉议和协议举兵南侵。金军分四路南下:以聂黎贝董出山东,直奔江淮,李成犯河南,左监军撒离喝自河中(今山西永济)趋陕西,兀术自己率兵自黎阳(今河南浚县)直插汴京。金军来势汹汹,宋廷上下一片慌乱,宋高宗不得不重新启用岳飞,派岳家军去抵御金军。绍兴十年六月,岳飞再次从鄂州出兵北伐,主力进抵河南腹心地带,克复了颍昌(今河南许昌)、陈州(今河南淮阳)、郑州、洛阳等地。岳飞把司令部设在郾城,打算长期驻扎这里,作为继续向北进军的基地。但是,由于秦桧的阴谋、赵构的怯懦,宋军的东路部队却已奉旨撤退。金军便集中大部兵力,全力对付抵抗金兵的岳家军。兀术以最精锐的"铁甲浮屠"(铁甲骑兵)和"拐子马"(左、右翼骑兵)来犯,准备抄袭岳家军的大本营,进而消灭岳家军的主力。岳飞沉着地应战,他派亲卫军和骑兵迎击,命令将士每人手持马扎刀、提刀和大斧三样武器,冲入敌阵后,上砍敌人,下砍马足,以摧毁金军的铁甲骑兵。金军的骑兵潮水般地涌来,形势十分危急。岳飞提枪跃马,冲进敌阵,部下挽住马头阻拦说:"相公为国之重臣,身系安危,奈何轻敌?"岳飞用马鞭抽打部下的手说:"非尔可知!"他在敌阵中左右开弓,往来杀贼,将士们见了勇气倍增。双方你冲我杀,战斗持续到天黑,金军终于招架不住,向临颖县方向败退。岳飞粉碎了金军合围的阴谋。

三天以后,岳家军的勇将杨再兴率三百骑兵在临颖县境内巡逻时,突然与金军的大队人马遭遇。杨再兴仓猝指挥士卒应战,杀死敌军数千名,但终因众寡悬殊,未能突出重围,杨再兴当场牺牲。七月十四日,金兀术又集中金军的大量兵力,与岳家军在颖昌府展开了大决战。岳飞的部将董先、王贵、岳云等齐心协力,一同出城迎击。双方从早晨杀到中午,岳家军将士无一人后退怯战。金军统军上将夏金吾(兀术之婿)被岳家军阵斩,于是金军全线崩溃。"铁浮屠"和"拐子马"不可战胜的神话从此被彻底粉碎,金兀术连声哀叹:"自海上起兵,皆以此胜,今已矣。"这时,为岳家军策动的河北等地忠义民兵,纷纷起而攻城夺地,声援岳家军,宋金战局为之改观。按当时的形势,只要宋朝的其他几路军队,在长江下游牵制住金的一部分兵力,岳家军的主力便可横扫中原,长驱直入河北,收复燕云之地。岳飞也认为,只要一鼓作气,多年来收复故土的夙愿便可一举实现,他吁请南宋王朝:"速赐指挥,令诸路之兵火速并进!"

但是卖国求荣的赵构、秦桧却害怕了。他们既怕岳飞威望过重,"尾大不掉",又怕迎回钦宗,帝位难保。在郾城大战的前夕,赵构就丧心病狂地下令各路军兵,"不可轻动,宜且班师",撤退了防守淮河的张俊、杨沂中等人的部队,使岳飞陷于"孤军深入"、"他将不相为援"的境地。但是,岳飞没有服从命令,继续发动进攻,终于取得郾城大捷的胜利。颖昌大战之时,赵构又给岳飞连发了十二道以"金字牌"递送的"班师诏","金字牌"抵达岳飞军营,岳飞抑制不住心头的悲愤,痛心疾首地高呼:"十年之功,毁于一旦!所得州郡,一朝全休!社稷江山,难以中兴!乾坤世界,无由再复!"岳飞炽热的爱国热情、忠贞报国的雄心壮志,终于被软弱的赵构、秦桧之流所扼杀了。

五、屈死风波　千古奇冤

一个月后,秦桧就指使岳飞的部下诬告岳飞谋反,将他逮捕下狱。在审讯时,岳飞愤怒地撕裂衣裳,露出了昔日刺在背上的,切入肤里的"尽忠报国"四个大字,以示对卖国贼的最后抗议。他自知已落入了国贼的手中,对赵构的所作所为也已绝望,于是任凭严刑拷打,坚贞不屈。绍兴十一年十二月二十九日,赵构在秦桧等的奏状上匆匆批道:"岳飞特赐死。张宪、岳云并依军法施行,令杨沂中监斩。"岳飞终于在临安大理寺的风波亭内被南宋的卖国君相们杀害。临刑之前,这位在抗金战场上叱咤风云、经历大小二百余战,为国家、为人民"宣力半生"的民族英雄,无限痛心地向天空仰视了一阵,提笔在万俟高等人炮制的"供状"上,写下了"天日昭昭! 天日昭昭!"八个大字。是年岳飞三十九岁,其子岳云二十三岁。

岳飞在中原地区遭受女真奴隶主军事贵族的铁骑践踏和蹂躏的岁月里,满怀复国的壮志,从戎投军,驰骋疆场,立下了辉煌的业绩。他坚持抗金、反对投降,代表了广大人民的愿望,他光明磊落、治军严肃,是中国古代历史上卓尔不群的军事家与战略家,他自奉菲薄、廉洁奉公,把中华民族的优秀传统发扬到一个光辉的高度。岳飞的爱国主义精神与抗金的光辉事迹,将永远受到世世代代人们的敬仰和纪念。

女真大将——兀术

　　兀术，即完颜宗弼，金朝女真贵族在十二世纪前期著名的军事家、政治家。生年不详，卒于金熙宗皇统八年，本名斡啜，亦作斡出，或译作乌珠，金太祖阿骨打第四子，时称"四太子"。

　　兀术首先是一位著名的军事家。他生于军，长于军，严酷的战争生活和白山黑水幽燕之地固有的贞刚之气，陶冶了他那粗犷刚猛的性格。他从小练就了一身好武艺，娴于战阵，猿臂善射，胆勇过人，冲锋陷阵时穿白铠、甲马，每当杀得难分难解之际，他往往扯掉头盔，叱咤跃马，直贯敌阵，剽悍异常。有一次他随哥哥宗望等率百骑追击辽主于鸳鸯泺，矢尽，夺辽兵枪，独杀八人，生擒五人，辽兵溃败。由此，兀术崭露头角，开始了他的军阵生涯。他侵宋的第一仗，是在金太宗天会四年（1126 年）正月，随宗望攻取汤阴（今河南汤阴），降宋兵三千人。然后长驱抵汴京（今河南开封）。兀术以三千骑近逼城下，宋徽宗仓皇出奔，兀术以百骑追之，弗及，获马三千而还。天会五年十二月，兀术与宗辅、阇母等向淄州（今山东淄川）、青州（今山东益都）地区进兵。同时左副元帅宗翰率兵取河南，与兀术策应。次年正月，兀术在青州击败宋军，攻取青州，阇母攻取潍州（今山东潍县），皆掳掠而还。

　　天会七年发动的南侵江浙是兀术对南宋进攻力最强的战役。这年十月，金朝调集大军，分东西两路大举南侵。东路军由兀术率领，进兵路线是渡淮后经滁州（今安徽滁县）、和州（今安徽和县）渡江趋浙江。十一月，兀术在和州大败宋军，占领和州，拟于采石渡江，因遇到太平州（今安徽当涂）守将郭伟的抵抗，乃转攻马家渡，突破宋将陈淬、刘经、戚方等部的防线，横渡长江，于十一月二十九日全军集结于建康（今江苏南京）城下。铁骑如云，旌旗遍野，宋建康知府陈邦光、江淮宣抚使杜充等相继投降。宋高宗赵构由建康逃往杭州。兀术麾军追击，连下广德军（今浙江广德）、安吉（今浙江安吉）等地，顺利通过天险独松岭，十二月，占领杭州。此时赵构已逃往越州（今浙江绍兴）。于是兀术乃坐镇杭州，命金将阿里、蒲卢浑以精骑四千追袭高宗。赵构仓皇而至明州（今浙江宁波）。金兵乃渡过曹娥江，大败宋将张浚部队,攻克明州。高宗只得率其官僚乘大船二十只由定海(今浙江镇海)入海逃亡。金兵入海又追了三百里,不及而还。高宗在下海之际,已窘迫万分,而宋官员们却还自欺欺人、自我壮胆地说:"彼(指金兵)入我出,彼出我入,此正兵家之奇也。"事实上,高宗一伙,直至建炎四年四月金兵撤出浙江时才北返,惊魂稍定,登陆观望,直至绍兴二年才敢回驾杭州。兀术这次出兵江南,主要有两个目的,一是追获高宗赵构,企图一举灭宋,二是为了抢掠江南财物。高宗已经入海逃亡,追之不及,于是转而大肆抢掠,将杭州等地洗劫一空,于天会八年春,满载而归。沿途又洗劫了秀州(今浙江嘉兴)、苏州、常州等地,负重累累,逶迤而至镇江。兀术原拟从镇江渡江,沿运河而北,不料宋将韩世忠正扼守江口,一场大战不可避免地发生了。

当时镇江、楚州(今江苏淮安)一带是韩世忠的防地,韩世忠坐守镇江,正好挡住了兀术北去的道路。兀术与韩世忠交战之后,金军不习水战,且无大船,挡不住韩世忠的艨艟巨舰,军士落水而死者二百余人,被韩世忠逼入黄天荡(在南京东北)。兀术被困四十多天,苦战不得出,后来沿着老鹳河故道,连夜开凿出一条三十里长的渠道,通往秦淮河,兀术人马才得逃至建康。这时恰巧挞懒的援军也赶到建康,兀术乃谋渡江,韩世忠率军赶来,双方又是一场恶战。兀术用火箭射着了韩世忠大船上的箬篷,顿时烟火蔽江,韩世忠只得退兵,奔还镇江。五月十日,兀术在建康抢掠,并火烧建康,渡江而北。五月十一日,又被岳飞袭击于静安镇,金兵大败,横尸十余里,三百余人被俘,兵甲器仗和抢掠的财物,丢失无数。岳飞乘胜收复了建康。

兀术的这次进兵江浙,是金人南侵的顶点,也是兀术一战成名春风得意之时。但有鉴于回军时的艰难,兀术"自是不敢复渡江矣"。

天会八年秋,从江浙回军不久的兀术,又和宗辅一起转到了陕西战场,援助罗索攻打陕西。九月,宗辅兵临洛水,以罗索、兀术为左右翼,两军并进,攻打富平(今陕西富平县北),开始了著名的富平之战。宋川陕宣抚处置使张浚为了迎战金兵,檄召熙河刘锡、秦凤孙偓、泾原刘锜、环庆赵哲以及吴玠等兵四十万人,战马七万匹,以刘锡为统帅,与金兵交战。既战,兀术陷于宋军重重包围之中,其左翼也渐渐支持不住,将要退却,罗索乃以右翼铁骑直冲赵哲军,哲军惊遁。宋军遂全线崩溃,自相践踏,死亡不计其数,金兵乘势掩杀,占领了富平。于是关陕大震。宗辅、兀术等采用攻取与招降相结合的策略,陕西州县纷纷而下,至天会九年春,遂定陕西。在这次出兵中,兀术作为金兵的右翼都统为金朝开疆陕西立下了汗马功劳。

天会九年冬，兀术自陕西向四川进兵，侵入和尚原（在今陕西宝鸡西南），遂与宋将吴玠大战。吴玠自富平兵败之后，即收散卒，退保和尚原，积粟缮兵，筑垒列栅，决心死守。当兀术前锋到达和尚原时，吴玠便出兵轮番作战，连败金兵。兀术大怒，会合诸部兵十余万，从宝鸡结"连珠营"，垒石为城，进逼和尚原。吴玠和他的弟弟吴璘，选拔精壮弓箭手，以劲弩轮番射击金兵，"矢连发不绝"，势如骤雨，迫使金兵退却，继以奇兵夹击，并截断金兵粮道，金兵败阵而走，宋军凭险设伏，"敌至伏发"，金兵大乱。吴玠连夜纵兵追击，金兵溃败，据传："兀术仅以身免，亟剃其须髯而去。"这一仗，兀术损兵折将，殆以千计，他自己也受了箭伤。这是金兵侵宋以来空前的一次败仗。然而，兀术生性倔强，不甘心失败，经过了一段充分准备之后，于天会十一年冬，再次向和尚原进兵。在一个大雪之夜，兀术从高山丛林之间偷偷进兵，出其不意，猛插宋军阵地，一举攻占了和尚原。次年三月，兀术从和尚原进兵，决计入川。可是他哪里料到，当他行进到仙人关（今甘肃徽县南）的时候，又碰上了吴玠吴璘，打了一个不下于和尚原之败的大败仗，只得向秦中方向退兵。

不久，金与伪齐刘豫联兵侵宋，兀术作为金方的统帅，再次提兵南下，一直打到长江北岸。由于宋军的阻击，窥江而归。天会十五年七月，金熙宗正式提升兀术为金军右副元帅，封沈王。

在宋金战争中，兀术无疑是金朝最坚决的主战派代表人物。他反对熙宗天眷元二年间的金宋和议，尤其是对金朝答应割让河南、陕西之地以与宋和议更是极力反对。到了天眷二年七、八月间，他以极大的努力诛除了主和的挞懒等人之后，大权独揽（此时兀术进位太保兼领燕京行台尚书省，金兵都元帅），乃一手撕毁墨迹未干的金宋和约，于天眷三年五月，举兵攻宋，决心重新夺回河南、陕西之地。他派右监军撒离喝出兵攻掠陕西，自提大军趋汴京。一月之间，尽收河南、陕西割地。兀术乘胜向淮南进兵，于是发生了著名的顺昌（今安徽阜阳）之战。

在金宋和议金朝割让河南之后，宋廷任命刘锜为东京副留守。刘锜带着他的人马到开封上任，于五月十八日路经顺昌，正碰上兀术向顺昌进兵。于是刘锜乃与顺昌知府陈规等共谋固守之计，紧张地准备了六天，兀术前锋韩常等已兵临城下。刘锜出兵交战，败韩常于白沙窝。接着，金将葛王乌禄、龙虎大王等率兵赶来增援，团团包围了顺昌城。这时金兵已达到三万余人，而城中宋军总数不到二万，不过，这二万军士的基础是王彦当年训练的曾威震敌胆的"八字军"，人人可以效死，百折不挠。刘锜乃大开四门，以神臂弓和劲弩连发射敌，打破了金兵铁骑三千，金兵落水溺死者不计其数，刘锜乘金兵立足未稳，又连夜劫营，声东击西，使金兵终夜自战，积尸盈野，退军老龙湾。这时，兀术亲率精兵十万赶到顺昌，与韩常、龙虎大王等合兵，"接连下寨，人马蔽野，骆驼牛马纷杂其间，毡车、奚车亦以百数，攻城战具来自陈州（今河南淮阳），粮食器甲来自蔡河"，大有一口吞下顺昌城的气概。正在这紧张时刻，远在行在的秦桧下令让刘锜"班师"，刘锜不予理会，乃令军士在颍河上流放毒。"敌饮水即病"，首先挫了锐气。六月初九，金人甲兵铁骑十余万攻城。兀术白袍、甲马，来往指挥，自率亲卫军三千，皆身披两重铁甲，头戴兜鍪。这次攻城，兀术使用了最强悍的部队——"拐子马"，人马皆以铁甲护身，远远望去，屹若山壁，坚如铁塔，因有"铁浮图"之称，又号"铁塔兵"，精锐特甚。刘锜研究了强敌的阵势，令军士手执长刀大斧，冲入敌阵，专砍金人铁骑的马腿；铁骑既倒，继以肉搏战。白辰时杀到戌时，大破兀术"拐子马"，迫使金兵全线溃退。当夜大雨，平地水尺余，兀术支持不住，拔营而云。刘锜又挥军追击，金兵死者数万。兀术这一仗，损失极大，"牙兵（兀术的亲卫军）三千，号'铁浮图'，及铁骑拐子马，号'长胜军'，均被杀，平日所恃以为强者，十损七八，器械山积"。兀术一口气退到陈州，恼羞成怒，反倒责怪起手下诸将来，"皆鞭之"。这一仗对金朝震动很大。金人慨叹：自入中原十五年，"未如此战"！当时被扣留在金朝的宋臣洪皓，曾向宋廷密奏："是捷金人震恐，燕之宝器悉徙而北，意欲捐燕以南弃之。"兀术在顺昌大败之后，留下大将韩常守颍昌（今河南许昌），自己没精打采地带残兵回到开封休整。

兀术朱仙镇败北之后，形势对金朝十分不利。"时两河豪杰皆约期会兵，自燕以南，金号令不行；欲签兵（征集兵员），无一人应者。金将王镇等相继降，韩常亦欲率众五万内附（归附宋朝），（岳）飞喜曰：'直抵黄龙府，与诸军痛饮耳！'这时真正救了兀术，救了金朝的，是秦桧。岳飞"方指日渡河，桧力主和议，飞一日奉十二金字牌"，不得不从河南班师。岳家军的撤退，兀术卷土重来，再次尽收河南之地。不过，兀术的反击力量，至此也确实是微乎其微了。所以当他在皇统元年春，竭力提兵"伐宋"，进入淮西的时候（这是兀术的最后一次大规模出兵），在柘皋镇（在今安徽巢县西北）又吃了败仗，"拐子马"再次被宋军打破。之后，他虽然在濠州以优势兵力和设"伏兵"的战术打了一次胜仗，扳回了一局，但也只是对付兵力薄弱的杨沂中罢了。

作为一个军事家的兀术，确实存在着一些弱点的。他为人粗勇而乏谋。他虽然治军尚勇,猛于进攻,但却疏于防守。宋军的腐败、软弱和宋高宗赵构的消极抵抗政策,严重地滋长了他的轻敌思想。他对宋军的藐视,有时发展到不顾一切的程度,他的长驱入浙,虽然一路横冲直撞所向披靡,实际上犯了兵家大忌,只要宋廷腰杆一硬,略加谋划,便可使之片甲不归。只是宋廷腐朽到了极点,宋将更畏敌如虎,不是拥兵而战,而是拥兵而逃,这使兀术一战成名。他在顺昌之战前,曾夸口说,小小顺昌,可用靴尖踢倒!他辰时攻城,竟传令将士:打进顺昌去吃早饭,并且折箭为誓。不料却落得个人仰马翻。后来的许多事实证明,兀术并非常胜将军,只要敢与拼杀,再佐以谋略,是可以战而胜之的。与兀术轻敌有关的,是其疏于戒备。他多次被河北义军和岳家军夜袭营寨,打得晕头转向。他的军纪特坏,所到之处,烧杀抢掠,毫无"军纪"可言。虽然,这是金朝当时的奴隶制残余打在金军身上的烙印,是兀术所难以克服的。兀术在掌握金朝军权之后,正值金朝由盛转衰的转折时期,金朝兵制上的一些弊病,也给他的军队带来一些难以克服的缺点。金代后期的刘祁在其《归潜志》中曾这样总结过:"金朝兵制最弊,每有征伐或边衅,动下令签军,州县骚动。其民家有数丁男好身手,或时尽拣取无遗,号泣怨嗟,阖家以为苦。驱此辈战,欲其克胜,难哉!"尽管如此,兀术仍不失为金代的军事家。他虽然打了一些败仗,然而他在宋金战争中,纵横沙场十六年,始终掌握着战争主动权,使金朝东起淮水、西至秦岭的辽阔地域,与南宋分疆而治。故《金史》本传评论说:"时无宗弼(兀术),金之国势亦曰殆哉。世宗(完颜雍)尝有言曰:'宗翰之后,惟宗弼一人。'非虚言也。"

兀术不仅是个军事家,也是金朝的一个政治家、改革家。金朝女真贵族内部的矛盾斗争也是极其复杂的。兀术真正参与金朝的政治斗争,是在熙宗天会十五年(1137年)秋升为右副元帅、封沈王之后。当时拥有金朝实权的粘罕已死,熙宗年幼(1135年继位,年仅十六岁),朝中实权落在挞懒、宗磐等人手中。熙宗天眷元年,挞懒、宗磐"执议以河南之地割赐宋",并且遣使江南,与宋和议。对此,兀术是持反对意见的,遂与挞懒产生了尖锐矛盾。再者,熙宗是个改革型的人物,在他年龄稍长之后,就着手金朝的政治改革。熙宗改革,固然是内外形势发展的需要,与他从小就受汉文化的熏陶也不无关系。他受业于汉文士韩昉,精通汉文,能诗赋,"尽失女真故态","宛然一汉户少年子"。他即位之后,在韩昉的开导下,便以周公、唐太宗为榜样,并且吸取了唐玄宗后期重用奸相李林甫的教训,锐意筹划废除女真旧制、采用汉制的政治改革。这无疑是进步的。这一改革措施产生了改革派与守旧派的斗争,挞懒、宗磐等人虽然拥有军政实权,政治上却是保守的,反对熙宗改革,宗翰、兀术等人却是支持熙宗的改革。天眷二年,兀术自军中入朝,进拜都元帅,有了进一步与挞懒一派斗争的资本,乃密奏熙宗:"挞懒与宋人交通赂遗,遂以河南陕西与宋。奏请诛挞懒,复旧疆。"这时宗磐以"谋反"罪刚被杀掉,挞懒也刚出任燕京行台尚书左丞相,并且正在"复与鹘懒谋反"。于是熙宗派兀术往燕京诛挞懒。"挞懒自燕京南走,将亡入宋,追至祁州(今河北安国),杀之。"同时被杀的,还有鹘懒和挞懒的两个儿子。兀术取得了这场斗争的胜利,进位太保,兼领燕京行台尚书省,并仍任都元帅。熙宗下诏:"诸州郡军旅之事,决于帅府,民讼钱谷,行台尚书省治之",而由兀术"兼总其事"。于是,兀术成了金朝大权独揽的人物。这对熙宗改革起了积极的推动作用与保证作用。

天眷三年,兀术收复河南、陕西之后,进位尚书右丞相兼侍中、太保、都元帅,领行台如故。这时的兀术,总结了历年来与南宋交战的经验教训,认识到以武力消灭南宋,并非短时间内可以实现的。于是由主战转为主和,由军事进攻改为政治进攻。为了达到与宋和议的目的,他于熙宗皇统元年(1141年),竭尽最后的力量,耀兵淮南,声言渡江伐宋,并且"以书责让(斥责)宋人",曲折隐晦地引诱南宋提出和议。南宋果然如此,"答书乞加宽宥"。于是兀术"令宋主遣信使来禀议",双方乃行和议,"约以划淮水为界"。次年二月,赵构派使臣向金朝进"誓表"(实际上是投降书),发誓愿作金朝的"藩方","世世子孙,谨守臣节","岁贡银绢二十五万两、匹"。兀术政治进攻的目的达到了。并以此进拜太傅,熙宗"赐宗弼人口牛马各千,驼百,羊万",每年从南宋进贡的银、绢中,拨出两千两、匹给兀术。皇统七年(1147年)九月,兀术拜太师,领三省事,都元帅,领行台尚书省事如故,确实是位极人臣了。次年,兀术病死,临死时遗言,"以坚守和好为说"。

如上所言,兀术对金朝的军事、政治确实起到了相当重要的作用,尤其是在熙宗改革的过程中,他确实是一棵独立支持的大树,"时无宗弼,金之国势亦日殆哉"!兀术之后,在金朝,就很难有人可与匹比了。

明代开国名将——徐达

明初洪武年间,根据明太祖朱元璋的命令,在南京的鸡鸣山下,建造了一座庄严肃穆的功臣庙,供奉着几十位开国功臣的塑像。摆放在最显要位置的,是一位身材魁梧、刚毅勇武的大将的塑像,他就是被朱元璋誉为"开国功臣第一"的徐达。

一、从贫苦农民到左相国

徐达,生于元至顺三年,卒于明洪武十八年,字天德,濠州(今安徽凤阳)钟离永丰乡人,是朱元璋的同乡。他出生在一个世代种田的农民家庭,比朱元璋小四岁,小时候曾和朱元璋在一起放牛。元顺帝至正十一年,农民领袖刘福通在颍州(今安徽阜阳)发动农民起义,组织红巾军,反抗元朝的黑暗统治。第二年,郭子兴在濠州起义响应,元朝政府慌忙派兵镇压。这些官军腐败透顶,他们不敢与红巾军对阵,整天四出烧杀掳掠,捉拿无辜百姓,冒充红巾军俘虏,押到官府去报功领赏,搞得民无宁日,怨声载道。徐达祖祖辈辈深受官府和地主压迫剥削之苦,心里早就愤恨不平,如今又目睹官军的种种暴行,更激起满腔的怒火,他暗暗下定参加起义,推翻元朝的决心。至正十三年(1353年)六月,参加了郭子兴队伍并已担任亲兵九夫长的朱元璋,回到家乡募兵,徐达听到消息,立即前往投奔。他同朱元璋的出身、境遇和志向大体相同,两人一见面就谈得十分投契,朱元璋决定把他留在身边,做自己的助手。从此,徐达便成为一名红巾军的战士。

不久,朱元璋带领二十四名贴心的将士南略定远,徐达随同前往。他们在定远收编几支地主武装,依靠这些力量,迅速攻占了滁州(今安徽滁县)、和州(今安徽和县)等地。徐达在这些战役中,开始崭露出色的军事才能,他不仅作战勇敢,而且为朱元璋提供了不少很好的计策。朱元璋为他向郭子兴请功,说他的智虑和才略皆在众人之上,建议把他提拔做军官,郭子兴便任命他为镇抚。后来,郭子兴同另一起义首领孙德崖在和州发生冲突,郭子兴在城里拘捕孙德崖,孙德崖的部众也在城外捉住朱元璋。郭子兴提出以孙德崖交换朱元璋,但双方谁也不肯先放,怕对方不守信用。为了报答知遇之恩,徐达挺身而出,冒着被杀的危险,到孙德崖的军中去做人质,换回朱元璋。待朱元璋回到城里,郭子兴再放回孙德崖,孙德崖回到营地,才把徐达释放回城。朱元璋感激不尽,对徐达也就更加信任和器重了。

徐达没有辜负朱元璋的信任。至正十五年三月,朱元璋接替病逝的郭子兴执掌起义军的领导权,决定渡江夺取集庆(今江苏南京)。徐达与常遇春率领前锋部队,乘风举帆,冒着敌人雨点般的利箭,强登牛渚矶,使后续部队得以顺利渡过长江,攻占采石和太平(今安徽当涂)。元朝军队不甘心太平之失,妄图重新夺回太平。元将蛮子海牙和阿鲁灰等用巨舟横截采石江面,封锁姑孰口,地主武装头目陈野先及其部将康茂才又从水陆两路,分兵进逼太平城下。朱元璋在城中督兵防守,徐达则与邓愈以奇兵绕到敌后,在襄阳桥埋伏起来。陈野先率众来攻,中伏被擒。蛮子海牙见陈野先被俘,不敢恋战,忙从采石撤兵,退守裕溪口,太平终于转危为安。接着,徐达独自率领数千精锐,往东攻占溧水、溧阳,从南面包抄集庆,切断集庆守敌与南面敌军的联系。然后会同诸路水陆大军,在第二年的三月攻占了集庆。

朱元璋改集庆路为应天府,着手建设和发展以应天为中心的江南根据地。当时的应天,除了南面有几股零星的元军和地主武装,北面是韩林儿、刘福通,西面是徐寿辉、陈友谅,东面是张士诚,正好构成三面屏障,把元军挡在外面。根据这一形势,朱元璋决定集中主要兵力夺取东南一线的元军据点,并抓紧时机,积粮训兵,发展和巩固他的根据地。但是,此时朱元璋地狭粮少,东面的张士诚自恃地富粮足,西面的陈友谅又仗着兵强地广,根本不把他放在眼里,时刻都想兼并他的地盘。因此,建立巩固的东、西防线,以抵挡张士诚和陈友谅的进攻,就成为建设和发展江南根据地的一个先决条件。徐达又毅然挑起了这重担。

占领应天不久,朱元璋任命徐达为大将,他即率领几位将领,带兵浮江东下,攻占东面的军事要地镇江,然后分兵略取金坛、丹阳等县,被晋升为淮兴府统军元帅。当时,张士诚已据有常州,朱元璋派遣使者与之通好,希望双方能"睦邻守国,保境息民"。张士诚断然拒绝他的要求,扣留他的使者,并出兵攻夺镇江。镇江如果落到张士诚手里,他便可顺流直捣应天,应天也就危险了。徐达马上出兵还击,打败张士诚的水军,乘胜进围常州。张士诚急忙派兵驰援常州。徐达见敌军来势汹汹,锐不可当,决定用计智取。他先在距城十八里的地方埋下一支伏兵，再派赵均用率领精锐骑兵横冲敌阵。敌军阵势大乱，慌忙撤退，结果中了埋伏，折损了两员战将。张士诚这才感到朱元璋的力量不可小看，派人求和。朱元璋要他归还使者，并每年交纳五十万石粮食。张士诚没有答应朱元璋提出的要求，于是朱元璋下令继续进攻。至正十七年，徐达攻克常州，其他将领也先后攻拔长兴、江阴等地。接着，徐达与常遇春在朱元璋的亲自指挥下，攻占宁国，作为朱元璋主力出击皖南和浙东的前哨基地，然后他又回师攻占常熟，一举活捉了张士诚的弟弟张士德。张士德善战有谋，为张士诚攻夺江南的大片土地出了大力，是张士诚的得力助手，他的被俘，给了张士诚沉重打击。至正十八年十月，徐达与邵荣又联兵攻夺宜兴。宜兴西通太湖，城池虽小但城防坚固，不易攻克。徐达派兵封锁太湖口，切断城内守军的粮食供应，再指挥将士并力急攻，终于破城而入，占领这个城镇。至此，太湖以西的地区已尽入朱元璋版图，一条北起江阴沿太湖南到长兴的防线建立起来了，张士诚西犯的门路也就被堵死了。

　　东部防线建立起来后，朱元璋命徐达到西部战场，加强西线的防御。至正十八年，陈友谅与徐寿辉部将赵普胜联兵袭破安庆，接着赵普胜又顺长江而下，在枞阳建立水寨，进占池州。池州是长江南岸的军事要地，上可进窥安庆，下可进窥太平，直捣应天。为了确保应天的安全，第二年四月，徐达会同俞通海等出兵迎击，大败赵普胜，缴获敌船数百艘，克复池州。当时朱元璋正经营浙东，担心赵普胜抄袭他的后方，听到徐达的捷报非常高兴，立即提拔他为奉国上将军。八月，徐达又自无为登陆，攻克潜山，从西北方向迂回围攻安庆。赵普胜骁勇善战，拼死抵抗，安庆一时未能攻克。朱元璋以重金收买赵普胜的门客，使用反间计，派他到陈友谅处去说赵普胜的坏话，陈友谅一生气，杀掉了赵普胜。赵普胜死后，枞阳水寨不攻自破，在至正二十年四月被徐达占领。枞阳水寨一破，安庆就很难守住，陈友谅只好亲率大军驰援。徐达与常遇春在池州南面的九华山设伏以待，一举击败了陈友谅，歼敌万余人，生俘三千人。陈友谅对西线的进攻被粉碎了。

　　徐达东征西讨，与其他将领互相配合，巩固了东、西两道防线，确保了应天的安全，并为朱元璋积粮训兵，出击东南，发展和巩固江南根据地创造了有利的条件。经过几年的努力，朱元璋的力量迅速壮大，兵强粮足，已经可以同其他几支势力相匹敌了。至正二十年五月，陈友谅出兵攻占太平，杀徐寿辉，自称皇帝，引兵东下，进犯应天，并派人约张士诚出兵，准备东西夹击,共同瓜分朱元璋的地盘。朱元璋决定实行战略转移,把主力从东南调回,与陈友谅、张士诚决一雌雄。他命令诸将各自领兵埋伏在应天内外各险要地点,然后派人诈降,把陈友谅引到埋伏圈里来打。徐达带领一支精兵埋伏在南门外,等陈友谅来到江边的渡口龙湾,即冲杀出来,会同诸路伏兵,内外夹击,一举击溃陈友谅,歼灭了大批敌军,生俘七千余人,还缴获几百艘战船。陈友谅乘船逃跑,徐达紧追不舍,收复了太平,攻占了安庆。张士诚见陈友谅吃了败仗,未敢轻举妄动。

过了三年,徐达随朱元璋带兵渡江,北上安丰(今安徽寿县),驰援遭到张士诚进攻的韩林儿、刘福通,陈友谅乘机对朱元璋发动大规模进攻,进围洪都(今江西南昌)。七月,朱元璋亲自带兵迎击,双方在鄱阳湖展开了一场激战。战斗开始,陈友谅在兵力和财力上占着明显的优势,他拥有兵力六十万,巨舰数十艘,朱元璋只有二十万人,而且用的都是小船。第一天交战,徐达身先诸将,指挥将士勇敢拼杀,一举击溃陈友谅的前锋部队,歼敌一千五百人,缴获巨舰一艘,军威大振。陈友谅的军队拼死抵抗,徐达的战船着火焚烧起来,他奋不顾身地扑灭了熊熊大火,继续坚持战斗。后来,朱元璋派船救援,徐达顽强冲杀,终于击退敌军,从险境之中摆脱了出来。经过这一天的战斗,朱元璋看到自己的部队上下一心,士气高涨,完全有打败陈友谅的把握,但担心张士诚乘机偷袭他的后方,于是便命令徐达还守应天。徐达回到应天后,戒饬士卒,严加防守,使张士诚不敢妄动,朱元璋因此得以解除后顾之忧,全力对付陈友谅,取得了鄱阳湖战役的胜利,全部歼灭陈友谅的六十万大军。鄱阳湖战役结束后,徐达返回西线,追歼陈友谅的残余势力,占领了湖广的大片地区。

至正二十四年(1364年),在战胜陈友谅的凯歌声中,朱元璋在应天称吴王,置百官,战功卓绝的徐达被任命为左相国,成为朱元璋政权的最高行政长官。

二、率师东征 灭张士诚

击败陈友谅后,朱元璋的下一个目标是消灭张士诚。徐达又肩负起这个重要任务,被任命为前线的总指挥官。

张士诚的占领区自绍兴至济宁,南北两千余里,以长江为界分成南北两个部分。江南的浙西物产富饶,人口众多,防守也比较坚固,江北的淮东地区防守则相对薄弱。至正二十五年秋,徐达被任命为总兵官。他统率常遇春、胡美、冯胜诸将，带领骑兵、步兵和水军，首先渡江北上，向淮东地区发动进攻，以翦除张士诚的羽翼。徐达很快攻下泰州，然后分兵攻取兴化，自己则带兵进围高邮。张士诚为了牵制徐达，出兵进攻江南的宜兴。徐达得到消息，按照朱元璋的指示，命冯胜围攻高邮，常遇春驻守海安，自己统率一支精兵，渡江还击张士诚，解除了宜兴之围。但不久，冯胜误中高邮守敌的诈降之计，派人带兵入城，全部被杀。至正二十六年（1366 年）三月，徐达又奉朱元璋之命，回师高邮，歼灭城中守敌，缴获大批马匹和粮食。接着，移师北攻淮安，袭破张士诚部将徐义的水军，淮安守将梅思祖开城迎降，并献出所辖的四个州。徐达乘胜进兵兴化，转攻安丰，俘获元将忻都。元军见安丰失陷，出兵进攻徐州，徐达带兵迎击，俘斩万余人，元军大败而逃。至此，淮东诸地悉被攻克，张士诚的势力已被压缩到江南的浙西地区了。

朱元璋见淮东诸地全部平定，召集军事会议，研究下一步的行动方案。会上，右相国李善长提出"俟隙而动"的主张，他说："张士诚罪行累累，早就应该讨伐。不过，以愚臣的观察，他虽然屡吃败仗，但兵力尚未衰竭，土地肥沃，百姓富足，储积了不少钱粮，一时恐怕很难被攻破。我们应该先按兵不动，等到时局发生变化，有机可乘，再发动进攻。"徐达坚决反对这种保守的意见，他驳斥说："张士诚骄横残暴，奢侈腐化，灭亡的时刻已经到来。他重用的一帮骄将如李伯升、吕珍之流，都是龌龊的小人，只知道依靠手下的将士追求升官发财，而执掌政务的黄敬天、叶德新、蔡彦文三个参军，又都是迂阔书生，根本不懂得取天下之大计。臣奉主上威德，率领精锐，出师讨伐，浙西可计日而定！"朱元璋听了连连点头，高兴地对徐达说："别人的看法都局限于个人所见，只有你的主张符合我的心意。我想就按你的意见去办，大事必定能够成功。"于是，他任命徐达为大将军，常遇春为副将军，统率二十万大军，攻取浙西地区。

八月，进攻浙西的军队集结待命，朱元璋又召见徐达和常遇春，商定具体的作战方案。常遇春主张先打平江（今江苏苏州），他认为平江是张士诚的统治中心，只要占领平江，其余诸郡便可不劳而下。朱元璋否定了这个冒险计划，指出：张士诚是私盐贩出身，此人与驻守湖州（今浙江吴兴）的张天骐、驻守杭州的潘元明都是不怕死的亡命徒，如果马上出兵攻打平江，一旦张士诚支持不住，张天骐等人必然全力救援，到时援兵四合，平江就很难攻下来。根据浙西地区的形势，他主张先打湖州，使敌人疲于奔命，翦其羽翼，再移师去攻打平江。据此，朱元璋提出了一个"先分其势"的作战方案，命令徐达、常遇春率领主力去打湖州,同时派李文忠、华云龙分别带兵攻取杭州和嘉兴,牵制湖州以南的敌军。徐达与常遇春统率二十万水军出太湖,直趋湖州。张天骐分兵三路出战,徐达分三路军队迎击,败其南路,另外两路敌军慌忙退回城内。张士诚见湖州危急,派李伯升赴援,他由城东的荻港偷偷入城,与张天骐一道闭门拒守。徐达指挥将士把湖州紧紧围困起来,对着四座城门昼夜强攻。张士诚又派吕珍、朱暹及养子张虬等率兵六万驰援,他们屯聚在城东四十里的旧馆,筑起了五个寨堡。这时,朱元璋派来增援的汤和正好赶到,他会同徐达、常遇春,在城东东阡镇南的姑嫂桥筑起十座堡垒,扼守旧馆与湖州的通道。张士诚见吕珍等人无法接近湖州,亲自带兵驰援,又在皂林(在今浙江桐乡北八里)为徐达所败,被俘三千人。张士诚再派徐志坚以轻舟来援,他企图偷袭姑嫂桥,又被击败活捉。张士诚惊恐不已,忙派徐义到旧馆来打探军情。徐义一到旧馆即被切断归路,只好暗中派人请在太湖的张士诚之弟张士信出兵,与吕珍等人拼死力战,张士诚又派赤龙船亲兵前来支援,他才突出重围。接着,他又联合潘元绍率领赤龙船兵屯聚平望(在今江苏吴县西南),再乘小船偷偷潜入湖州东南的乌镇,准备救援旧馆。常遇春领兵追袭,攻占平望,放火烧掉赤龙船,敌军四散溃逃。旧馆守敌的外援自此断绝,粮饷匮乏,纷纷出降。徐达乘胜挥师出击,追袭徐义、潘元绍,进攻湖州东面二十一里的升山水寨。张虬带兵来援,惨遭失败。张虬、朱暹、吕珍等眼看势孤援绝,只好投降,旧馆被攻克了。十一月,徐达将吕珍等人押到湖州城下示众,张天骐、李伯升也缴械投降了。就在这个月,李文忠进兵杭州城下,潘元明投降,绍兴、嘉兴也不战而克。

徐达攻占湖州后,引兵北上,诸将会合,进围平江。在这以前,徐达采用宁海(今山东牟平)人叶兑提出的销城法,即在平江城外矢石不到之处,构筑长围,分别派将士在四面立营,屯田固守,使张士诚坐困空城,不战自溃,自己屯驻葑门,命令常遇春屯驻虎邱,郭兴屯驻娄门,华云龙屯驻胥门,汤和屯驻阊门,耿炳文屯驻城东北,仇成屯驻城西南,何文辉屯驻城西北,四面筑起长围,把平江紧紧围困起来。并在城外筑起三层的木塔,监视城中的活动,每层架设弓弩火铳,轮番施放,又设置襄阳炮,日夜向城中轰击。不久,无锡守敌莫天祐派部将杨茂潜入平江了解情况,准备声援张士诚。徐达的巡卒在阊门水栅把他捉住,缚送徐达。徐达知道此人善于泅水,就将他释放了,让他继续为莫天祐与张士诚传递消息,而将所得消息暗中送给徐达。徐达因此尽知无锡与平江守敌的虚实,有针对性采取一些相应措施,使围攻平江的作战计划更加完备。

朱元璋原先打算用长期围困的办法,迫使张士诚力尽而降。至正二十七年(1367年)二月,他见经过几个月的围攻,张士诚已经损失了很多兵力,便写信劝降,答应按照东汉接受窦融投降、北宋接受钱俶投降的事例,使其全身保族。但是,张士诚顽固拒降,继续闭门抵抗。后来,两次带兵突围,都被击退。他又接受熊天瑞的建议,拼命制作飞炮,发射矢石,轰击城外围攻的部队,妄图阻挡他们攻城。徐达命令将士架设木屋,上面盖上竹笆,叫士兵藏在下面,载以攻城,挡住了矢石的轰击。到九月,平江城中粮食匮乏,连老鼠和枯草都用来充饥,一只老鼠竟价值百钱。祠庙和百姓的房屋都被拆去充作炮具,木石为之俱尽,张士诚已经陷入了绝境。徐达下令发动强攻,锣鼓齐鸣,万炮齐发,将士高声喊"杀",像潮水般地冲向各座城门。经过一场激战,徐达带领士卒首先攻破葑门,常遇春接着也攻入阊门。张士诚令唐杰登上内城拒战,自己则督师城内,令谢节、周仁立栅以补外城。徐达指挥将士奋勇冲杀,唐杰支持不住,率众投降,周仁等人见大势已去,也相继归降。徐达命令将士蚁附登城,冲进城里。张士诚收集残兵败将二三万人,在街巷里进行顽强抵抗,最后力尽被俘,押送应天。城中二十万军民,全部向徐达投降。徐达与常遇春分别带兵驻守城市的左、右两个部分,安抚归附的军民。在入城之时,徐达派人传令全军将士,宣布严格的纪律:"掳掠民财者,处死;拆毁民屋者,处死;离营二十里者,也处死!"全军将士没有发生烧杀掳掠的现象,居民很快安定下来,恢复了正常的生活。

徐达出色地完成了消灭张士诚的任务,率领诸将凯旋回归应天。朱元璋亲御乾门,颁发敕书加以表彰,敕书说:"张士诚兵强积富,现在业已就擒,若非诸位将帅指挥有方,拼死力战,哪有这样的战果?"他论功行赏,进封徐达为信国公,并赏赐绮帛十端。

三、统兵北伐　推翻元朝

元朝的统治基础已在各支起义军的打击下趋于瓦解,统治集团内部派系林立,倾轧不已,各地武装势力互抢地盘,混战不休。消灭了张士诚的势力的朱元璋占有全国经济最发达的江浙地区,实力进一步壮大。朱元璋决定抓紧元朝统治集团混战的有利时机,派兵北伐,夺取中原,推翻元朝的黑暗统治。

当时,徐达与常遇春才勇相当,都是朱元璋最器重的战将。究竟由谁来担任北伐的最高统帅合适呢？朱元璋反复比较了两位大将的长处和短处，看到常遇春慓悍勇猛，敢于深入敌境，而徐达尤善于用计，谋略过人；常遇春攻下城邑，总不免出现滥加诛杀的现象，而徐达所到之处，则从不骚扰百姓，俘获敌军，也以恩义感化，使他们反过来为自己效力，百姓乐于归附，敌军也愿向他投诚。于是，便任命徐达为北伐军的大将军，常遇春为副将军，于是统帅大军北伐的艰巨任务，又落在了徐达的身上。大军出征前，朱元璋并对徐达、常遇春和其他北伐将领说："军队打仗，是为了平息祸乱，所以任命将帅，必须选择得当的人。现在你们诸位，不是不能打仗，但是办事稳重，纪律严明，具备统率全军战胜攻取的指挥才能的，谁也比不上徐达。"要求他们听从徐达的指挥调遣。还叮嘱诸将说："这次北伐，如果碰上强敌，常遇春要率领前锋，和参将冯胜分左、右翼，各自统率精锐，奋勇冲击。薛显、傅友德勇冠全军，可带领一军，独当一面。徐达作为大将军，应当专主中军，策励群帅，运筹决胜，不可轻举妄动。"

北伐大军出发之前，朱元璋经过与徐达、常遇春诸将的研究，拟定了作战计划："先取山东，撤除大都（今北京）的屏障；再回师河南，剪除它的羽翼；夺取潼关，占据它的户槛。天下形势为我掌握，然后进兵大都，元都势孤援绝，可不战而克。拿下大都，再挥师西进，山西、陕西和甘肃，便可席卷而下。"徐达与常遇春于至正二十七年（1367 年）十月统率二十五万大军，从淮安出发，按照朱元璋的部署，进入山东，攻克沂州（今山东临沂）。接着，徐达命令韩政分兵扼守黄河，以断山东援兵，又命张兴祖攻取济宁，而自率大军攻拔益都，迭克潍、胶诸州县。十二月，元将朵儿只以济南城降，徐达分兵攻取登州（今山东蓬莱）、莱州（今山东掖县）。不久，山东诸地全部平定。

洪武元年正月，朱元璋在北伐军迭克山东诸地的捷报声中登上皇帝位，建立了大明王朝，以应天为京师，任命徐达为右丞相。明王朝的建立，激励着明军加速北伐战争的步伐。二月，徐达指挥明军沿黄河西进，攻入河南，迅速攻占永城、归德、许州（今河南许昌），汴梁（今河南开封）守将左君弼献城归降。接着，徐达又引兵自虎牢关（在今河南荥阳汜水镇）进至塔儿湾（今河南偃师境内），元将脱因脱木儿带领五万军队迎战，在洛水北岸布阵。常遇春单骑冲入敌阵，击毙敌军的前锋，徐达指挥全军将士往前冲杀，元兵惨败西逃。明军进据洛阳北门。洛阳守将李克彝逃往陕西，梁王阿鲁温开门迎降。明军乘胜西进，相继攻占陕州（今河南陕县）、潼关，元将李思齐、张良弼失势西奔。至此，明朝军队已顺利地完成攻占山东、河南和潼关的任务，撤除了大都的屏障，剪掉了大都的羽翼，并控制了关中元军出援大都必经的门户，从而对大都形成三面包围之势。

明军的下一步行动，便是攻取大都。洪武元年五月，朱元璋来到汴梁，慰问徐达、常遇春等北伐诸将，同他们进一步商定攻取大都的具体方案。徐达说："我军平定山东、河南，扩廓帖木儿逡巡太原，观望不进。如今潼关又为我攻占，张良弼、李思齐狼狈西奔，元都的声援已被断绝。我军乘势直捣这座孤城，可不战而克。"徐达对形势的透彻分析和必胜的信心，深得朱元璋的赞赏，他连声夸奖："好，好！"并叮嘱说："北方土地平旷，利于蒙古骑兵作战，对此不能没有防备。你应挑选副将带领先锋部队在前开路，自己督率大军殿后，用山东的粮食作为军饷，进攻河北，夺取临清，北上直捣元都。大都外援不及，内自惊溃，就可不战而下。"徐达遂与诸将会师东昌（今山东聊城），分兵攻取河北，连下卫辉（今河南汲县）、彰德（今河南安阳）、广平（今河南安阳），攻占了临清。闰七月，徐达在临清会合诸将后，命傅友德开辟陆道以通步兵、骑兵，派顾时疏浚运河以通水军，北攻德州、长芦（今河北沧州）、直沽（今天津）。据守直沽的元丞相也速从海口逃走，大都震动。明军沿运河西进，在河西务（今河北武清东北，北运河西岸）擒敌三百余人，大败元军，再进兵通州（今北京通州），乘大雾用伏兵击败元朝守军，歼敌数千人。元顺帝听到通州失陷，知道大都已无法守住，哀叹说："今日岂可重蹈宋徽宗、宋钦帝的覆辙，做明朝的俘虏，看来只有北撤一条路走了。"闰七月二十七日深夜，他慌忙带着后妃太子，从建德门出城，经居庸关逃往上都开平（今内蒙古多伦西北）。八月初二，徐达率领明军到达齐化门外，填平壕沟，进入大都，受到市民的热烈欢迎。留守大都的元朝宗室淮王和左、右丞相等少数死硬分子拒不投降，被徐达处死，其他元朝大臣和将士纷纷归降，受到宽大的处理。徐达下令查封元朝的仓库、图籍、宝物和故宫殿门，派兵看守。所有将士，一律在营房住宿，不许外出骚扰百姓。大都的社会秩序很快安定下来，街市的营业也很快恢复起来了。

捷报传到南京，朱元璋下令把大都改为北平府，由孙兴祖、华云龙驻守，徐达与常遇春带领明军攻取山西、陕西。常遇春为前锋，徐达殿后，由河北越过太行山进入山西南部。据守太原的扩廓帖木儿，分兵南下争夺泽州（今山西晋城），截击徐达，自己则引兵出雁门关，妄图从居庸关偷袭北平。徐达闻讯，召集部将商议对策，他提议用批亢捣虚之策以解北平之围，说："扩廓帖木儿带兵远出，他的老窝太原必定空虚。北平有孙兴祖领兵戍守，可以挡住他的进攻。我们应该乘敌不备，直捣太原，使之进不得战，退无所守。如果扩廓帖木儿回师还救太原，进退失利，必然就擒。"部将一致赞同他的主张。于是，他更引兵北上，直捣太原。扩廓帖木儿领兵进至保安（今河北逐鹿），听到消息，果然回救太原。十二月，傅友德、薛显率领的几十名骑兵击退扩廓帖木儿的前锋万名骑兵对太原城的救助。扩廓帖木儿下令在城西扎营，压着明军布阵。徐达的部将郭英登高眺望，见元军虽然兵多但军容不整，营垒虽大但无防备，建议在夜里进行偷袭。这时，刚好扩廓帖木儿的部将豁鼻马暗中派人请降，表示愿做内应，徐达便把这个建议付之行动。他先派五十名骑兵埋伏在城东十里之处，约以举火鸣枪为号。待到半夜，敌军已进入梦乡之时，即由郭英带领十几名骑兵偷偷摸进敌营，举火鸣枪。埋伏的骑兵得到信号，立即冲杀过来，常遇春也率领大队人马赶到，击鼓呐喊，遥相呼应。正在酣睡的敌军被鼓噪声惊醒，不知出了什么事，乱成一团，不战而溃。扩廓帖木儿正在营帐里秉烛读书，仓皇不知所措，赶快穿靴，怎么也穿不上，光着一只脚跑到营帐后面，找到一匹瘦弱的马，就跟着十八名骑兵，往大同方向逃遁。豁鼻马带领四万名将士和四万多匹马，向徐达投降。常遇春带兵追击扩廓帖木儿，扩廓帖木儿又逃奔甘肃。明军乘势攻占大同，分兵攻占未下州县，山西诸地很快被平定了。

洪武二年二月，徐达率领明军渡过黄河，进攻陕西，占领奉元路，改名为西安府，元将李思齐逃奔凤翔，张思道逃往庆阳。四月，徐达统兵攻克凤翔，李思齐又逃至临洮。徐达会集诸将，讨论进兵方向，诸将认为张思道的军事才干不如李思齐，庆阳也比临洮好打，主张先攻庆阳。但徐达却主张先打临洮，说："庆阳城防险固，守敌剽悍，一时很难攻拔。临洮北界黄河、湟水，西通番戎（指少数民族地区），拿下这个地方，有人员可以补充兵力，有物产可以补充军储。我们大军压上，李思齐如果向西逃窜，就会束手就擒。临洮一攻克，其他地方便可不战而下。"诸将觉得他的看法高人一等，一致表示同意。明军遂移师西进，连克陇州（今陕西陇县）、秦州（今甘肃天水）、巩昌（今甘肃陇西），然后分兵两路，一路由顾时指挥，攻占兰州，另一路由冯宗异统率，进逼临洮。李思齐举城投降。张思道听说李思齐投降，异常恐慌，逃奔宁夏，为扩廓帖木儿所执。其弟张良臣守庆阳，见徐达率兵攻陷平凉，献城投降，不久复叛。徐达派傅友德、俞通源、陈德、顾时分别从东、西、南、北四个方向攻占庆阳的外围地区，切断张良臣与外界的联系，自己督率诸路大军进逼城下，把这座城镇紧紧包围起来。经过三个多月的围攻，张良臣内外音信不通，粮饷断绝，他的部将姚晖等人开门迎降。徐达领兵自北门入城，擒斩张良臣父子。庆阳之战，不但消灭了张良臣的势力，而且使明军控制了陕甘地区的形势，进一步缩小了元朝势力的活动范围。

　　陕西平定以后，朱元璋下召令徐达班师回朝，赐给他大批白银、绮帛，并准备对北伐将领论功封赏。扩廓帖木儿在甘肃听说明军南还，统兵进围兰州。洪武三年正月，朱元璋再次任命徐达为大将军，而以李文忠取代已经病故的常遇春为副将军，率师征讨。考虑到元顺帝尚在蒙古草原，朱元璋决定兵分两路，令李文忠领东路军出居庸关，深入蒙古草原，追击元顺帝，徐达统西路军出潼关，直捣定西，攻打扩廓帖木儿，使他们彼此自顾不暇，无法互相应援。四月，徐达率领西路明军出定西，扩廓帖木儿自兰州撤围还救，两军相拒于沈儿峪，隔着一条深沟扎营布阵，于是发生了一场数十万人的激战。扩廓帖木儿先以精兵千余人，由小道穿过深沟东边的山岭，偷袭徐达东南部的营垒，守营的将领胡德济惊慌失措，士卒溃散。徐达忙带亲兵出击，打退偷袭的敌军，然后将胡德济押送应天，交朱元璋治罪，并处斩了几名守营的将校。第二天，徐达整顿队伍，又挥师出击。将士个个奋勇争先，在深沟北边的乱坟堆大败敌军，擒获元朝的宗室、官吏一千八百六十五人，俘虏敌军将士八万四千五百余人，并缴获了一万五千多匹战马和大批牲口。扩廓帖木儿与几个妻子夺路而逃，由黄河经宁夏逃奔和林（今蒙古人民共和国哈尔和林），这时他的精兵悍将丧失殆尽。与此同时，李文忠率领的东路明军攻至应昌（今内蒙古达里诺尔西南），当时元顺帝已死，继位的皇太子爱猷识里达腊北逃和林，明军俘获其子买的里八剌及后妃、宫人、诸王、将相、官属数百人。经过两路明军的沉重打击，元朝的残余势力更加衰弱，洪武八年（1375年）扩廓帖木儿死后，便不再对明朝发动大规模的进攻。

　　定西大捷后，徐达奉命带兵返回京师。朱元璋亲至龙江迎接，并下诏大封功臣，改封徐达为魏国公。洪武四年（1371年），为了防御元朝残余势力的骚扰，又派徐达镇守北平。此后，徐达除了三次带兵出征塞北，其余时间都在北平镇守。他统率部将修缮城防，操练军马，设备屯田，严为守备，使元朝的残余势力不敢轻易南下骚扰，对稳定北方的形势起了重大的作用，被朱元璋誉为"万里长城"。

四、治军严明　功成不骄

徐达自担任将帅以来，统率百万大军，南征北战，几乎是所向披靡、攻无不克的，从而受到朱元璋的器重和信任，被誉为"开国功臣第一"。在朱元璋的手下，人才济济，猛将如云，为什么徐达能够脱颖而出，立下如此显赫的战功，而位列功臣之首呢？这同他优异的个人品德有着很大的关系。

贫苦农民出身的徐达，虽然小的时候没有机会上学读书，但他具有求知好学的精神。他的求知欲望非常强烈，平时在军营里，经常礼聘博学的儒士，恭恭敬敬地请他们讲解古代兵书，虚心向他们求教。出征归朝，他单独乘车赶回家里，就不顾征战的疲劳，同儒士讨论古代兵法，有时一谈就是一整天。由于虚心好学，他熟知古代兵法，掌握了渊博的军事知识。因此，每次作战之前，对将士分析作战方案的是非得失，总是非常透彻，令人心服，临阵指挥，莫不料敌如神，每战必胜。再加上丰富的实践经验，他的军事才能和指挥艺术逐步提高，日臻成熟，很快便由一个普通农民成长为杰出的将领。

徐达深知，军队没有严格的纪律，不能做到令行禁止，就会失去民心的支持，也不可能有强大的战斗力。因此他治军极为严明。当时，元朝的官军极端腐败，毫无纪律，到处烧杀掳掠，抢劫民女，有些农民军也常发生违反纪律、侵犯百姓的现象。为了严肃军纪，在攻占应天之后，朱元璋决定搞个苦肉计，找徐达商量，准备让他受一下委屈，他欣然同意。于是，他忍辱让朱元璋当着许多将领的面，指责他"纵容士卒，违反军纪"，把他捆绑起来下令按军法处刑。然后由李善长出面说情，让他保证今后不再违犯，请求免于处死。朱元璋才下令给他松绑，让他带兵攻打镇江，立功赎罪，并宣布说："我自起兵以来，从不妄杀无辜。现在你们这些将领带兵去打镇江，一定要严格约束士卒。城下之日，不许焚烧民房，不许抢劫财物，不许杀戮无辜。有谁违反命令的，军法从事，将官纵容不管的，必罚无赦！"诸将连声回答："是，是！"徐达统率诸将带兵攻占镇江之后，号令严肃，没有发生任何烧杀掳掠的现象，城里的秩序非常稳定。附近的老百姓听到消息，都盼着这支队伍能早一天攻取他们所在的地区，让他们过上安定的生活。后来，徐达治军更加严厉，每攻下一个城镇，都要颁布命令，禁止烧杀掳掠的行为，凡是违反军令的，即砍头示众。所以，他的军队所至之处，总是秩序井然，民心安定，深受百姓的欢迎和支持。因此，他的军队战斗力也极强。

在严格治军的同时，徐达又严于律己。他懂得，要让广大士卒做到令行禁止，不扰害百姓，将领必须首先做出榜样才行。当时在元朝官军和某些农民军里，许多人一当上将官，就胡作非为，拼命抢占财宝和美女。徐达与他们不同。他严格要求自己，不贪女色，不好财宝，与士卒同甘共苦。有时军粮供应不上，士卒挨饿，他也不饮不食，不进营帐休息。发现士卒有伤残疾病，他亲自去看望慰问，给药治疗。所以，将士们对他既尊敬又感激，都乐于听从他的命令，服从他的指挥，打起仗来奋勇争先，以一当百，士气十分高涨。

勤于学习，严于治军，又严于律己，这些就是徐达所以能够克敌制胜、累立战功的主要原因。

此外，徐达的身上，还有许多其他的优秀品德。他为人正直，疾视奸邪。定远人胡惟庸阴险狠毒，洪武六年起任中书省丞相，结党营私，排斥异己，独揽生杀黜陟大权，朝廷大事常常不待奏请皇帝批准，即独断专行。臣民的奏章，他私自拆阅，看到对自己不利的，就藏匿不报。朝中大臣，有谁触犯了他的利益，便加以陷害打击，置之于死地。朱元璋的重要谋士刘基，在胡惟庸做丞相以前，曾对朱元璋谈论他的缺点，说："胡惟庸是头难以驯服的小犊，将来如果让他拉犁，他会翻倒犁辕，把犁摔破的。"胡惟庸一直把这件事记在心里，耿耿于怀。后来刘基得病，他派医生前去探病，就下毒药把他毒死。因此，朝廷内外，谁都怕他三分。一些势利之徒，则纷纷投靠到他的门下，竞相向他赠送金银财宝、名马器玩。但是，徐达却非常鄙视他，敢于同他进行斗争。开始，胡惟庸看徐达功劳大，威信高，想借他的声望来壮大自己的势力，拼命同他拉关系，表示愿意同他结好。他不仅不予理睬，而且向朱元璋揭发了胡惟庸的罪行。后来，胡惟庸见软的不行，就来硬的，收买徐达的看门人福寿，企图陷害他。福寿不为所动，揭发了胡惟庸的阴谋。徐达便对朱元璋说，胡惟庸心术不正，为人奸贪，不适合做丞相。过了几年，胡惟庸的大量罪行充分暴露出来，终于被罢官处死。朱元璋因此对徐达也就更加器重了。

更加难能可贵的是，徐达为人谦虚，虽然战功累累，却从不居功自傲。他"廓江汉，清淮楚，电扫西浙，席卷中原，声威所震，直连塞外，其间降王缚将，不可胜数"（《明太祖实录》卷171），对削平群雄、推翻元朝、统一全国作出了重大贡献。但他功成不骄，每年春天挂帅出征，暮冬还朝，交还将印，便回到家里过着俭朴的生活。朱元璋见了过意不去，曾对他说：

"徐达兄打了几十年仗，建立盖世奇功，从来没有好好休息过，我把过去住的旧宅邸赐给你，让你享几年福吧。"朱元璋的这所旧宅邸，是他当吴王时居住的府邸，徐达坚决推辞，拒不接受。朱元璋便请他到这所府邸饮酒，把他灌醉，蒙上被子，抬到床上去睡，想用这个办法强迫他接受这所宅邸。徐达酒醒之后，大吃一惊，连忙跳下床，走下台阶，俯伏在地，磕头呼喊："死罪，死罪！"朱元璋见他这样谦恭，不勉强他，就下令在这所府邸的前面，另外给徐达建造了一所宅第，宅第的前边还立了一座高高的牌坊，刻着"大功坊"三个字。

徐达的优秀品德，很受朱元璋的赞赏，朱元璋对左右大臣称赞说："受命出征，成功凯旋，不骄不傲，女色无所爱，财宝无所取，公正无私，像日月一样光明正大的，唯大将军一人而已！"洪武十八年二月，徐达在南京病逝。朱元璋追封他为中山王，赐葬于南京钟山之北，并把他的塑像摆放在功臣庙里，以表彰他为明朝所建立的卓越功勋。

抵抗瓦剌志如石灰——于谦

一、关心边防

明朝推翻元朝在中原地区的统治后,元朝的残余势力向北撤退到蒙古高原一带,历史上称为"北元"。以后,"北元"分裂为鞑靼和瓦剌两部分,到十五世纪中叶,瓦剌逐步强大起来,成了明朝北方的一大劲敌。

明初北方的边防线,在大同镇所统辖的范围内,东北方面最远在龙门、万全、宣府等卫所(今河北张家口、龙关一带),西北方向最远在东胜、云川等卫所(今内蒙凉城、和林格尔一带),但永乐之后,迫于北方的压力,防线逐步内迁,原来处于防线第二线的大同、宣府,成为第一线的要塞。于谦早在担任山西、河南巡抚时就注意到了大同在边防上的重要性,但由于他管辖的事情太多,不能专心加强大同的边务,就向明朝政府建议,设立宣府、大同的专任巡抚,全力筹划当地的边防。他的这一建议被明朝采纳后,就支持新任命的宣大巡抚罗亨信,恢复官兵的屯田,充实粮饷,加强边防城堡的建设,以抗击瓦剌的侵扰。

于谦从小就有献身报国的大志。他青年时期就非常赞叹文天祥那种殉国忘身、舍生取义的爱国精神。永乐十九年,二十四岁的于谦考中了进士,被任命为山西道监察御史,后来奉命巡按陕西时,就曾上书朝廷,弹劾山西、陕西的边镇官军随意扰民,破坏了边防前线的安定。皇帝派人去调查,逮捕法办了一些违法军官。由于于谦的刚直和处处以国事为重,因而得罪了一批朝廷中当权的权贵,特别是太监王振对于谦更是恨之入骨。正统十一年(1446年),于谦以山西、河南巡抚的身份到北京奏事,荐举参政王来、孙原贞暂时代理自己的职务,王振借机指使通政使李锡诬告他这是因为"长期得不到升官,对朝廷有怨言,所以任意推举人自代,以发泄自己的不满",于谦因此而坐了三个月的牢,后来由于山西和河南的百姓和官吏纷纷联名上书保释,王振才被迫释放了于谦。一开始降为大理寺少卿,后来由于山西、河南官民的请求,又恢复了原职。但这时由于瓦剌的不断南扰,正统十三年（1448年）于谦被召入京师，任命为兵部左侍郎，直接参加了边务的筹划。

二、土木之变

王振是明英宗的亲信太监，他与瓦剌每年派到北京的贡使勾结，私下进行军火贸易。瓦剌的贡使由于有利可图，每年派到北京的由明初不过五十人，到英宗时达到二千人。正统十四年春，瓦贡使二千诈称三千到北京，王振想显示一下自己的威风，一反过去对瓦剌有求必应的常态，下令核实瓦剌的实际贡使人数，又削减贡马价的五分之四，结果引起瓦剌的不满。瓦剌的太师淮王也先就在这年七月，分兵四路进攻明朝的边境，也先率主力进攻大同，大同的守军和明朝派的四万援军战败。

边境战败吃紧的消息传到北京，王振乘机鼓动英宗亲征，自己想借机冒滥边功。兵部尚书邝埜和侍郎于谦力谏不可轻易出征，都不被采纳。急于求功的王振对这样的出征大事只草草地准备了两天，便命令英宗的弟弟郕王朱祁钰留守北京，于谦代理兵部事，协助郕王卫戍守北京，自己随英宗于七月十五日率五十万大军和一百多名文武大臣，匆匆从北京出发了。

军事组织的不健全，加上后勤供应的困难，军队在行进过程中就多次惊扰不定，经过半个月的行军，才到达边防重镇大同。由于大同城外明军刚战败，战死的士卒尸体满山遍野，军中上下十分惊恐，这时宣府和山海关外失败的战报也陆续到达。英宗和王振看到形势不妙，在大同停了两天，就秘密决定退兵。王振的家乡在蔚州，他想退兵时顺便让皇帝去他家乡的宅第小住，以显示威风。所以退兵向南往紫荆关（今河北易县西北）进行，但军队走了四十里后，他突然想到五十万大军路过自己的家乡，必然会踏坏他的庄稼，因而又改变主意，令军队向东走，改道宣府回京。

也先率的瓦剌军，在英宗的军队进入大同时，为了诱明军深入，主动北撤。当他看到明军不战而退兵时，就日夜兼程，尾追不舍。如果明军直接往北京撤退，本来有从容的时间，现在由于经过王振的迂回周折，延误了回京的时间，在宣府被瓦剌军追上。明军殿后的军队一再力战拒敌，均战败溃散，损失惨重。英宗和王振匆匆逃出宣府，到了离怀来县城二十里的土木堡时，因为等候辎重，留驻土木堡狼山上。土木堡地势高，无水源，被瓦剌军围困后，人马饥渴。瓦剌军乘明军移营就水，阵势动摇之机，突然袭击，明军阵势大乱，英宗率亲兵突围未成，被瓦剌所俘，王振被痛恨他的明军所杀,明朝的五十万大军,在追袭的二万瓦剌军的打击下,全军覆没,二十多万匹骡马和无数的衣甲器械,全部成为瓦剌的战利品。这就是明朝历史上所谓的"土木之变"。

三、北京的战守辩论

明英宗是八月十五日被俘的,十六日深夜三更,他被俘的消息第一次送进皇宫。这是英宗让和他一起被俘的锦衣卫校尉袁彬写的,送给怀来县守臣的一封信。信中谈到他被俘的情况,并希望用金钱把他赎回来。这封信连夜被送进了皇宫,皇太后孙氏和皇后钱氏,秘密把宫中的金宝文绮,装上八匹马的背驮,派太监给瓦剌送去,想赎回英宗。十七日早晨,上朝的大臣们听到皇帝被俘、全军覆没的消息,大家号啕大哭,一片恐慌。

当时,北京只剩下不满十万的老弱残兵,更缺少战马盔甲。随着前方溃散的残兵败将陆续逃回,北京对前方的惨败情况已经逐渐有所了解,整个北京城笼罩着一片惶恐的气氛。一些富户士绅,认为北京难守,纷纷携带家珍,向南逃亡。为了稳定政局,皇太后十八日下诏立英宗年仅二岁的长子朱见深为太子,命郕王监国,总理国政。

郕王召集大臣商量战守对策。翰林院侍讲徐珵(后改名有贞)高声说:"我夜里观察天象,荧惑星曾入侵南斗,这说明天命已去,只有南迁才能保证国家的安全。"徐珵是个典型的失败主义者,在这之前,他早已经将自己的妻子儿女送归苏州老家,妻子不愿走,他威胁说:"你是不愿做中国人的老婆了!"徐珵的话立即遭到礼部尚书胡淡和太监金英的反对,接着,于谦声色俱厉地斥责了徐珵的逃跑主义主张,他说:"京师是天下的根本,一动根本就不可收拾了,宋朝的南渡就是一大教训!现在应当立刻调天下四面八方的兵马支援首都,誓死守卫京师。谁要再说南迁的话,就是动摇军心,应立即斩首。"他的意见得到了皇太后和郕王的支持,金英把散布逃跑主义的徐珵哄了出去,朝野上下,决心守卫北京。为免瓦剌利用英宗,郕王被推上帝位,是为景泰帝。

四、北京保卫战

土木之变以后仅仅三个月,瓦剌经过充分准备之后,挟持英宗,在太监喜宁的引导下,在正统十四年对大同发起了首次的进攻。瓦剌统帅也先的打算是,用英宗作招牌,胁迫边防守将出见,然后扣留守将,再迫使边关不战而降。大同总兵早已识破其阴谋,就派人对也先说,"明朝已有国君",不再承认英宗的地位。也先在大同诈骗不成,未敢强攻大同,就从大同城东门外南下,进逼北京。一部分瓦剌军攻陷了居庸关西南的白羊口,另一部分攻破了紫荆关,瓦剌军分两路直指北京。

于谦接到大同总兵关于瓦剌入侵的战报后,就积极进行北京的保卫战。明朝下令要各地的宗室诸王,急率精兵来京勤王,并任命于谦提督各营兵马,都指挥以下不听从于谦命令者,可以先斩后奏。又赦王安、王通等出狱,要他们协助守京城,戴罪立功。同时还宣布了分奇功、头功、齐力的三等赏功办法,鼓励将士卫国杀敌。

如何才能守卫北京?当时朝野上下议论纷纷。兵马司建议,拆毁城门外民房,以便屯驻军队,利于战守;都督王通主张,发动军民在城外挖深壕;总兵石亨认为,军队全部撤入城内,坚壁据守。于谦都不同意这些意见。他认为:"瓦剌现在非常嚣张,据守不战,表示我们害怕他们,更会助长敌人的气焰。"因而主张列阵城外。坚决迎战敌人。他分别将二十多万明军,列阵北京的九个城门外,具体的部署是:于谦自己和石亨率主力列阵德胜门外,都督陶瑾在安定门,广安伯刘安在东直门,武进伯朱瑛在朝阳门,都督刘聚在西直门,副总兵顾兴祖在阜成门,都指挥李瑞在正阳门,都督刘德新在崇文门,都指挥汤节在宣武门。然后关闭了九个城门,断绝了退路,以示决一死战的信心。于谦对守城的将士颁布了临阵的军令,各个将领又亲自到士兵中进行了保卫北京的动员,所以军队的斗志昂扬,均有决一死战的决心。

十月十一日,瓦剌的大军进抵北京城下,也先率主力列阵西直门外,而让英宗到了德胜门。英宗在瓦剌的指使下,给皇太后、景泰帝和文武大臣,各写了一封劝降信。瓦剌把英宗拥到德胜门外的土城上,要明朝派大臣迎驾,以试探明朝的态度。明朝临时升通政司参议王复做礼部侍郎、中书舍人赵荣做鸿胪寺卿,派他们二人出城见英宗。瓦剌为了夸耀自己的武力,在接见明朝这两个使者时,大摆兵仗,杀气腾腾,并借口这两个人的官小,不与他们谈判,要明朝派于谦、石亨、胡淡、王直来,并要索取大量金帛。

这时,景泰帝和一些朝臣,畏于瓦剌的军势,抵抗的决心动摇,想派大臣去与瓦剌和谈。他们派人去问于谦的意见,于谦果断地回答说:"现在我只知道抗击瓦剌,和谈的事我不愿听到。"大家见于谦没有商量的余地,也就没有人敢再提和谈的问题了。

在瓦剌军抵达北京城外的当天，于谦就派副总兵高礼、毛福寿等在彰仪门北，迎击瓦剌军，斩其前锋数百人，首战获胜，士气大振。接着，他又在夜间派人偷袭瓦剌军营，也取得小胜。十三日，瓦剌军和明军在德胜门外，又进行了决战。于谦先派石亨率军埋伏在道旁的空房内，然后派骑兵诱敌骑数千进入埋伏圈内，伏兵用火炮火铳攻击敌骑兵，敌人前后被夹攻，死伤无数，连号称铁颈元帅的也先弟弟孛罗，也被火炮击毙。瓦剌的主力又转攻西直门，双方战斗激烈，南北两方的明朝援军赶到，三面夹击瓦剌军，百姓也升屋呼号助战，投掷砖石击敌，瓦剌军不支，向西南退去。另外，围攻居庸关的瓦剌铁骑五万，由于天气寒冷，守军汲水灌城，水结成冰，瓦剌的骑兵无法接近城垣，当瓦剌军撤退时，明军出城追击，三战三捷，大获全胜。也先见北京早有防备，屡战不利，手中的英宗又失去了诱惑作用，又听说各路援军即将到达北京，怕切断自己的后路，于是在十五日夜间，偷偷地拔营撤退，带着英宗，经过良乡西，大掠所过州县，向北退去。于谦得知瓦剌撤退的消息，立即派石亨率各路军发火炮袭击敌营，并乘机追击，又杀伤瓦剌军一万余人。至此，北京的保卫战取得了决定性的胜利。战后，明朝论功行赏，升加于谦为少保，总督军务。于谦辞让说："边境还有敌人的营垒，这是我们做大臣的耻辱，还有什么脸得到国家的赏赐呢！"于谦的这个话，说明了他保卫国家的赤诚之心。

五、英宗复辟

瓦剌从北京退兵后，于谦抓紧时机，进一步加强了北京的防卫力量。他调镇守宣府多年的名将杨洪和守居庸关有功的将领罗通到北京，负责训练北京的守军；推荐善战的左都督朱谦去镇守宣府，金都御史王蛇镇守居庸关。这时瓦剌军屡犯宁夏、大同、宣府等地，都被当地的守军击退。对于瓦剌派来的间谍如小田儿、喜宁等，他都主张明正典刑，以除后患。对于想和瓦剌议和，对敌人存在侥幸心理的将领，他都谕之以理，坚决予以斥责。明朝的边防在于谦的整顿下，日益严密，瓦剌攻不能取胜，诱降、反间等政治计谋，都失败了。英宗在瓦剌手中，已失去了任何的诱惑作用，也先决定把英宗送归明朝。景泰帝不愿接英宗回来，怕影响自己的皇位。于谦认为，英宗在瓦剌手中，毕竟对明朝不利，如果瓦剌送英宗回来不是诡计，迎回英宗对明朝有利。于谦对景泰帝做工作说："你的皇位已经确定，英宗回来也不会影响你的地位，如果瓦剌要送英宗回来，我们不去迎接，自己就理亏了。"景泰帝被迫同意了于谦的意见,派人去把英宗接了回来。

英宗回到北京后,以太上皇的名义入住皇城内的南宫。瓦剌借送英宗回来的机会,不断派使臣前来,表示与明朝的友好,并要求恢复通使朝贡和互市的关系。这时有一些大臣错误地认为,明朝与瓦剌的和局已成,今后不会再与瓦剌交战了。于谦针对这种和平麻痹的思想,向朝廷提出了"英宗虽然已经回国,但土木之变战败的国耻未雪,要继续提高警惕"的劝告。他全力继续采取了一些加强边防的措施,在北京周围的军事要地,修缮加固城堡,增加守军人数,惩办贪官,募民屯田。他还改革京营的军制,加强战术训练,研究改进兵器。在于谦的积极筹划整顿下,明朝这时的军队和边防都日趋巩固和加强了。

在于谦积极整顿国防的同时,在明朝的宫廷中,正在酝酿着一场争夺皇位的宫廷政变。英宗回到北京后,景泰帝为了提防他复辟,就把他软禁在南宫,切断了他与外边的联系。他还废了太子朱见深(英宗的儿子),立自己的儿子朱见济为太子。但朱见济不久死去,于是再建皇储就又成为斗争的焦点。但是景泰帝只有朱见济一个儿子,他死后再没有儿子可立为太子。有人提出建议重新恢复朱见深太子的地位,但是这个建议触犯了景泰帝的心病,遭到了残酷的拷问。景泰八年正月,景泰帝病重不能临朝,石亨、徐有贞勾结太监曹吉祥等,在夜里秘密将英宗拥上皇位,早朝时向大臣宣布:"太上皇现在已复辟,大家快快祝贺!"英宗复辟成功后,废景泰帝为郕王,没有几天他就死在西宫。这个事件在历史上叫做"夺门之变"。

六、惨遭杀害

英宗复辟成功后,当即在殿上就传旨逮捕于谦和大学士王文于朝班内,坚决支持于谦抗击瓦剌的大学士陈循、肖镃、商辂,尚书俞士悦、江渊,都督范广,太监王诚、舒良等,也都被捕下狱。

英宗复辟以后为什么要马上就逮捕于谦呢?根本原因是于谦组织了坚决抗击瓦剌的斗争。英宗被俘以后,他希望明朝和瓦剌讲和,能把自己赎回来。于谦坚决进行了抗击瓦剌的斗争,对英宗的要求一概置之不理,使他在瓦剌军中吃了不少苦头。他对于谦恨之入骨,这当然是意料中的事。但是他复辟之后马上就把于谦逮捕起来,这和复辟的主谋人徐有贞和石亨也有关系。

徐有贞就是当年主张迁都的徐珵。他当时受到于谦的斥责,心里自然不高兴，后来他想任国子监祭酒一职，也没有得到于谦的支持，所以对于谦一直怀恨在心。石亨在北京的保卫战中立了功，被封为侯，他觉得于谦比自己功大，就推荐于谦的儿子于冕为千户，于谦不但没有感激他，反而认为这不是一员大将所应做的事，上书对他进行了斥责。石亨认为他出于善意，于谦太不给他面子，所以心里对于谦也很不满。

英宗复辟以后，徐有贞、石亨因为复辟有功，都得到英宗的信任，掌了大权，他们首先诬陷于谦等人谋迎襄王朱瞻增的儿子当皇帝。迎藩王入继大统，这在明朝的法律中是叛逆大罪。在审问于谦等人时，徐有贞指使手下人对他们痛加拷打，王文当面质问徐有贞："召亲王入京须有金牌相符，遣人必有马牌，你们可到兵部查验是否动用过？"于谦知道这只是陷害他们的借口，笑着对王文说："这都是石亨他们的意思，你辩白有什么用呢？"于是徐有贞他们就以"虽无行动，但有那个思想"为根据，以谋逆罪判处于谦死刑。在行刑时，英宗因于谦有功，怕杀了有损于自己的名誉，有点犹豫。徐有贞怂恿说："不杀于谦，英宗复辟就无名。"英宗于是下定决心，将于谦斩于市。

于谦被害后，他的家属被发配边疆充军。在抄他的家时，发现除了一些书籍之外，没有什么值钱的东西。于谦一生为官清廉，他将自己的一生精力，都花在了保卫国家的事业上了。

于谦被害的时候已经是一位六十岁的白发苍苍的老人了。他被害的消息传出后，天下妇孺，无不为之哭泣，认为这是一大冤案。北京很快出现了怀念于谦的童谣，在民间流传。这首童谣是："京都老米贵，那里得饭广（指范广），鹭鸶水上走，何处觅鱼嗛（指于谦）。"于谦被害后，指挥同知陈逵感于于谦的忠义爱国，不顾个人的安危，收殓了于谦的遗骸。过了两年，于谦的女婿朱骥把他的灵柩运回家乡杭州，葬于西湖三台山麓。

于谦被害的同时，王文和抗击瓦剌有大功的都督范广也被杀，其他抵抗派的人物如陈循、江渊、俞士悦等被充军铁岭，商辂、铁锚、王伟等被革职，凡于谦推荐和重用过的文武官员，都以"于谦党"而榜示天下，一一加以迫害。于谦的长子于冕，被充军龙门，他的少子于广被人秘密偕往河南考城县的民间，才免于被迫害。

于谦死后，一批贪生怕死的小人掌握了朝政，他们只知贪赃枉法、争权夺利，因而国防又陷废弛，瓦剌不断地侵扰边境，明朝又陷入在军事上处处受挨打的被动局面。这时连杀害于谦的凶手英宗也不得不叹息说："如果于谦还在，瓦剌就不会这样猖狂了！"

抗倭英雄——戚继光

戚继光,字元敬,原号南唐,后来又改号为孟诸。生于山东济宁县南的鲁桥镇,他的名之所以叫继光,据说是他出生时正是夜半,晴朗的天空,繁星熠熠闪光。第二天的清晨,旭日初升,朝霞映罩着鲁桥,房前的红枫和苍松,构成一幅五彩缤纷的图画。戚继光的父亲戚景通这时年已五十六岁,老来得子,格外高兴,便把自然界的景色和这位刚出生的男孩的前途联系起来,起名为继光,希望这个儿子长大以后对先祖业绩能继承光大。果然,戚继光不负父望,长大以后,成为一代名将,为捍卫东南沿海各省人民的生命财产和对倭寇进行了坚决斗争,成为一位杰出的爱国主义将领和民族英雄。

一、严格的家教

戚继光的祖辈都是明代将领,其六世祖戚详参加郭子兴领导的起义军。朱元璋当了皇帝以后,仍在明军中服役,在攻打云南时阵亡,明王朝为追念其前功,授他的儿子戚斌为明威将军,世袭登州卫(今蓬莱县)指挥佥事。传到戚景通时已经是第六代,仍然袭登州卫指挥佥事。

戚景通治军严明,精通武艺,熟读兵书,有丰富的军事知识。袭职之后,他曾被提升为都指挥和大宁府都指挥使等职。景通为官清廉,从不收受额外之费,更不对权贵阿谀奉承,他的家境一直很清贫。有一次,他升任江南运粮把总,是个肥缺。他第一次运粮进太仓时,按照陈规,运粮把总都要先给仓官送礼,以免受仓官的刁难。戚景通却坚决不干,宁可受刁难也不行贿,结果把运粮把总给丢了。他回到登州卫所,过着清贫的生活,当时总督山东备倭军事的戚勋,是景通的上司,听说景通拒绝行贿而丢掉把总,对景通的行为很敬重,就来和他认本家,想抬举他一下。但戚景通却说他的先祖姓倪不姓戚,谢绝了戚勋的好意。

当然,戚景通廉洁为官的事例还很多。表现在个人生活中的俭朴、孝顺,也是很有名的。对刚懂事的孩子戚继光,戚景通施以严格的教育。为了使儿子早日成才,他教儿子读书、识字、习武,还经常教导儿子,长大以后为国家尽力。生活上对戚继光要求也很严格,有一次工匠来替戚家修房屋,景通交代在两楹之间装四扇雕花门户。但按规定,将门家可装十二扇雕花门户,工匠向十二岁的戚继光说了此事。戚继光就去找父亲,说可装十二个门户。戚景通狠狠地批评了戚继光,并训斥他,要他以后不要有虚荣心,更不应讲排场。又一次,戚继光穿了一双很讲究的丝履,被父亲看到,自然又是一顿训斥,说他小小年纪就穿这么好的鞋,将来还了得,并说这样下去,将来当了军官,岂不侵吞士兵粮饷。后来虽然弄清了鞋是外祖父送的,母亲王氏叫他穿的,但景通还是命令他脱了。

严格的家教使戚继光从小养成良好的习惯。据说,他从小就喜欢做军事游戏,以泥土碎石为垒,以纸旗为号,指挥颇有条理,进退有方。戚继光喜欢读书,通经史大义。一次,有个朋友,见到戚家生活困苦,就对戚景通说:"你为官廉洁,是大家都承认的,可是你用什么东西留给子孙后代呢?"景通把继光叫到面前说:"我留给你的就是国家的土地,你应好好保卫它!"戚继光明白父亲的意思,便说:"大人所留给的,儿当誓死保卫。"

青少年时代,戚继光并非在安逸中度过。十岁那年,母亲王氏去世了,家庭生活更加拮据。十七岁那年的夏天,年过古稀的父亲得了重病,戚景通知道自己的时日不会长了,就让儿子到北京办理袭职。临走时,他谆谆告诫,要儿子忠心为国,保卫国土。秋天,戚景通去世了,生活的重担便落在戚继光的身上,年老的嫡母和未成年的弟妹,要靠他来抚养。为了有人照顾家庭,第二年冬天戚继光便结婚了。

戚继光袭了登州指挥佥事后,便开始他的军事生涯。不过,当时山东比较平静,指挥佥事这一职务并不太忙。戚继光除了办理公务,就是练兵、读书。他希望趁血气方刚时,干出一番事业来。他曾经在一篇文稿中这样写道:"自觉二十岁上下,务必做好官,猛于进取,而他利害劳顿,皆不屑计也。"他在一本兵书的空白处,写了一首《韬钤深处》的诗:

> 小筑渐高忱,忱时旧有盟;
> 呼樽来揖客,挥尘座谈兵。
> 云护牙签满,星含宝剑横;
> 封侯非我意,但愿海波平。

这首诗表达了戚继光的抱负,说明他对倭寇侵扰的担忧。他既然祈望

"海波平"，就决心要在保卫海疆方面作出自己的贡献。

嘉靖二十七年（1548年），明王朝为抵御蒙古鞑靼部南袭京城，把蓟州列为边镇，由山东、河南抽调官兵戍防。那时的蓟州是指山海关到居庸关一线，戚继光每年春季要率本部人马来到这一带驻防。连续五年，戚继光每年奔走于登州和蓟州之间。这期间，戚继光曾到北京参加会试。当时正值鞑靼俺答汗率兵攻入密云、顺义、通州，京城大震，明政府调兵遣将保卫北京。应试武举的戚继光积极参加了京城的保卫工作，并两次上书，献备敌方略。明廷中一些主持军务的官员对戚继光的胆识很是赞赏，兵部主事计士元在一封推荐书里说，戚继光"留心韬略，奋迹武闱。管屯而俗弊悉除，奉职而操持不苟。"他认为戚继光将来"可望干城之寄"。

五年的蓟门戍防，使戚继光熟悉了边疆的形势，磨炼了保卫边疆的责任心。这一点，有他所作的《马上作》一诗可以说明。诗是这样写的：

南北驱驰报国情，江花边月笑平生；
一年三百六十日，多是横戈马上行。

二、初踏抗倭征途

倭寇的侵害起自元末明初，到嘉靖年间最为猖獗。十四世纪末叶，日本北朝的足利氏征服了南朝，结束了长期分裂的局面。南朝失败后一批武士流亡海岛，他们勾结一批商人和破产农民，来到中国沿海，名义上是做生意，实则走私、骚掠，无所不为，无恶不作。到了十六世纪中叶，倭寇之害日趋严重。嘉靖二年日本足利氏的管领细川氏以及西海路诸侯大内氏各遣贡使瑞佐、宋素卿和宗设分道来宁波。大内船先达，细川船后至，按照宁波市舶司规定，货物运岸应以入港先后为序。但是，后至的细川氏宋素卿买通市舶司太监，先办理手续。宴会时又以细川船的瑞佐居上座，大内船的宗设居次座。宗设大怒，和瑞佐发生械斗，追瑞佐到绍兴，沿途烧杀、抢掠。这就是当时震动浙中的所谓"争贡之役"。明朝政府处理善后也有不当，罢了市舶司，断绝与日本的贸易。本来应罢的是市舶司受贿的内臣，而不是市舶司。通商的禁止，便招致日本商人大量走私，内地的奸商、流氓、海盗和倭寇互相勾结，给他们提供种种方便。于是倭寇便可以随意登陆，进行抢劫、掠夺，滥杀中国居民。

正在倭患严重的时刻,嘉靖三十二年,戚继光被擢升为主管山东防倭军务的都指挥金事,统辖三营二十四卫所。从江苏、山东交界处一直到山东半岛的北端都属于戚继光的防线。这样辽阔的海防线,如何设防?戚继光毕竟是将门之后,加上有防戍蓟州和登州的经验,他到任以后,先摸清倭寇的活动规律,一般倭寇最猖狂的时候是在三、四、五月或九、十月间,当时海船行驶要依仗风力,船只在什么地方靠岸与风向有很大关系。摸清了这些规律,戚继光便按时按地段设防。但当时山东防务空虚,兵不满额,纪律松弛,战斗力不足,戚继光便重新整顿军容,严肃纪律,对营伍、卫所进行认真整肃。有些资格老的军官,多少有点瞧不起这个年轻的将领,尤其是军中有个军官,是戚继光的舅父,恃长辈身份,不听戚继光号令。戚继光开初很头痛,对处分舅父很感为难。但这个不听号令的舅父如果不能恰当处理,他自己就不能在军中树立威信。经过再三考虑,他以上司身份,当众严厉处分了这个舅父。事后,他又以外甥的身份,把舅父找来,向他赔礼道歉。这位老资格的长辈被戚继光光明磊落的行为所感动,当即以下级军官身份跪了下来,保证今后不再违抗命令。处分舅父,警戒了全军,一些倚老卖老的军官,也就规矩多了。军纪很快得到整肃,山东海防也较过去巩固了。

江浙的倭患最为严重。明王朝政治腐败,明世宗朱厚熜十余年不临朝,大权落在内阁首辅严嵩手中。严嵩贪污受贿,户部每年边饷就有十分之六要送给严嵩,边防废弛。浙江倭患最严重时,明政府只好从各省抽兵来援,但因客兵不熟悉当地地形与倭寇的活动规律,很难收到明显的效果。加之严嵩及其死党赵文华等人排挤打击积极抗倭的巡抚王忏、总督张经,因而倭患日益加剧,人民遭受的灾难日益深重。在这种情况下,嘉靖三十四年秋,明廷升戚继光为参将,由山东调到浙江,镇守宁波、绍兴、台州三府,那是倭寇活动的中心地带。

嘉靖三十六年,浙江总督胡宗宪命令戚继光随抗倭名将俞大猷去进攻倭寇据守的岑港(今定海西北)。因围攻日久,不能克,戚继光被撤参将职,"戴罪办贼"。第二年攻克岑港,才又恢复原职。这是他到浙江后参加的一次较大的战役。初战不利的原因,戚继光认为是:"驱福广之水兵而使之陆战,用流寄之杂卒而责其即戎,且号令未明,士心未附。"通过这个战役,戚继光认为原来的部队战斗力不强,主张训练新兵。原先他曾两次上书胡宗宪主张训练浙兵。胡宗宪把将兵金事曹天右所部三千人交戚继光训练,但这支部队多出身市井,军容虽然整齐,作战时却很怯懦,不能打硬战。他决心训练一支以农民为主体的抗倭劲旅，认为只有建立一支英勇善战的部队，才能彻底打败倭寇。

三、戚家军的建立

戚继光到浙江后，曾向胡宗宪提出练兵的建议。他所陈述的理由是中肯的。他说"守不忘战，将之任也；训练有备，兵之事也"，只有这样才能克服当前士兵中存在的弱点，即"军书警报，将士忧惶。徒将流寄杂兵（客兵）应敌，更取福广舟师驱而陆战。兵无节制，卒鲜经练，士心不附，军令不知"。他主张自行招募，认为"十室之邑，必有忠信；堂堂全浙，岂无材勇？诚得浙士三千，亲行训练，比及三年，足堪御敌。"但是他的练兵建议并没有引起胡宗宪的重视。根据这一实际情况，戚继光决心要训练一支指挥自如能作战的部队。

嘉靖三十七年，义乌发生矿夫和乡团大规模械斗。浙江处州，是明代银矿丰富的地方，聚居大批农民出身的矿夫。义乌县南的保山富于银矿，这一年，处州的矿夫流徙到保山开矿，和义乌势家大族陈大成为首的乡团发生武装冲突。械斗进行了三次，规模越来越大，所聚人员各有数千人之多。双方伤亡的人更是不计其数。戚继光从这场械斗中看到，即使乡团作战也比官军勇猛，他提出要到义乌招募农民和矿夫为新兵，加以训练，让他们把自相火并的力量用到消灭倭寇的斗争中去。正在这时，义乌县令赵大河也上书要求戚继光亲自到义乌招集争斗双方的农民和矿夫参军，以抗击倭寇。这个建议正好和戚继光的想法一样。于是，戚继光决心亲自到义乌招募新兵。消息一传开，议论纷纷，不少人认为乡团和矿夫都是"罪人"，招募"罪人"参军无异于"病狂丧心"。但是，当时抗倭名将台州知府谭纶却支持戚继光的设想。后来戚继光在一首《蓟门述》的诗里透露了这件事："檄募婺越士，知交苦相留。当日主此盟，惟有谭郡侯。"

戚继光于第二年，即嘉靖三十八年到义乌募兵。但是，募兵也不顺利，他贴了一份题为《谕以君父水土之恩》的布告，号召农民、矿夫丢掉前隙，共同起来保卫家乡，抗御倭寇。但是布告贴出之后，并没有人响应来应募。后来了解，双方的头目和农民、矿夫都在观望。戚继光一面向他们说明在这里募兵的原委，一面晓以民族大义。其实，不论是乡团首领陈大成还是矿夫首领王如龙都不存心和戚继光为难，他们历来对这位抗倭将领，抱有敬佩之心。所以，听戚继光陈明募兵原委以后，陈大成和王如龙都各自率领乡亲和矿夫前去应募,两支相为仇敌的队伍都成为戚家军的骨干,为抗倭事业作了杰出的贡献。

戚继光从应募的人员中挑选了四千多名,带回绍兴,经过两个月的严格训练,建立了一支军纪、法度比较熟练的部队。建军应以卫民为目的,戚继光首先教育新战士,建立这支队伍是为了保卫家乡的安全。他对新战士说:"沿海卫所初建置,本以保障民生,捍卫地方。故民出膏脂以供馈饷,今积承平二百年来,一旦被有倭患,其民社供馈军饷且如旧矣,而军不惟不能保民,无益内地,且每事急,又请民兵以为伊城守,是供军者民也,杀贼者又民也,保民者民也,保军者又民也。"军队不能保民,反要民来保护军队,这种事体颠倒,说明军队的腐败。因此,新成立的戚家军,就必须是一支能杀贼保民的军队。他指出:"兵是用来杀贼的,贼是要杀老百姓的,百姓们当然希望你们勇敢杀贼。如果你们既能杀贼又守军法,不扰害百姓,百姓怎能不奉承你们呢?"

纪律和武艺教育并重是戚继光的练兵思想。纪律训练的目的在于克服农民、矿夫原来的自由散漫思想,用严明的纪律把他们组织起来,使他们能服从命令,听从指挥,不损害百姓的利益,而武艺的训练,是让士兵掌握杀敌的本领。他曾经启发部下,武艺训练,并不是"应官差的公事",而是立功、杀贼、救命的"本身上的贴骨的勾当"。但是,如果你武艺不高,不如敌人,那么,贼"决杀了你"。这种浅显的说教,是很有说服力的。戚继光训练士兵的另一个思想,是军官以身作则,他认为军官凡事要身先士卒,但这不仅是指临阵作战时要身先士卒,即平时训练时也要身先士卒。只有军官带头,士兵才能奋勇作战。

戚继光除了对士兵进行纪律和武艺的训练之外。还根据和倭寇作战的特点,如作战大多在数泽之处,不能像在北方旱地一样。所以,他对原来明代的兵制进行了改造。按明军制:每五人为伍,设伍长一人;每二十五人为甲,设甲长一人;每一百二十五人为队,设队长一人;每六百二十五人为哨,设一哨总和左右哨长。这种队列不利于在江南水乡作战。戚继光根据实际情况对这种阵列进行改革,创造了有利于江南水乡作战的鸳鸯阵。鸳鸯阵的基本阵法是以十二人为一队,最前面的一人是队长,次两人持牌,一持长牌,一持圆牌。长牌圆牌面积大,可防敌人的倭刀、重矢、并掩护后面的队伍继续前进。其他九人的配备是这样的:再次两人持狼筅(用竹做的一种武器),再次四人持长枪,再次二人持短兵器,最后一人为火兵即炊事兵。这个阵法在作战时"二牌并列,狼筅各跟一牌,长枪每二支,各分管一牌一笔。短兵防长枪进的老了,即便杀上。笔以救牌,长枪救笔,短兵救长枪"。这种阵法,不但行动灵活,并有较大的杀伤力。鸳鸯阵队列的根据,是按士兵的体质不同,编成一个战斗小组。如力气大有胆识的可以持牌,身体健壮的可以持狼笔,按士兵各自的特长,持不同的兵器,这样可以充分发挥士兵的战斗力。这种阵法,还可以因时变化,一队可以分成两队,叫两仪阵,人分成两队,兵器也随人各分成两队。还可以由两仪阵再变成"三才阵",队长居中,两边配以两狼笔、两短兵,左右两翼各有一牌、二长枪。这样一个队列,就是把纵队变化成横队,十二个人同时在一条战线上展开。

鸳鸯阵后又配上鸟铳手、弓弩手、火箭手,组成步兵大营,下分前、后、左、中、右五营,如遇敌人的大部队,前营正面出击,左右两营由两侧配合,中营居中指挥,后营是预备部队,或作伏兵,或作支援、策应。

经过上面的训练和改革,纪律好,素质高,且熟悉作战阵法,战斗力很强的戚家军便产生了。根据形势需要,戚继光除了训练陆师之外,又亲自督造战船,建立水师。到嘉靖四十年他督造战船达到四十多艘,建成一支素质很好的水师。

四、平息浙江倭寇

嘉靖四十年五月,倭寇一万余人,大举侵掠浙东沿海的台州府属的圻头、桃渚,以及温州海边等地,一面准备进攻台州,一面以主力进攻宁海。戚继光闻警即以一部分兵力镇守台州,然后亲率主力赶到宁海。戚继光的新兵很有朝气,兵行迅速。主力部队到达宁海时,正在桃渚焚掠的倭寇被扼住去路。戚军迫使敌人在龙山地方进行一场决战,大败倭寇,倭寇残敌逃到雁门岭,戚继光乘胜追击。雁门岭在温州西面,地势险要。五年前倭寇曾经在这个地方击败明军,这次他们仍然抄袭旧谱,凭险而守,和戚家军对峙,希望寻机反击。戚继光的部队不但训练有素,而且士气高涨,经过一场激烈的战斗,终于攻下了雁南岭。但是,正在这时,另一支倭寇却乘戚继光主力进攻雁门岭之际,去进攻台州府城,当时台州守军不多,且城墙不固,处境危急。戚继光闻报后,立即挥军来救台州。戚家军一到台州城下,先是用火器进攻敌阵,接着以大队人马进击。戚继光亲临火线激励士卒,宣布如能杀倭巨魁者,给予重赏。矿夫出身的战士朱珏,奋勇当先,持铳直冲向前,杀死了倭首及倭寇多人。其他战士一见,也奋勇冲上。倭寇诡计多端,就将抢劫来的金银故意散落地上,想引诱戚军前去拣拾,然后杀回马枪。但是,戚军纪律严明,任何人都不在战斗中抢掠银两,总是等战斗结束后再平分战利品,使倭寇白费了心机。戚家军愈战愈强,奋勇冲杀,倭寇溃不成军,陈大成、王如龙等乘胜追杀到瓜陵江,悉数歼灭这股倭寇。

在这场战斗中戚军士气高昂,指挥机动灵活。敌兵在战败时,突然改变阵容,以左哨敌戚家军右哨,以右哨敌戚家军左哨。戚家军也旗鼓突变,伏兵配合正兵一齐杀出,敌军措手不及,遂大败。同时,戚家军兵行迅速,出击时火兵刚开始做饭,全胜收兵之后,饭才刚刚做熟。这一战,获倭寇首级三百零八级,生擒巨魁两人,其余倭寇悉数淹死江中。戚军损失很少,只有哨长陈文清和两名战士阵亡。

当时倭寇在浙江很猖獗,戚家军消灭这股倭寇之后的第四天,又一股倭寇从圻头来袭击台州,屯扎在城东的大田。戚继光认为这是消灭倭寇的好机会,立即集合部队,进行了认真部署。其时,戚家军三千余人,一半以上留在卫所,随时作为机动的只有一千五百人。戚继光率领这些部队进击大田的倭寇。但倭寇坚壁不出,又逢大雨,未能交锋。后来,倭寇看到台州有备,加上另一支倭寇刚刚在台州被歼,不敢轻举妄动再去进攻台州,便于戚军到达后的第三天,抄小路走仙居,准备进攻处州。戚继光预料倭寇一定取道上峰岭,便派一支部队在上峰岭设伏,然后派一支小部队尾随倭寇。戚继光为避免伏兵暴露,令士兵每人手执松枝一束,遮蔽身体。倭寇头目首先登上上峰岭,见四面尽是苍松,不见有兵,便下令过岭。等到倭寇队伍过去一半,炮声一响,戚军奋勇进击。戚继光令陈大成为前锋,正面进攻,王如龙、陈子銮为左右翼,拼命冲杀,铳声、喊杀声震撼山谷。倭寇措手不及,恐慌万状,死伤不计其数。有一部分倭寇见势不妙,逃上一座小山顽抗。敌人掌握了制高点,戚继光认为如果拼命冲上去,也能消灭敌人,但损失要大些。于是,他把一面白旗竖在山下,然后命令部下向山上的敌人喊话,说明凡是被胁从的中国百姓,只要空手投奔旗下,即可免杀,悉数放回家乡。话音一下,投奔到白旗下的即达数百人。剩下的倭寇见势不妙,又逃往上界岭。戚家军一鼓作气,冲了上去,倭寇抵挡不住,狼狈逃命,摔死摔伤大半。余下少数的倭寇逃到山下,藏在百姓家。当地百姓协助戚家军,群起而攻之,顷刻之间,把这些倭寇也悉数消灭了。

经过这几次战斗,倭寇在浙江的主力基本上被歼灭,被杀死及摔死、溺水而死的达五六千人之多,其余倭寇闻风丧胆,纷纷逃散。戚家军胜利返回台州,台州人民出城欢迎,人群队伍长达二十多里,欢声雷动,共颂戚家军卫国保民,功绩无边。

　　台州战役之后，浙东倭患大大减轻。是年九月，一股倭寇进犯温州，被总兵卢镗击败。第二年五月，又有一股倭寇进犯台州、温州，也被戚继光部消灭。至此，浙东倭患即告平息。

　　台州战役之后，戚继光因军功晋升为都指挥使。根据海防需要，他又在义乌招募两千人，把戚家军扩大到六千人左右。在这前后，即嘉靖三十九年至四十年之间，他完成了重要的军事著作《纪效新书》，这是他统军以来，尤其是和倭寇斗争以来的经验总结，对练兵的一套方法及阵列都作了详细记述。他对那些不重视学习古代兵法，或者不重视对具体条件进行具体分析和部署的人很瞧不起。他对孙子兵法非常重视，在《纪效新书》的"自序"里写道："数年间，予承乏浙东，乃知孙吴之法，纲领精微莫加矣，第于下手详细节目，则无一及焉。犹禅家所谓上乘之教也，下学者何由以措？于是集所练士卒条目，自选眇敏民丁，以至号令、战法、行营、武艺、守哨、水战，一一择其实用有效者分别教练，先后次第，各为一卷，以诲之三军，俾习焉。"可知他写《纪效新书》是受孙子兵法的影响，吸收其中有益的精华部分，同时又根据新的历史条件和兵器的变化而有所创造发展。这本军事著作之所以取名《纪效新书》，作者在"自序"作了这样交代："夫曰'纪效'，明非口耳空言，曰'新书'，所以明其出于法而不泥于法，合时措之宜也。"《纪效新书》共十八卷，其中四卷是台州战役后，根据实战经验补进去的。还有一篇《纪效或问》和两篇文章《任临观请创立兵营公移》《新任台金严请任事公移》，放在卷首。《纪效新书》是一部重要的军事著作，对后人影响颇深。太平天国名将李秀成攻取杭州后，桌上就放着《纪效新书》。

五、两度入闽剿倭

　　戚继光在浙江大败倭寇时，一部分倭寇为避戚家军兵锋逃往福建，加上浙江总督胡宗宪急于平息浙东倭患，不让戚家军追击逃亡的倭寇。于是，浙东倭患平息之后，福建倭患又猖獗起来，嘉靖三十七年倭寇攻陷福清，第二年攻陷福安、福宁。嘉靖四十年，攻陷永宁。在宁德县城外的海中有个横屿岛，倭寇在此扎营，作为大本营。福建沿海，"自福宁至漳泉，千里尽贼窟"。福建的明军，惧怕倭寇，不敢进剿。倭寇越来越多，兴化城外也扎有倭寇，四处抢掠，为害极大。福建巡抚只好向明廷告急，明廷令浙江派兵援闽，胡宗宪即调戚继光到福建剿倭。

　　嘉靖四十一年七月，戚继光率所部六千人由温州起航到平阳，又从平阳间道入闽。戚继光到福建后,通过对倭寇在福建的分布以及大本营所在地横屿进行分析,制定了剿倭战略:先破横屿,乘胜破福清的牛田,最后再歼灭兴化的倭寇。横屿四面是海,离岸十多里,和大陆之间隔着浅滩,潮来成海,潮退成泥。水师进击怕搁浅,陆师进剿难行泥路。戚继光首先进攻横屿对面的张湾,对敌人进行分化瓦解。许多胁从的倭寇,听说戚家军要来进剿,几天之内就有一千多人投诚。戚继光攻下张湾之后,就挥师进击横屿岛。八月初八这一天,潮水早落午涨。戚继光大清早就命令士兵,每人带好草束,在海滩行军时将草束铺在泥滩上,匍匐前进。尽管倭寇在这个岛上已盘踞三年,营垒坚固,戒备又极森严。但是,倭寇还是对戚家军的骁勇善战估计不足,他们以为戚军进剿只能在水涨时用水师来攻,没有想到戚继光却用陆师来攻岛。一见戚家军抢渡滩涂,他们连忙摆开阵势,企图顽抗。但戚家军一登陆,戚继光即命令士卒进击敌营,以部将吴惟忠攻打木城,陈大成包抄敌营背后。战斗正在激烈进行之际,王如龙又从对岸来援,于是戚军声势大振。王惟忠一马当先攻克木城,顿时火光四起,硝烟弥漫。戚军各队见吴惟忠攻破木城,对各个据点发动总攻,战斗进行了三个小时,共斩敌人首级三百余级,残寇向海上逃命,落水淹死者六百余人,戚军解救被掳男妇八百余人。戚家军入闽首战告捷。第二天,戚继光率领部将凯旋回宁德休整。几天之后已是中秋佳节,戚继光和他的部下共度中秋节。他写了一首祝捷歌让战士们咏吟,歌词是这样写的:

> 万众一心兮,泰山可撼,
> 唯忠与义兮,气冲斗牛!
> 主将亲我兮,胜如父母;
> 干犯军法兮,身不自由;
> 号令明兮,赏罚信,
> 赴水火兮,敢迟留?
> 上报天子兮,下救黔首,
> 杀尽倭奴兮,觅个封侯!

中秋节的第二天,戚家军便向南开拔。十天之后,大军到达福清。当时福清城外的杞店、西林、木岭、新塘等地,以牛田为中心,倭营星罗棋布,连营三十余里。其中尤以牛田倭寇最多,此地离县城三十里,离海很近,便于进守。戚继光为打好这一战,他把原来驻扎在福清的明军将领邀集在一起,要他们共同歃血为誓,誓词是"凡不同心戮力,恃势争级取财与观望妒忌者,有如此血"。接着,戚继光进行军事部署,决定在第二天晚上采取军事行动,进剿牛田倭寇大营。戚继光知道有不少倭寇奸细在探听戚军虚实,就故意声言:"我兵远来,须养锐待时而动,非朝暮可计也。"倭寇信以为真,没有防备。当天晚上,戚家军从锦屏山出发,直奔杞店,杀死哨兵之后,把总王如龙奉命组织勇士朱珏等人越墙而入,打开寨门,然后四周放火,士兵奋力冲击。杞店倭寇没有准备,顷刻瓦解,除一小部分逃跑之外,其余全部被歼。偷袭成功之后,戚继光把队伍撤回锦屏山休息,这时有探子来报,说发现一队倭寇朝锦屏山开来。戚继光认为这是倭寇前来偷营,便将计就计,不动声色地把部队撤出营地,在空营周围埋伏弓箭手、鸟铳手。五更时刻,七百多倭寇果然前来偷营,他们看到戚营毫无动静,以为得手,迅步进入了伏击圈。于是,号声一响,弓箭、鸟铳齐发。一阵射击之后,伏兵奋起冲击。当倭寇知道中了埋伏时,已被戚军掩杀过来,七百多倭寇死的死,降的降,全部被消灭。

戚家军乘胜直捣牛田,把总王如龙居中猛攻,接连打破牛田、上薛、闻读等地。这时戴冲霄带领的由仓下进剿的一路明军也赶到了,两军夹攻,倭寇一败而不可收,戚军一直追到新塘。由于另一路扼守田原岭的明军防备不周,西林、木岭的一部分倭寇乘势窜逃到兴化。不过,这一战胜利是巨大的,几千名胁从分子(大多是沿海的中国海盗)投诚,六百多名倭寇被杀,救回被掳男妇近一千人。经过这次战斗,福清境内的倭寇基本肃清。戚继光率领部队凯旋回归福清城,福建巡抚游震得亲自带领百姓出城欢迎,沿途锣鼓喧天。戚家军抬着战利品,浩浩荡荡地进入福清县城。福清人民对戚继光感恩戴德,文人学士纷纷作诗写文颂扬戚家军。戚继光的威名和业绩,从此在福建广泛传布。

戚继光在福清并没有停留过多的时间。他善于捕捉战机,乘胜进剿。在牛田战役之后,他挥师南下,进剿兴化倭寇。当时兴化倭寇主要盘踞在林墩。九月中旬,戚家军偃旗息鼓,从间道进入兴化府城。当天晚上,戚军就对林墩之敌采取行动。夜深,当第一道铃声响时,士兵们立即整装吃饭,当第二遍铃声响时,士兵已经聚集到武场上。他们轻装衔枚出城,向林墩进发。由于引路的向导通敌,把队伍引到西洪。由西洪到林墩,溪水纵横,尽是迂回小路,戚家军拂晓才至林墩。战斗开始后,倭寇尽管事先没有思想准备,却利用有利地形,进行顽抗。戚家军初攻不利,前哨官和几个战士当即牺牲。一部分倭寇利用熟悉地形绕道到戚军阵后,前后夹击。戚家军被打个措手不及，后队数百人阵势动摇，纷纷退却。戚继光见状不妙，亲自堵住路口，杀掉退缩哨长刘武等十四人，士兵才又重新振作起来，奋力反击。经过一场短兵相接的肉搏战，敌人招架不住，开始溃退。戚军乘胜冲杀，倭寇四散奔逃，被杀九百多人，一千多人落水淹死。当戚家军鸣金收兵时，天才刚亮。兴化百姓得知林墩倭寇已被剿灭，欢欣鼓舞，杀牛载酒，出城十余里迎接戚军，准备隆重犒赏剿倭将士。但戚继光却谢绝了，他说："士卒伤亡，我何忍受贺！"于是他身穿素服哭祭阵亡士卒，慰问阵亡士卒的家属。

戚家军入闽两个月，先后进行了横屿、牛田、林墩三个战役，给倭寇以沉重打击。十一月间，戚家军从福建班师回浙。这时严嵩已被罢官，浙督胡宗宪也被弹劾罢职。戚继光因军功被提升为副总兵，分守温、台、福（州）、兴、福（宁）等处。

福建的倭寇知道戚继光回浙，竞相庆贺说："戚老虎去，吾又何惧！"他们重新集结，分四路进犯宁德、兴化、同安、南安、诏安等地，福建沿海又一次受到倭寇荼毒。嘉靖四十一年冬，倭寇六千多人攻入兴化府城，占领两个月，奸淫烧杀，抢掠财物，无恶不作。自倭寇侵扰以来，攻陷府城还是第一次，明廷震动，任命抗倭名将俞大猷任福建总兵，调戚继光所部入闽会剿倭寇。为补充兵源，戚继光又从义乌一带招募一部分新兵，边行军边训练。嘉靖四十二年二月，兴化的倭寇退出，驻扎在平海卫。新任福建总兵俞大猷，先于戚继光到达兴化，并和广东总兵刘显所部会合。俞大猷驻秀山，刘显驻明山，虽然离平海卫只有三四里路，但却不敢轻易进剿平海卫，专等戚军到来。五月十日，戚继光率兵来到兴化府东南的东亭，立即和俞大猷、刘显取得联系，十一日，福建巡抚谭纶也来到渚林，和戚、俞、刘共同安排作战计划，决定第二天发兵进剿，以戚家军为中路军，对敌人作正面进攻，刘显为左翼，俞大猷为右翼，分头进击。十二日深夜，戚继光命哨总胡守仁为前锋，自己督后，士兵在月光下衔枚前进，一直到黎明才开战。明军三路顺利合围，戚家军奋勇直前，进攻倭营；倭寇大队分道拥出，仓皇应战。戚军用火器射击，敌军战马受惊，到处乱窜，戚军奋勇掩杀，双方展开恶斗。俞、刘所部乘势进击，三路明军大破倭寇，攻下平海卫。残余的倭寇逃到许家大巢，明军把敌巢重重包围起来，采用火攻，倭寇或被烧死，或被杀死，狼狈逃窜者也落水而死，少有逃生的。这是戚继光第二次入闽后取得的第一次大胜利。

虽然遭到戚继光的围剿，但是倭寇在福建仍然有相当势力，加上旧倭和新倭结合,又纠集了数万人,在福清、兴化、泉州、漳州等地登陆,一次更大的倭患在福建沿海漫延。戚家军分成数支和倭寇作战,虽然接连获捷,但由于战线长,兵力分散,加上士兵连续作战得不到休息,又闹痢疾,部队伤亡过半。戚继光要浙、赣、粤三个邻省派兵来援,各省出于地域观念,迟迟不肯发兵。在这种情况下,戚继光只好请求明廷给他以"统一浙福之责",并给他以"节制调度之权"。与此同时,谭纶也上书,希望明廷对戚继光委以重任。嘉靖四十二年冬,戚继光被任命为总兵,镇守福建全省和浙江金华、温州二府兵事。

戚继光任总兵后,倭寇两万多人正在围攻仙游。戚继光立即统兵来救,他担心福宁倭寇乘戚军救仙游之时,偷袭省城,又派兵一支北上配合监军汪道昆守福州城。经过严密的部署之后,便集中力量救援仙游。仙游被围一月多,守城明军同心协力,成功地挡住倭寇几次登城进攻。攻城的倭寇主要有四个大营,分扎在东、南、西、北四个城门之外。戚继光经过认真调查研究,决定先攻南巢,然后再扫荡西、北、东三巢。他以守备王如龙和代理守备胡守仁分别率中左路和中右两路军进剿南巢,其他三巢也都派了牵制之兵。嘉靖四十三年的一月九日,倭寇正用吕公车攻城,此车高出城墙一丈多,每车可容一百余人,攻城时用车上特备飞桥搭在城墙上,可以通过飞桥上城。战事正紧张,仙游城处在危急之中,明军从东、南两路及时赶到。王如龙所部中左路直冲南巢,倭寇只好暂停攻城,布阵迎战。中右路配合中左路,一起猛攻。倭寇大败入巢,明军奋勇冲入,举火焚巢,很快就将南巢攻破。残敌逃入东巢。戚继光命令中右军进攻东巢,士兵奋力进剿,攻破东巢。与此同时,进攻南巢的中左路已挥军进剿西巢,并力破之。这样四巢之中便只有北巢未破,戚继光命部队再接再厉,攻陷北巢。仙游之围全解。

这次战役以少胜多,指挥得当,筹计周密,可见戚继光的军事指挥才能。谭纶在上疏请赏仙游获捷之军时说,这个战役是"用寡击众,一呼而辄解重围;以正为奇,三战而悉收全捷"。他指出:"盖东南用兵以来,军威未有如此之震,军功未有如此之奇者。"对这个战役给予很高的评价。

仙游解围之后,戚继光即挥师到闽南,在同安、漳浦等地大败倭寇,福建境内倭患暂平。

六、蓟州守将

嘉靖四十五年，嘉靖皇帝朱厚熜去世，朱载坖继位，是为穆宗，改元隆庆。这时北方边患严重。在隆庆元年，俺答汗率鞑靼右翼进攻山西，而另一支鞑靼左翼则入寇蓟州。明朝政府决定调抗倭名将谭纶和戚继光镇守长城一线，以消弭边患。十二月，戚继光动身北上，在他戎马生涯中揭开了新的一页。戚继光年轻时曾经五年在这里戍守，对这个地带很熟悉。他知道调他来镇北，任务更重，但他还是下决心要干出一番大事业；他曾经对他的朋友汪道昆说过，如果明廷允许，他可仿照义乌招兵，在北方边疆各县训练十万新军，只要三年时间，就可以训练出一支车、骑、步都非常精锐的部队，然后出击塞外，给鞑靼军以沉重的打击。戚继光充满了信心，希望在北方做出一番轰轰烈烈的事业。正如抗倭名将俞大猷在《与戚南塘书》中所说的，戚继光来北方将"与千古之豪杰争品色"。

然而，事情并不那么顺利。戚继光到北京后，向朝廷上《清兵破虏四事疏》，希望明廷授权让他募兵和练兵。朝中的一些守旧老臣对戚继光的主张纷纷提出责难，甚至对他进行毁谤，结果他只被授以神机营副将，根本无从施展才干。第二年，由于蓟辽保定总督谭纶的极力推荐，明廷才任命戚继光节制蓟州、昌平、辽东、保定军务，权力相当于总督。他再次提出练兵计划，但仍未能实现，他只好在力所能及的范围内，采取一些加强边防的措施。首先，是在边墙修筑敌台。紧要地区数十步或一百步筑一台，较次要地区一百四五十步或两百步筑一台。台高一般三四丈，分为三层，中间虚空，四面有箭窗，上层有垛口。遇有敌人来攻，即举烽火报警。每个敌台可驻兵三至五十人，敌台下面还有驻屯军队，和台上守军互相配合。其次，在修筑敌台时，他又托老部下余杭参将胡守仁调募三千鸟铳手来蓟北听用，并加紧整顿哨所，进行练兵。

自戚继光来蓟州镇守以后，由于设备稳固，兵又精练，鞑靼没敢轻易来犯，形势比较平静。隆庆六年，征得明政府的同意，戚继光在汤泉举行一次大规模的军事检阅，兵部右侍郎汪道昆、蓟辽总督刘应节（谭纶此时已升兵部尚书）、顺天巡抚杨兆等官员都来观看，他们看到这次检阅行动迅速，战士"作战"勇敢，一切井井有条，都很满意。

万历元年，蒙古朵颜部酋长董狐狸和他的侄子长昂到明边墙附近骚扰，抢掠财物，被戚继光击败。三年后，长昂又和董狐狸逼长秃（董狐狸的弟弟)进攻明军阵地董家口关城,为戚继光所擒。为赎出长秃,董狐狸和长昂率部来降,经过谈判,双方重开互市,关系逐渐缓和下来。但是四年之后,即在万历七年,辽东的图们汗带兵四万进犯辽东镇,戚继光奉命率兵往援,在山海关外的狗儿河、石河墩和图门汗所部进行两次战斗,不但击败其部,还追赶数百里地才撤回蓟州。

戚继光在塞上的一多年间,除了勤于边事之外,并且根据他在北方练兵和对鞑靼作战的实践经验,写成一部新的军事著作《练兵实纪》。在戚继光镇守北方之前,北方的边事常不安宁,虽曾屡换大将,但一直没有能阻止鞑靼的骚扰。戚继光镇守蓟州一带之后,北部的边境才逐渐安定下来。戚继光因守边有功,官升至太子太保、左都督,在援辽东一战之后,又加封太子少保。经过几十年的戎马生活,这位饱经战场烽火的老将,已是鬓发苍苍。他回首往事,犹存难心未已的豪壮气概,但是看到自己年事已高,又不免感叹万千。他在一首《登盘山绝顶》中这样写道:

> 霜角一声草木衰,云头对起石门开;
> 朔风边酒不成醉,落叶归鸦无数来。
> 怅使雕戈销杀气,未妨白发老边才;
> 勒名峰上吾谁与? 故李将军舞剑台。

七、难以告慰的晚年

确实,正如有些著作里所说的,在明代的名将里,戚继光算是幸运的。在任其间,直接上司胡宗宪、谭纶、刘应节、梁梦龙等都很支持他,而朝中执政的徐阶、高拱、张居正也对他很信任。尽管戚继光还不能按照自己的愿望来施展抱负,但不论剿倭和镇北都作出了重要的成绩。可是到了晚年,他的生活历程却日渐坎坷。

万历七年,首辅大臣张居正去世。一些因循的朝臣在张居正任内受到贬抑,这时纷纷起来攻击张居正。有些居心叵测的人也借机攻击戚继光。此时,戚继光有一个部将叫杨四畏,企图取代戚继光的官职,便到处散布流言飞语。在这种情况下,有人上疏说戚继光"先在闽浙,战多克捷,今来蓟镇未效功能,乞改南,以便其材"。明廷就根据这种似是而非的理由,于万历十一年改派戚继光去镇守广东。这个调任,对一贯忠于职守的老将戚继光来说并不是什么意外,但毕竟是一个严重的打击。因为当时广东沿海倭乱已平,实无太多事情好干。但他只好从命,告别了共处十多年的蓟州父老军民。

在到广东就任的途中,戚继光回到阔别多年的老家。对故乡的眷恋和对前程的忧虑,使得这位老英雄萌发了退居林泉的念头。这时,他写下了这样的诗句:"日月不知双鬓改,乾坤尚许留此身;从今复起乡关梦,一片云飞天际头。"(《放舟蓬莱阁下》)这年夏天,戚继光来到广东。广东局势比较平静,倭寇早已不敢大举进犯,他实在是没有多少事情可做。万历十三年春,因为久劳成疾,肺病复发,他再度上书请退,明政府终于批准了他的要求。

戚继光抱着一种"兔死狗烹,鸟尽弓藏"的心情回到了故乡。他的心情很不好,有时也发发牢骚。在最后的年月,他只好用修立家庙、整理公文函牍、捐修蓬莱阁这些琐事,来排遣自己的寂寞。万历十五年,戚继光病死于老家,这位驰骋南北,为明廷立下不朽战功的老将,就这样默默地离开人世。明朝政府疏远他,但在他征战过的地方,百姓却为他立庙祭祀,世代怀念他。

戚继光一生中重要的军事著作《纪效新书》和《练兵实纪》是明代的重要军事著作,而他自己的诗著则收集在《止止堂集》中,这些著作都成为中华民族重要历史遗产的一个部分,也是研究戚继光的重要资料。

抗清名将——袁崇焕

在广西省东部,有个美丽的藤县,滔滔东去的西江与自北而下的蒙江在这里汇合。从县城溯清澈的蒙江而上几十里,就到了太平乡的白马圩。在这里,四百年前诞生了一位叱咤于明末辽东战场的民族英雄、杰出的军事家——袁崇焕。

一、初露锋芒

袁崇焕,生于明万历十二年,卒于崇祯三年,字自如,又字元素,祖籍广东东莞县。祖父袁西堂经商西迁,定居于蒙江岸边的白马圩。父亲袁子鹏,生三子,长崇灿,次崇焕,季崇煜。袁崇焕自幼勤奋学习,好谈兵事。他生就一副热心肠,喜欢结交朋友。十四岁时应藤县试,补弟子员。万历三十四年,他赴乡试来到桂林,在瞻仰独秀山雄姿时,曾吟诗曰:

> 玉笋瑶簪里,兹山独出群。
> 南天撑一柱,其上有青云。

此时,他即有作"南天一柱"、报效国家的青云之志。

在袁崇焕生活的明朝末年,国事确有可虞。世代繁衍生息在辽东苏克素浒河流域的建州女真部,在努尔哈赤的领导下正在崛起。努尔哈赤是女真首领猛哥帖木儿的后裔,其祖、父都为明辽东总兵李成梁所杀。努尔哈赤为了洗雪杀祖戕父之仇,反抗明王朝分而治之的民族压迫政策,于万历十一年,以"遗甲十三副"起兵,攻打明廷扶植的建州女真苏克素浒部的首领尼堪外兰。继而挥戈董鄂部、浑河部、哲陈部、完颜部,到万历十六年(1588 年),斩杀了世仇尼堪外兰,完成了建州女真的统一,称王于费阿拉。

接着,努尔哈赤挥师哈达、辉发、乌拉、叶赫诸部,于万历四十七年(1619 年)统一了海西女真,并以"征抚并用,以抚为主"的政策收服了"野人"女真。至此,努尔哈赤统一了生活在东北广袤地域上的女真民族,使女真族摆脱了分裂割据相互倾轧的局面。

努尔哈赤不仅是杰出的军事家,同时又是一位杰出的政治家。他创建了八旗制度,使原来各自为政、松散如沙的女真各部,形成有严密组织、兵民合一、军政合一的整体,极大地增强了战斗力。他还主持创制老满文,发展生产,立法治民,倡行喇嘛教……仅仅三十年,女真民族从分散、落后的奴隶制社会迅速迈进到封建社会,成为能与明王朝抗衡逐鹿的一支强大的力量。万历四十四年,努尔哈赤称汗于赫图阿拉,建元天命,国号曰金,即史称的"后金"。

貌似庞大的明王朝却无可挽救地一天天衰败了下去。最高统治者神宗朱翊钧,在位长达四十八年,成为明代在位最久的君主。然而他的荒怠,他的贪婪,也开创了历史的纪录。努尔哈赤自觉羽翼业已丰满,将八旗锋芒指向明王朝。四月十三日,他以"七大恨"告天,誓师起兵,接连轻取抚顺、清河,首战告捷。

从万历二十年起,神宗就不理朝政,不祭郊庙。朝臣空缺面未补,内阁只有叶向高一人,六卿中赵焕兼领吏、兵二部。都察院长达八年无正官,十三道皆以一人领数职。在外巡、按常任职十余年而无人替换,郡守空缺达十分之三。万历四十七年,边警告急,大学士方从哲率群臣伏文华门外,请皇上阅视奏章,增兵发饷,终不被理睬。两个月后,方从哲再求神宗召见廷臣,面商战守方略。吏部尚书赵焕又率诸臣伏文华门,坚请皇上临朝议政,可是又白白地等了一整天。赵焕气愤地上疏说:"有朝一日敌人铁骑临郊,陛下能藏在深宫里,称病退敌吗?"

国家大事可以一二十年不闻不问,搜刮挥霍民脂民膏却一日不曾停止过。万历二十四年始兴矿税,太监陈增、梁永、陈奉、高淮等穷凶极恶、横征暴敛,杀人莫敢问,天下生灵涂炭。各地灾祸频仍,而京师兴修不止。神宗之爱子常洵封于洛阳称福王,其婚费即达三十万,营建洛阳邸第又二十八万,十倍于常制。这已经侵占了九边军饷。神宗更提出福王就藩需庄田二十万顷,中州沃土不够,以山东、湖广补足,同时又赐以四川盐榷茶银及淮盐一千三百引,进一步鲸吞了国家岁入,边饷自此更是日绌一日。因此,万历四十六年(1618年)至四十八年连续加派天下田赋,称之为"辽饷",共增九厘,总计白银五百二十万,百姓卖儿鬻女,怨声载道。

天子荒怠贪婪,群臣文嬉武恬,辽东边防更是千疮百孔,兵不练,饷不核。自丧失抚顺、清河之后,明廷调集四方大兵,以兵部侍郎杨镐为辽东经略，以总兵刘挺、李如柏、杜松、马林分东南西北四路，领兵二十万，加之叶赫、朝鲜援军数万，号称四十七万。明军于万历四十七年（1619年）二月誓师辽阳，企图合围赫图阿拉，犁庭扫穴，彻底摧毁后金势力。然而明军兵力分散，人生地疏，各路将领中杜松轻敌冒进，马林临阵先逃，刘挺误中埋伏，李如柏闻风鼠窜，数十万大军仅仅一个月间便丢盔卸甲，一败涂地。萨尔浒战役充分暴露了明军的腐败，也给明朝一切有识之士敲响了警钟。

就在这一年，三十五岁的袁崇焕第二次进京会试，考中进士第三甲第四十名。袁崇焕踌躇满志，兴奋地赋诗曰：

战罢文场笔阵收，客途不觉遇中秋。

月明银汉三千里，歌碎金风十二楼。

竹叶喜添豪士志，桂花香插少年头。

嫦娥必定知人意，不钥蟾宫任我游。

踏入仕途的袁崇焕最初在工部任职，不久便授福建省邵武县知县。他为官清廉，明于决案，尽心民事，申雪冤屈。有一次发生火灾，他亲自上房救火，矫捷有力，如履平地，受到百姓的尊敬和爱戴。

东北边防连接告紧，袁崇焕身在南国，也不得不忧。他结识了一些曾经卫戍过辽东的老校退卒，日日和他们谈论塞上的地理、人情。他自认为有领兵打仗的才能，向往着有朝一日投笔从戎，立功于千里之外。

万历四十八年七月，明神宗崩，短命的光宗才做了一个月皇帝也死了，年幼的朱由校被扶上皇位，称为熹宗，改元天启。后金努尔哈赤趁明朝易主之隙，连连发动攻势。天启元年三月，迭克名城沈阳、辽阳，经略袁应泰自焚而死。第二年正月，又破西平，取广宁，辽抚王化贞落荒而走，与经略熊廷弼一起撤入山海关。自此关外尽失，明廷朝野惶惶。

这时，袁崇焕正在京城覆行例行的官吏考核，成绩优等。御史侯恂慧眼识英雄，上疏说："广宁不守则山海关震撼，山海关不固则京师动摇。现在保卫山海关，就是保卫京师的门户，戡祸定乱必须借助于谋臣猛将。目前在京朝觐的邵武知县袁崇焕，英风伟略，不妨破格留用。"于是袁崇焕被授予兵部职方司主事。这一年他正值三十八岁。

二、监军关外

　　然而一心渴望着立功封疆的袁崇焕,对兵部这一远离前线的职务仍觉不合心意。上任不久,他未经请示上司,又没告诉家人,即单骑出阅关内外,察看地理人情。回京后,便声言:"只要给我军马钱粮,我一人就能扼守山海关!"在明军连告败绩,官吏们谈虎色变,榆关唯恐难保的时刻,袁崇焕的这番言行确实需要有非凡的胆识和勇气。但是他过于自信,有时言过其实,这也是他一个很大的弱点。

　　天启二年二月,兵部给事中蔡思允上疏曰:"山海一关,只有残兵五万,皆敝衣垢面,一带城垣,低薄塌圮。溃卒、难民聚集此如斗之城,互煽互惊,立见乌合兽散之势。"为了整顿榆关防务,他说:"访得原任辽东兵备阎鸣泰、新升兵部主事袁崇焕,皆饶有才略,宜勒令分任榆关。"圣旨一下,于是袁崇焕升任山东按察司佥事、山海监军。

　　从偏僻八闽之区的七品知县,未经两个月,即升为五品佥事,这一提拔确属破格,但更令袁崇焕兴奋的是,他那马革裹尸、燕然勒名的壮志能够得以实现了。他在《擢佥事监军奏方略疏》中,对朝廷保证道:"誓不以身蒙速进之耻","不但巩固山海,即已失之封疆,行将复之"。他自诩说:"谋定而战,臣有微长也。"

　　辞朝出关之前,袁崇焕谒见了前辽东经略熊廷弼。熊廷弼在万历三十六年曾巡按辽东,杨镐丧师后又出任经略。他有胆知兵,主张防边以守为上。他督军士们修造战车,练治火器,浚濠缮城,分置士马,祭死恤伤,曾使战局一度转危为安,深受辽民爱戴。但由于逆党弹劾,于天启元年罢去。袁应泰失沈阳后,熊廷弼再任经略,又因手握重兵的辽抚王化贞不听调度,先是贸然出击而后仓皇逃窜,以致尽失关外土地。这时熊廷弼正在京师听候处置。袁崇焕特意登门求教,熊廷弼问道:"操何策以往?"袁崇焕回答:"主守而后战。"二人不谋而合,熊廷弼很高兴,将从辽东到宣府一带的关壑隘口画成地图,标明戍守重点及注意事项。二人斟酌商讨战守机宜,谈得十分投机,直至日暮才散。

　　继熊廷弼之后任辽东经略的是原兵部侍郎王在晋。袁崇焕一出关就烧了三把火,公开申明:我不惜命,深得王在晋的倚重。第一把火:由于军令不严,一部分兵士酝酿结阵而逃,王在晋令袁崇焕查问,他亲自追截,立斩数人乃定。第二把火:当时明军仅驻榆关,前屯城郭不完,居舍未备,粮糗告绌,甲仗全无,十分艰难。王在晋令袁崇焕赴前屯安置辽之难民。他夜行荆棘虎豹中;四更入城,将士莫不壮其胆。他还主动要求领兵镇守前屯卫。第三把火:天启二年八月,蒙古察哈尔部首领就款,阎鸣泰与袁崇焕受命出关歃盟,出色地完成了任务。王在晋对他的评价是:"胆魄称雄","志力并矫",且"澡涤之襟","光明之心","迥迥逸群","职心重之爱之"。

但是,袁崇焕对于王在晋这位只求守关、不图恢复的上级却十分不以为然,在两件事上与王在晋公开争执起来。

其一是援救十三山难民。自明军广宁溃败,后金大掠辽西,奸淫烧杀,义州人民奋起反抗,义侠杨三、毕麻子聚众数万于十三山,虽遭围困,但誓不投降。他们多次派人到关内求援,而王在晋却对这些请求置若罔闻。王在晋的态度引起了袁崇焕的不满,他要求带兵五千,出成榆关以东二百里之宁远城,策应十三山义民,进而派兵援救。王在晋终不理睬,十三山遂陷,逃归者仅六千余人。

其二是议筑关外重镇。当时熊廷弼、王化贞撤兵入关,后金并未尾随,关外唯有蒙古部驻牧。诸将遂议关外筑一重镇,以护关门。王在晋胆小腼缩,欲定此镇于距关门仅八里远之八里铺,并得到逃将邢慎言等人的支持。袁崇焕等人坚决反对,提出应筑城宁远。王在晋不听,袁崇焕等即接连两次报告当时的首辅叶向高。叶向高闻后说:"这不能凭想当然作决定。"这时同为阁臣的孙承宗便要求出关阅视,相机而行。

孙承宗,字稚绳,万历三十二年考中进士。天启初曾充当熹宗的讲官。广宁溃败后,擢为兵部尚书兼东阁大学士。孙承宗亲自勘察了关外的山川关隘,支持了袁崇焕等人的主张,驳斥了筑镇八里铺的种种理由。他回朝后力奏王在晋不足任,并自请出关督师。天启二年八月,熹宗命孙承宗督理山海关及蓟、辽等处军务。于是便开创了辽西战线的大好局面。

孙承宗清正廉洁,满腹韬略,他在任督师的四年里,大刀阔斧地整顿了关外防务。他汰冗兵逃将,招募辽人操练为兵,广开屯种,减少天下转运之苦;营筑宁远,节节东进收复失地。后金蛰伏不敢贸然西向。这期间孙承宗一方面放手使用袁崇焕,常委以重任,使其聪明才智得到了充分的发挥,一方面又常常帮助指导他。用孙承宗的话来说就是:"崇焕英发贴实,绰有担当","臣取其志,尚欲练其气"。

天启三年九月,孙承宗命袁崇焕偕满桂前往宁远,督促祖大寿筑城。宁远(即今兴城县)距关二百里,进可攻退可守,背靠首山,面临大海,中扼大路。觉华岛峙立海中,与之如左右腋,得展明军之用水,亦能充海路运输之中转,真是天设重关以护神京。守关不可不守宁远,东进不可不进宁远。袁崇焕着眼于百年大计,制定了筑城的规格:城高三丈二尺,雉高六尺,墙基宽三丈。苦心经营一年乃成,宁远遂成为辽西防线中坚。史载:袁崇焕勤于职守,誓与城共存亡,又善于团结将士,将士乐为其尽力,加上满桂的辅佐,宁远城百姓安居,商旅繁忙,远近视之为乐土。袁崇焕积极备战,他曾夸口说:"我在宁远,长安可高枕而卧也。"

这期间,袁崇焕结识了祖大寿。祖大寿世居辽东,系名将祖逖之后,十分勇悍。孙承宗决守宁远,先遣祖大寿筑城,他度明军未必有坚守之心,进展缓慢,质量低劣。孙承宗欲斩之,赖袁崇焕力救而免,遂成为袁崇焕最得力的心腹之一。

天启四年九月,袁崇焕偕同大将马世龙等率水陆马步军一万二千人东巡广宁。这是明军经过两年操练,业已众志成城的一次战略行动,虽然未与后金合马交锋,但锻炼了胆志,摸清了大凌河、三岔河(今辽河)以及海州(今海城)、盖州(今盖县)一带的水陆机宜、兵马虚实,为恢复辽西乃至辽东失地作了准备。东巡期间,袁崇焕建议重建锦州、右屯诸防卫。翌年夏,孙承宗接受了他的主张,派兵遣将分赴锦州、右屯及大小凌河诸战略要地,修缮城郭,练兵屯粮。于是明军的边防从宁远又向前推进了二百里,天启初年的失地已尽数恢复。

然而这时的明廷内部,以魏忠贤为首的阉党与东林党之间的矛盾空前激化了。熹宗热衷于引绳削墨,做木匠活,大权旁落于魏忠贤。魏忠贤等的倒行逆施激起了东林党一派正直官吏的不满。天启四年九月,左副都御史杨涟首劾魏二十四大罪,左光斗等东林志士群起响应,而魏忠贤等阉党横行宫闱,炙手可热,他们大兴党狱,将杨、左诸君相继迫害致死,其他东林重臣赵南星、高攀龙、韩炉、叶向高等亦纷纷罢去。由于孙承宗也是东林干将之一,魏忠贤等早就视其为眼中钉,在前线的粮饷、器械等供应上多方掣肘。天启五年九月,孙承宗麾下大将马世龙贸然出师,遭到一次小小的挫折,阉党便抓住不放,交章论劾,迫使孙承宗不得不解甲归田。

袁崇焕虽未列名东林榜内,但在其座主韩炉、提拔他重用他的侯恂以及孙承宗的影响下,又目睹了阉党种种祸国殃民的罪行,他的同情是在东林一方的。天启四年秋,朝廷大兴党狱之时,袁崇焕正值东巡,他写道:"边衅久开终是定,室戈方操几时休。"流露出"战守逶迤不自由"的苦闷,表达了对朝中党派争斗的担忧。孙承宗的挂冠归去,对袁崇焕等几年来奔走风霜、驰驱险隘的边将无疑是极大的打击。是年秋,袁崇焕父丧丁忧,他曾三次上疏乞求给假襄葬守制都未获准。此时,他再乞回乡,表示出对阉党的不满。

三、两战奏捷

孙承宗告归之后,魏忠贤党羽高弟继孙承宗出任辽东经略。他比王在晋还怕死,认为关外必不可守,便下令从锦州、右屯以及榆关以东所有的城堡撤防,移关外将士统统入关,袁崇焕对此坚决反对,他进谏说:"诸城已复,怎能轻撤? 锦、右动摇则宁、前震惊,关门也失去保障。现在只须择良将守土,必无他虑。"高弟不听,于是崇焕斩钉截铁地说:"我是宁前守将,当与宁远共存亡。如撤宁远守军入关,我绝不入,独卧孤城以当后金!"高弟无奈,乃撤宁远以东的兵民入关,丢弃了军粮马料十余万石,死亡载途,军威丧尽。

后金努尔哈赤见明军经略易人,高弟仓皇退去,只留宁远一座孤城,二万孤军,认为伐明时机成熟。天启六年正月,努尔哈赤亲率八旗健卒十三万杀向辽西,将宁远围得水泄不通。

袁崇焕早已探明后金动向,积极做好各项战前准备。一是坚壁清野,分兵把守。他令城外几处守军撤回,尽焚城外民舍。城西南五里龙官寺原为屯粮之地,此时将好米运走,烂米烧毁。命满桂、祖大寿等分守四门,各负其责。二是战前动员,赏罚分明。袁崇焕刺血为誓,向全军申明:"我誓与城共存亡,望将士与本官共存亡。"他亲自椎牛、杀马慰劳将士。袁崇焕还将城中全部库存白银置于城上,声言:有能打退敌兵,不避艰险者,当即赏银一锭。如临阵退缩,则立斩于军前。他还通知前屯及山海关守将,不准放过一个逃兵入关。三是察捕奸细,全民参战。袁崇焕命人沿街巡逻,不放过一个可疑之人。命通判金启倧编派民夫,供给将士饮食。四是启用大炮,准备火器。城中存有仿西洋新造的所谓"红夷大炮",从未用过,此时也架上城头。各类火器一应准备齐全,金启倧还将火药匀筛于席或被子上卷起,实战时抛至城下,射火药引燃,号称"万人敌",专治城根大炮死角之敌。

待森严壁垒、一切准备就绪之后,袁崇焕命城中偃旗息鼓,静若无人。二十四日,袁崇焕与朝鲜使者同坐战楼,谈古论文,颇有诸葛武侯的儒将风度。忽然一声炮响,后金开始攻城,八旗兵丁漫山蔽野而来,先扑西南城角，再攻南城，万箭上城如雨。八旗兵把裹着生牛皮的战车推到城根，车中健卒奋力凿城穿穴，竟凿开二丈宽的大洞三、四处，城墙险些堕倒。袁崇焕亲自挑石堵口，不幸受伤。将士们劝他养伤，他说："苟且偷生，活着有什么意思！"扯下战袍，包扎好伤口，继续挑石。将士们个个争先，堵住缺口。他们从城堞间推出数个大木柜，一半在城头上，一半露在外，甲士们藏在柜中，将柴草、棉花、黍秸浇上油脂，点燃投下，加上金启棕的"万人敌"，使后金损失惨重。对远处敌人，崇焕命发"红夷大炮"。炮一发，只见数里之外敌人狂奔不止，上百人毙命。双方鏖战直至深夜二更，后金方才退兵。袁崇焕又选健丁五十名，从城头系下，将遗弃在城下的钩梯、战车全部焚毁。

第二天，八旗兵继续攻城，又被打退。两天中后金军队损失兵丁近千、头目数人，连努尔哈赤也受了伤。努尔哈赤自二十五岁征伐以来，虽然战无不胜，攻无不克，但是宁远一城久攻不下，只得悻悻而归，不久便去世了。

明军方面也伤亡惨重，后金兵攻城不下便踏冰席卷觉华岛，岛上数万军民全部遇难，船只粮刍亦尽被焚毁。金启棕也在守城时误被火药烧死。但是，经过这一场恶战之后，宁远城仍岿然屹立，后金"辫子兵"不可战胜的神话终于被打破了，朝廷内外为之欢欣鼓舞，袁崇焕一举成为中外瞩目的名将。

"宁远之战"以后，高弟被革职，由王之臣任经略，袁崇焕因功升为辽东巡抚。不久，朝廷又召回王之臣，停经略不设，以关内外防务尽属袁崇焕。袁崇焕为了休整军队，修葺城垣，便趁为努尔哈赤吊丧之机，派使者、喇嘛赴沈阳和谈。后金方面努尔哈赤之四子皇太极接任后金汗。他为了巩固自己的地位，调整皇族内部的关系，也需要一段时间的休战。于是明与后金进行了一年左右的谈判。然而双方实力相当，立场各异，对和谈都没有诚意，都在利用这段时间积极备战。

后金对宁远一挫耿耿于怀。他们丢弃了威力不大的攻城器具，重新修造了一种板厚二寸，外裹皮革的战车，同时拆毁房屋，制作舟楫。妇女日日磨砺箭头、甲叶。男丁专门休整操练，喂马等活儿都由妇女们干，全民都处于战前准备之中。但是，对于明军凭坚城用大炮一着，皇太极还没有有效的对策，战略上未有新的突破。

这一期间，袁崇焕认真总结了明与后金交锋中数年屡败和宁远一胜的经验教训，集中了前任统帅熊廷弼、孙承宗等人及广大将士的聪明智慧，提出了一系列正确的作战思想,比如:在兵员和粮饷上实行用辽人守辽土,以辽土养辽人的方针;在战略上,守关外以捍关内,抚西(蒙古诸部)以拒东(后金);在战术上主张坚壁清野,乘间击惰,且守且战、且筑且屯,凭坚城用大炮,以守为主等等。他在《条陈东西情况疏》、《辽事治标治本疏》、《辽地屯田疏》、《酌度主客军兵疏》、《凭坚城用大炮疏》等奏折中对上述战略战术都进行了系统精详的论述。

在正确的战略战术的指导下,辽西明军的各项战备搞得积极而有条不紊。

第一,修葺城垣。袁崇焕督派专事修筑的"班军",陆续重修了山海关、前屯、中后、中右以及松山等地扼要城池。天启六年(1626年)十二月,四城鼎新,重关累塞。第二年四月,锦州、中左、大凌三城又相继动工,且调红夷大炮入锦州。为固军民必胜之心,袁崇焕还将母亲、妻子接住前沿。

第二,款抚西部。袁崇焕多次派人与蒙古察哈尔等部联络,并亲自会见、赏赐该部头领。他嘱咐各部不要单独与后金野战交锋,而应与明军声势相倚,配合作战。双方建立了互信互利的同盟关系。

第三,编练辽兵。袁崇焕向朝廷建议将内地客兵逐步调回,而招募辽民中志愿保家卫国之勇士入伍,关外定员共六万人,既减少了兵员的人数,又提高了军队的素质。军中分为战兵与守兵。战兵有步营、骑营、水营、火营等,守兵有屯守、马援、台烽,职责明确,奖惩有致。袁崇焕奏请关外只设两总兵,一驻前屯为后劲,一驻宁远为前锋。然后更迭向前,以前屯挺进锦州,又改后劲为前锋。这就叫做战则一城援一城,守则一节顶一节。他千方百计地多备火器,添买马匹,筹粮措饷,进一步提高了这支以辽人为主体的军队的战斗力。

第四,计开屯田。为了赢得这场持久战争的最后胜利,袁崇焕积极筹划屯田,天启六年(1626年)十一月,他奏请皇上预支明年军粮十万两白银,购备耕牛、农具,待来春在锦、宁一带广开屯种,以资军需。可惜这一建议被朝廷否决了,因此屯种未能大举,只在小范围零星地进行。

天启七年正月,正当关外明军力筑金汤之际,后金汗皇太极命大贝勒阿敏等统大军往征朝鲜,以解对明战争的后顾之忧。明廷得讯后,屡促袁崇焕遣师援救。轻出捣巢,人地两疏,这是违背袁崇焕以守为主的方针的。但无奈朝廷三令五申,袁崇焕遂派连珠三营,以总兵赵率教、左辅率军逼进三岔河;又命山海关总兵满桂简精骑三千,进驻前屯、宁远策应,别遣水军一支直发三岔河,期以水陆夹击,挫后金征朝鲜之志。没料到朝鲜轻下,牵制之师未抵三岔而东征之八旗已奏捷班师了。

朝鲜既服，后金解除了两面作战之忧，出师大捷巩固了皇太极的宝座，于是天启七年（1627 年）五月初六日，皇太极仅留二贝勒居守沈阳，倾巢而出，远征明王朝。此时锦州刚刚修缮完毕，总兵赵率教以三万兵镇守。大凌城尚未完，守兵闻敌弃城而撤。十一日，后金大军围锦州。十二日午时攻城，西面城垣眼看将破，其他三面守兵及时来援，滚木雷石、箭矢大炮齐发。后金无奈，只好鸣锣退五里而营，皇太极遣人飞驰沈阳再调援兵。

锦州之战使得明朝和后金的和谈彻底破裂。明廷张皇失措，急命袁崇焕发兵援锦。袁崇焕清醒地看到，宁远是山海关屏障，后金的第二个目标很可能就是宁远，绝不能倾城东援而舍宁。他命尤世禄、祖大寿率四千精兵抄道敌后击之，命舟师一旅东出牵制，又令王喇嘛召蒙古察哈尔部从北入援，自己坐守宁远以待敌。他又奏请朝廷调蓟镇、保定、昌平、宣府、大同各路守军趋山海关支援。

果不出崇焕所料，皇太极见锦州难下，就留下一军围城，于五月二十七日亲率主力进攻宁远。此时宁远城头的大炮早就严阵以待，总兵满桂列阵于城南，尤世禄、祖大寿援锦之兵也回师安营城外，构成犄角。二十八日，皇太极率大军逼临城下，正欲挥师交战，三大贝勒劝他不要轻举。皇太极大怒，说："前日皇父太祖攻宁远未克，这次攻锦州又未克，像这样野战之兵尚不能胜，还怎么张我国威？"说罢亲率近卫护军疾驰进击，诸贝勒督大军随后。明军骑兵不当，步兵亦败，袁崇焕凭堞大呼，指挥城上大炮迭发，城下满桂身中数箭，仍奋勇杀敌。一场恶战，双方死伤都很惨重，但宁远城仍然不动。

两天后，皇太极又回师锦州，数万兵勇齐扑南城，从清早一直战到傍晚，无奈锦州壕深炮猛，死伤二、三千人，仍未破城。这时正值暑热，北人不适，斗志大减。六月初五日，皇太极命毁大、小凌河二城，班师东去。一场搏杀于宁远、锦州的苦战终于以明军的胜利而告结束，史称"宁锦大捷"。

四、督师辽东

宁锦之战打胜了，紫禁宫里封官赏爵，弹冠相庆，然而功劳最大的前线指挥员袁崇焕却没得到应有的升赏。魏忠贤权倾庙堂，朝廷腐败而又昏庸，他们看不到明军在和谈中争取到了重建锦州防务的最宝贵的时间，却愚蠢地认为宁锦被兵即是和谈的失策。这些纸上谈兵的阉党分子纷纷弹劾袁崇焕"假吊修款,设策太奇",又"不救锦州,暮气难鼓"。天启七年(1627年)七月,袁崇焕只得告病乞休,握别了同生死共患难的战友,卸职回籍了。

"功名劳十载,心迹渐已违。忍说还山是,难言出塞非。"南还路上,袁崇焕百感交集,当年请缨出塞,何等壮心?六载奔波,一生危险,敌战于外,谗构于中,到头来落得这般下场,实在寒彻壮士之心。

袁崇焕归游东莞老家时,募修罗浮诸名胜,撰写三界庙诗文,大有超脱尘世,遁入空门之念。

可是就在这时,明廷政局发生了巨大的变化。天启七年(1627年)八月,熹宗崩,其弟朱由检即位,改元崇祯。朱由检年轻有为,机智果断地清除魏忠贤及其党羽,起复东林诸君入阁。崇祯元年二月,命袁崇焕为兵部尚书兼右副都御史,总督蓟、辽、天津、登莱等处军务,驻关门,催促袁崇焕即刻起家,星驰入京,赴平台召对。

"耳边金鼓梦犹惊,又有丹书圣主情。草野喜逢新雨露,河山重忆旧功名。"崇祯皇帝的破格起用重又燃起袁崇焕心中报国保民之火。朋友们为他钱别咏诗,预祝他早奏战功。

崇祯元年的七月十四日,思宗朱由检召见袁崇焕,嘱其早日克敌,以纾四海苍生之困,解天下倒悬之苦。袁崇焕为皇上拊髀宵旰的精神所感动,头脑一热,承诺了一个考虑不周的保证:五年之内,东事可平,全辽可复。思宗闻之大喜。袁崇焕提出,钱粮、器马、任人、调兵"须事事应手",思宗谕户部、工部、吏部、兵部事事照办,并立授尚方,专一事权。

袁崇焕于天启七年七月归里,崇祯元年七月复职,相隔整整一年。然而关内外敌我友三方形势却急剧逆转。

首先明军方面。袁崇焕离职,辽东将士为之气夺,继任督抚调度乖张,锦州等城不战而弃。一年来,积欠饷银达七十四万金,军粮四月不发。将吏贪冒,兵士屡变。崇祯元年七月,宁远兵变,绑架了巡抚毕自肃、总兵官朱梅,接着锦州又发生兵变。缺粮断饷,军心涣散,更谈不上有什么战斗力。

关门一线如此,蓟门一线(包括龙井关、大安口、蓟州、遵化等)蔓不待言。长期以来,依仗蒙古部护边,蓟镇城垣颓堕,兵少、饷缺。遵化、蓟镇相继发生兵变,巡抚王应豸被扣身死。防守形同虚设,不堪一击。

其次是后金方面。皇太极即位以来,重视调整满汉关系,逐步改变了天命年间将汉兵、汉民沦为满人奴隶的政策,对归降的汉人不仅不杀不辱,反而给他们分配土地,妥善安置。放宽了努尔哈赤制订的汉人逃亡统统处死的"逃人法"。他还严肃立法,对劫掠降民财物,草菅降民性命的满人给予重罚。皇太极启用汉族文人,参照汉制设立国家各级机构,学习汉族统治经验,要求臣下凡事都照《大明会典》去办,改变了他父亲单纯依靠马上打天下的作法。这一切都加速了后金社会的封建化,缓和了满汉之间的矛盾,巩固了政权,发展了经济,增强了八旗兵的战斗力。

再次是蒙古方面。天启末年,袁崇焕实行款西拒东的方针,蒙古各部与明军配合得较好。自袁崇焕离职而去,明军失去得力的将领,与蒙古各部的联络中断。蒙古内部也彼此倾轧,其中较强的察哈尔部用兵于素有仇隙的喀喇沁等部,同时为了躲避后金的压力,倾巢西向,并在宣、大地区骚扰。宣、大明军诱杀了察哈尔部使者,崇祯上台伊始革除了蒙古各部的赏额。因而明廷与察哈尔部剑拔弩张。而喀喇沁等部因受察哈尔部的欺凌,又相继投靠后金皇太极。于是蓟门一线藩篱尽撤,京师北面的门户暴露无余。

总之,袁崇焕再次督师辽东时,形势是异常严峻的。

崇祯元年八月初六,袁崇焕抵达关门,正值宁远兵变。第二天,他单骑出关赴宁远,未入官署即驰入营,安抚军心,发饷金二十万。接着将兵变为首者枭示,惩治了将吏贪虐者,并宣布:"今首恶已正法,此外不杀一人。"诸营遂平。他调整了关内外防务,调蓟镇总兵赵率教驻关门为后劲,以祖大寿驻锦州为先锋,中军何可纲驻宁远居中,以此三干将为核心,重整了马、步、车、舟各路兵马。辽兵素来仰重袁崇焕,袁复职后,一经调理,关门一线重又金汤。

对于蒙古诸部,袁崇焕极为重视。他向崇祯皇帝建议起用王象乾专责察哈尔部抚赏,崇祯即从。崇祯二年(1629年)四月,察哈尔部与明重归于好,此时该部迁徙宣、大边外,虽然起不到蓟门藩篱的作用了,但起码使明军摆脱了两面作战的困境。

对于喀喇沁部,崇焕深知其穿连辽、蓟,经道惯熟,若导后金入犯,则东自宁前,西至喜峰,处处可虞。当时该部旱荒,要求明朝开米市遭到拒绝。袁崇焕允许开市,将明军自己都告缺的粮食接济喀喇沁部,并且亲自劝告该部首领,不要背明投金。该部首领指天为誓,以妻儿为质,保证不作后金向导。

可是后来喀喇沁部竟背叛了自己的誓言,这是袁崇焕所没有料想到的。智者千虑，必有一失，袁崇焕此处出关确也有失策之举。

首先，袁崇焕低估了其敌手皇太极的智谋和胆略。他曾说，努尔哈赤不过是个狡猾的强盗，皇太极不过是个慓悍的强盗，没有真本事，得辽土而不肯据，得辽人而不得用，比不上历史上阿骨打、刘聪、石勒等人。只要按以往方针行事，五年复辽就能实现。其实，如上所述，皇太极已经逐渐改变了其父与辽人为敌的政策，在军事上也吸取了两次败于坚城大炮的教训，探索着对明战争的新的战略战术。

其次，袁崇焕由于轻信了喀喇沁部的诺言，没有着力经营蓟门一线的防务。袁崇焕将原任蓟镇总兵赵率教调到关门，这对蓟门无疑是削弱。当关内外防线整顿有绪之后，有暇也理应西顾的时候，袁崇焕却不适时地起事东江，杀了总兵毛文龙。

毛文龙原系辽东明军将领，辽东失陷时撤到濒临朝鲜的一海岛——皮岛上，招募辽民，择壮为兵。曾几次袭击金国后方。后金屡屡征讨，但因不习舟船，未能奏效，因而就不能放心西向。可是毛文龙又非常跋扈，为非作歹，虚功冒饷，在朝中投靠魏忠贤，战场上也常常失败，牵制十分不力。崇祯即位后，早已对毛文龙不满的东林内阁执政。袁崇焕再任督师时，曾与当时的阁臣钱龙锡商讨过解决毛文龙的办法。崇祯二年六月，袁崇焕亲诣海岛，宣布"十二大罪状"，擅杀毛文龙，改编了东江的兵马。然而毛文龙坐镇皮岛多年，岛帅被斩，军心遂散。此举在客观上为皇太极解除了一个后顾之忧。

袁崇焕出关后，皇太极与之互有使者、信件来往。这次持续半年多的和谈系皇太极主动。这期间后金将注意力主要放在蒙古诸部方面，一则对察哈尔部兴师征讨，一则对喀喇沁等部纵容笼络。这体现了皇太极欲越关、宁而伐明的战略意图。袁崇焕一方，由于重整防务的需要，也确实无力主动进攻，因此也想以和谈缓兵。但他曾请示阁臣钱龙锡及兵部尚书王洽，未获准允。所以袁崇焕对和谈只是被动应酬，主要在抓紧时间，积极备战。

五、己巳之变

崇祯二年十月，皇太极亲自统率大军伐明。他遣使告谕已归顺后金的蒙古各部率兵来会，并以熟悉路径的喀喇沁部为向导，分两路向龙井关、大安口进发。十月二十六日、二十七日，两关连克，左右两翼大军会师于遵化城下，明廷始得消息，京师全城戒严。

早在同年九月，袁崇焕即得到后金将要渡辽河西犯的情报，他曾派部将谢尚政领兵一支援蓟，却被蓟州巡抚以消息不确为由遣其回师。十月二十九日，袁崇焕正在宁远与关门之间的中后所，闻敌越关、宁而攻入，心胆俱裂。他立即命赵率教领兵援遵化，并于十一月初四日亲率祖大寿、何可纲简精骑入山海关，星驰入卫。路经永平、迁安、丰润、玉田、昌平、密云等处，皆分兵助守。辽军六天疾行五百里，于初十日先敌抵蓟州。不料遵化已于初三日陷落，巡抚王元雅自经、赵率教殉命。十一日，后金自遵化向京师进发，袁崇焕率辽兵与之遭遇于离蓟二十里之马伸桥，一战挫之，颇有斩获。袁崇焕欲与后金在此决战，阻敌于蓟州以东。然而皇太极却不恋战，率军越蓟西进。袁崇焕再督将士追赶，期以先敌于城下，背护神京。部将们担心，军队没有朝廷的命令而直趋京城，会遭到猜忌。袁崇焕说："皇上有急，还顾得了那么多，如能解难，虽死无憾。"一路上，他严令战士秋毫无犯，有一卒擅进民宅索饼，袁崇焕立斩其首枭示，以安民心。

十七日晚，辽军抵左安门，袁崇焕下令，不许一兵一卒私入民家，连野外树木也不得损伤。崇祯皇帝已将兵部尚书王洽下狱，正为京城防守而焦急，闻袁崇焕率辽军先至，深感欣慰，十八、十九日，先后两次发刍豆粮米，羊、酒、银饷犒师，并命各路勤王之军统归袁崇焕调度。

二十，后金八旗大军始达京师东、北两面。这时，大同总兵满桂、宣府总兵侯世禄率援军列营德胜门，袁崇焕、祖大寿列营广渠门。皇太极驻跸于城北土城之东，命大贝勒代善等领右翼军趋德胜门，大贝勒莽古尔泰等领左翼军趋广渠门。两场剑与血的鏖战几乎同时打响了。

袁崇焕在广渠门外布阵，以祖大寿为南面，王承胤列西北，自己率兵扎正西，以品字形队列迎击来自东北的八旗兵。两军交锋，短兵相接，奋力殊死。一敌抡刀险些砍着袁崇焕，幸赖将士袁升高用刀架隔，刀刃相对而折。敌人万箭齐发，袁崇焕两肋中箭，若刺猬然，只因身披重甲才未被刺透。他身先士卒，辽军将士越战越勇。以往军士杀敌论功，每凭首级，而常以争割首级而误战。袁崇焕深以为鉴，战前即令：不许割级，惟尽歼为期。故将士此时一意剿杀。明军三路夹击，八旗锋芒始却。明军乘胜砍杀，追至运河，敌兵淹死无数。自午时至酉时，两军血战六、七个钟头，八旗兵被歼数以千计，明军亦伤亡数百。袁崇焕连夜慰劳负伤将士，直至东方欲晓。

而在德胜门战场的明军却告败绩。侯世禄兵先行溃败，满桂孤军搏战，城上守兵发炮配合，但误伤明军甚多，满桂负伤，不得不带残兵入城避难。

崇祯皇帝闻广渠门报奏,甚喜,二十三日召见袁崇焕、祖大寿、满桂等于平台,赐貂裘、银甲等,并发酒肉、麦饼劳军。袁崇焕千里入卫,只带九千精骑,自是士不传餐、马不再秣已值两旬,想率军入城,稍事休整,待步兵赶到再与敌决战,可是遭到崇祯皇帝的拒绝。

皇太极以左翼军失利于广渠门,处罚了贝勒阿巴泰等七名满、蒙高级将领,并放弃攻城,率军驻南海子。这是后金第三次败在袁崇焕及辽军阵前。皇太极叹息曰:"十五年来未尝有此劲敌也!"攻坚不能克,野战不能胜,皇太极便授计部将鲍承先等,期以智取。鲍承先等故意在被俘明太监前交谈,说:"今日撤兵是计策。我看见皇上(皇太极)单骑向敌,敌阵中有二人与皇上说了好久才去。意思是与袁经略有密约,此事马上就能成功。"愚蠢的太监如《三国演义》中的蒋干,信以为真,又被纵还,将此言传至崇祯耳中。十二月一日,袁崇焕被捕入狱。

敌兵压城,且明军失帅,战局急速恶化。奉命代袁崇焕总理各路援军的满桂,与后金大战永定门外。满桂与孙祖寿战殁,黑云龙、麻登云被执。而辽军祖大寿等闻主帅遭难,又惊又恐,遂拥众东溃趋关,势如崩山决河,京师大震。崇祯急忙诏起孙承宗规理京师城防,又从大学士成基命之请,讨袁崇焕手札,以招大寿。身陷图固的袁崇焕以国家百姓为重,修书一封。祖大寿接到他的手书,下马捧泣,全军皆哭。孙承宗归劝祖大寿立功以赎督师。祖大寿遂率辽军投孙承宗麾下,成了驱八旗出关、收复遵化等四镇的劲旅。

袁崇焕的被捕下狱,皇太极的反间计不过是个导火线,其中更有其深刻的社会原因。崇祯皇帝即位后锐意中兴,诛魏阉、定逆案,颇有一番新政。然而在他面前仍摆着两个最棘手的难题:一个是农民起义。崇祯元年(1628年)十一月,陕西医连年大饥、官吏横暴,王二首举义旗,闯王高迎祥等相继起事。另一个就是辽东问题。而这两者又是互相关联的。辽事不结束,加派不止,民不得不反,民变迭起,官军不能一意东向,辽事更不易了结。崇祯皇帝将辽事委于袁崇焕,袁崇焕许以五年平辽,崇祯似有摆脱困境的希望。"己巳之变"后金铁骑震撼京师,"五年平辽"已成画饼,预示了"新政"棋局将全盘皆输。加之自嘉靖二十九年(1550年)以来,京畿八十年来首罹兵祸,星布于北直隶的中贵庄田被劫掠,黎民百姓三教九流受蹂躏,激起了朝野各界的普遍不满。这一切对崇祯新政的打击是沉重的,对朱由检的威望及心理的打击也是极其巨大的。因此身为蓟辽总督的袁崇焕以及兵部尚书王洽等,是难逃其直接责任的。阉党失败后,其残余分子朝夕思图东山再起,他们抓住"己巳之变"作为颠覆东林内阁的口实,因而全力攻讦被东林倚为长城的袁崇焕,"擅主和议"、"擅杀大帅"、"西部市米"等等交章弹劾,推波助澜,怂恿崇祯皇帝早日处死袁崇焕。综上所述,造成英雄悲剧的不仅是崇祯皇帝和逆阉党羽,同时也是阶级矛盾和民族矛盾都尖锐得无法克服的腐朽荒唐的明王朝。

崇祯三年(1630 年)八月十六日,袁崇焕被绑赴刑场。刑前他口占一绝:

一生事业总成空,半世功名在梦中。
死后不愁无勇将,忠魂依旧守辽东。

表达了这位足令八旗铁军胆寒的名将最后的遗憾和眷恋。

袁崇焕这一冤案,直到清代撰修《明史》时,披露了皇太极设反间计一事之后,才算是真相大白。几百年来,袁崇焕"仗策只因图雪耻,横戈原不为封侯"的爱国主义精神,教育、鼓舞和激励了无数爱国志士。人们在北京龙潭湖附近和广东会馆修建了袁督师祠,以表达对他的景仰和怀念。

平定青藏的大将——岳钟琪

岳钟琪,生于康熙二十五年。卒于乾隆十九年,人称岳将军,是清代一位著名的军事将领。在康熙、雍正、乾隆年间,他为平定西北、西南边陲民族分裂势力的叛乱,维护祖国统一,以及恢复和发展边疆地区的生产,巩固边区安宁,建立了不朽的功绩。由于他"武烈飙逝,拓地开边","历事三朝,威望著海内",被誉为"三朝武臣巨擘",成为众人瞩目的封疆大吏。

一、率师平叛　屡立战功

岳钟琪,字东美,号容斋,四川成都人。祖籍原是河南汤阴,后迁至甘肃兰州,又移居临洮,祖父世为名将。父亲岳升龙,曾经为征讨吴三桂叛乱立过功,并于康熙三十五年,为康熙皇帝亲征噶尔丹护送军粮,受到赏识,被任命为四川提督。岳钟琪自幼好布石作阵,习文弄武,青年时期尤好孙吴兵法。投身官场后,他不愿当文官,请求改任武职。起初被授予四川松潘镇中军游击,后被提拔为山西固关营参将、四川永宁协副将。从此,他开始投身于平定西北、西南少数民族分裂势力的战争。

新疆伊犁地区准噶尔部的封建领主噶尔丹首先发动边疆少数民族分裂势力的叛乱。经过康熙皇帝的三次讨伐,噶尔丹最后于康熙三十六年三月服毒自杀。噶尔丹死后,他的侄儿策妄阿拉布坦继承为准噶尔汗。

康熙五十五年,策妄阿拉布坦为了扩大自己的割据势力,又派大策零敦多布率兵突袭西藏,杀死拉藏汗,与西藏分裂势力里应外合,再次掀起叛乱,妄图分裂祖国。清政府得到消息后,派都统法喇统兵出打箭炉(今四川康定),抚定里塘、巴塘,以便为进军入藏扫清道路。但是,里塘喇嘛达哇蓝占巴等不但不接受招抚,而且在康熙五十八年也投入叛乱。康熙皇帝任命允禵为大将军,噶尔弼为副将军,率军前往征讨。当时刚被提拔为永宁协副将的岳钟琪,也奉命随征。

岳钟琪领兵六百为先锋,一举智擒达哇蓝占巴等叛军头目,打败了叛军三千余人,余部及巴塘叛军闻风丧胆,皆纳款请降,乍丫、察木多等地叛军也先后被抚定。岳钟琪出师告捷，首次在西南战场上崭露头角。

在征讨里塘叛军的第二年，副将军噶尔弼自拉里率师到达里塘，命令岳钟琪统领四千多四川绿旗兵先行进驻察木多，等候大军到齐，立即进取西藏。岳钟琪由巴塘率军启程，在途中抓获一名逃酋，得知大策零敦多布正派遣寨桑托托哩在落笼宗（亦作洛隆宗）一带调集军队，妄想扼守饶耶三巴桥，以图阻遏清朝大军。岳钟琪深知，三巴桥为进藏第一险，叛军若断桥守隘，清军将势难飞越。当时大将军尚远在数千里之外，已无从请示，而准噶尔叛军派来的援兵，行程两千余里，也非旬日可集，他当机立断，决定采取攻坚的策略，强占三巴桥。于是，便派高雄治大雄等三十名素通藏语的马兵，穿上藏族服装，昼夜兼程，飞奔落笼宗。他们乘黑夜潜至敌营，活捉了托托哩金巴等准噶尔使者五人。叛军大惊，以为神兵自天而降，纷纷缴械投降。清军随即占领了三巴桥，为进藏清除了障碍。

进藏要道既已打通，即时进军入藏，以平定叛乱，当势在必行。然而，大将军允禵因为调遣的青海蒙古兵尚未到达，下令各部就地待命，不许轻举妄动。副将军噶尔弼这时已至军中，但他和诸统领对大将军的命令都不敢表示异议。岳钟琪认为，如果等到青海的蒙古骑兵到达，再进军入藏，就会坐失良机。他对副将军说："我军只备有两个月的粮饷，自察木多到此已四十多天，若再等待下去，则军粮一尽，将进退维谷。"当时西藏以公布部落最称强胜，岳钟琪认为，只要借攻占三巴桥的兵威招抚公布部落，再调遣各处兵马进剿，锯其右臂，则胜利即可在望，无须等青海蒙古兵到达。副将军终于同意了他的意见，用其计策，向公布发起强大的招抚攻势。不几天，公布大头目等三人，率众二千前来投诚。

公布投诚后，岳钟琪主张应乘机昼夜火速进军西藏。副将军噶尔弼虽然同意他的意见，但因为没有得到大将军允禵的命令而犹豫不决。岳钟琪激动地对他说："这是势在必行，为何一定要等待命令呢？我唯有一腔热血，仰报朝廷，请批准我明天就带兵出发吧！"副将军听后深表支持，遂下令进军。大军抵达噶尔濯木鲁，岳钟琪捷足先登，首先率军渡江抵藏，直扑拉萨。经过一场激战，大破叛军巢穴，活捉叛军四百余人，堵御西路清军的叛军七千余人也纷纷投诚。大策零敦多布见势不妙，慌忙狼狈逃走。康熙五十九年八月，西藏叛乱被迅速平定。第二年二月，清军班师凯旋归来，岳钟琪因战功卓著，被授予左都督，晋升为四川提督，赐孔雀翎。

就在刚平定西藏叛乱不久后，罗卜藏丹津在青海又爆发了的叛乱。早在准噶尔部头目策妄阿拉布坦派兵袭杀统治西藏的拉藏汗之时，便唆使青海和硕特部头子罗卜藏丹津叛乱。罗卜藏丹津以恢复和硕特部的所谓"霸业"为名，妄图割据一方，并暗中勾结策妄阿拉布坦为后援，并利用宗教影响，煽动远近牧民和喇嘛二十多万人，乘大将军允禵返回北京奔丧之际，在雍正元年，扯起武装反叛的旗帜。

清朝政府于这一年十月，任命川陕总督年羹尧为抚远大将军，进驻西宁，任命四川提督岳钟琪为奋威将军，参赞军务。年羹尧分兵永昌布隆吉诃，防备罗卜藏丹津进犯内地，据守巴塘、里塘等地，切断叛军入藏之路；又屯兵吐鲁番等地，堵截去准噶尔的通道，然后对罗卜藏丹津展开征讨。罗卜藏丹津派兵进犯西宁，岳钟琪奉命统率六千清军从松潘出发，前往增援西宁守军。清军进至锁葫芦，播下等四部叛军万余人，举火焚草，力图阻挡。岳钟琪乘雪月交辉之夜，分兵各个击破。他沿途剿抚兼施，在歼灭了播下等四部阻道的叛军后，哈齐、插汉等部被罗卜藏丹津抓去充当炮灰的人，皆闻风归诚。这时，围攻归德堡的上寺东辙等部叛军，得知清军将至，都慌忙撤回营寨，以图据守顽抗。岳钟琪料其初回必难马上集结应战，便下令部队兼程进发，于第二天黎明前赶至其地，乘叛军立足未稳之机展开猛烈攻击，打得叛军措手不及。不多时，叛军的三十七个营寨即被攻破，数千人被歼。下寺东辙及公哇等部众，皆望风而降。岳钟琪的威名，遂使叛军闻风丧胆。

不久，岳钟琪带领清军开赴西宁。归德堡北边的果密部叛军，听说东辙叛军已被击溃，便纠集沙密各部，盗官马据守大石山险要隘口，企图负隅顽抗。为避免过多的伤亡，岳钟琪决定不予强攻，而用计巧取。他命令部队继续往前行军，扎营于山口数里之外，以示无攻险之意。等到夜间，他下令兵分三路进袭，两路攀登山崖，一路切断山口。这突如其来的袭击，完全出乎敌人的意料之外。在山腰丛林中藏匿的叛军皆大惊失色，纷纷向山顶奔逃，岳钟琪指挥战士奋勇追击，歼敌三千余人，狼狈奔命的叛军坠崖而死的不可胜计。播下及公哇等七部叛军精锐被挫，使罗卜藏丹津叛乱势力受到沉重的打击。"烽烟肃清，青海为之夺气"，叛军开始走向崩溃。

在征讨青海叛军的各次战役中，最艰苦、最激烈的一个战役要数西宁东北的郭隆寺（也叫格尔弄寺）之战。雍正二年，郭隆寺喇嘛纠集万余人，追随罗卜藏丹津发起叛乱，全图夺回西宁。岳钟琪率领三千清军前往征讨。西宁地区的郭隆寺地处通途，为边陲一古刹，凡自西藏来的喇嘛必取道于此。这里地势险峻，山下五堡环峙。清军到达后，寨内寂无人声。岳钟琪预计里面必有伏兵，便分兵一千先行，其余列阵山前，相机进剿。不一会,果然伏兵四起,清军奋勇冲杀,攻占了一个堡垒。山后叛军一万多人闻声一齐涌出,妄图阻遏清军。岳钟琪下令分兵三路,攻夺山梁。等到清军攻入寺内时,叛军早已崩溃,四处逃散。清军紧追不舍,来到一座大山前面,见有危楼高峙。岳钟琪派兵前去侦察,埋伏在高楼中的叛军突然发射矢石,使清军难于靠近。他命令二十名精兵,手持皮牌,携带引火物,在炮火的掩护之下,从两旁迂回逼近,举火焚烧高楼。此时山风正猛,浓烟冲天,叛军被烧得焦头烂额,死伤无数。清军乘胜发起总攻,将叛军歼灭无遗。岳钟琪只用了两天的功夫,即以三千军队击破万余敌众,打了一次漂亮的大胜仗。

郭隆寺之战告捷后,岳钟琪与年羹尧决计率军攻打柴达木的罗卜藏丹津的大本营,彻底歼灭青海的叛军。年羹尧奏请调集二万余名军队,分兵四路发动进攻。岳钟琪认为,青海地势辽阔,叛军还有不下十万人,如果清军长驱深入,叛军把队伍分散到各地,清军顾此失彼,就会陷入四面受敌的困境。他建议趁春草未生之时,挑选精兵五千和一万匹马,兼程急进,攻其不备。雍正皇帝非常赞赏他的建议,特加封他为奋威将军,令其如期出塞,调拨五千精兵和一万匹马,由他负责执行这个军事行动。二月,岳钟琪奉命出师,披星戴月,连夜驰至哈喇乌苏。叛军正在睡梦之中,清军出其不意地杀入帐篷,歼敌一千余人。叛军狼狈逃窜,岳钟琪精兵乘胜追击,于黎明前到达天城插哈达。叛军据哈达河南北扎营据守,清军在哈达河南歼敌数百,抢渡哈达河。北岸叛军负隅顽抗,被歼千余人。叛军头目等五十余人眼看抵挡不住,狼狈向西逃窜,贝勒彭错等被迫率所部千余人投诚。

岳钟琪从贝勒彭错口中得知,罗卜藏丹津正率众数万屯扎在一百五六十里外的木兰大呼儿。他立即下令部队于日暮之时拔营起行,以迅雷不及掩耳之势直捣罗卜藏丹津的大本营。第二天黎明之前,清军迅速赶到木兰大呼儿,兵分四路,向敌营发动突然袭击。正在睡梦中的叛军,听说岳钟琪的大军已到,个个吓得魂不附体,慌忙逃命。藏巴布六台吉及罗卜藏丹津之母阿尔太哈与其妹阿宝,都被当场抓获。作恶多端的罗卜藏丹津男扮女装,携带妻妾,乘着白驼,狼狈逃奔准噶尔,投靠策妄阿拉布坦。这一次战斗,清军彻底摧毁了罗卜藏丹津的巢穴,共歼灭叛军八万余人,俘获男女数万口,缴得军械、驼马无数。岳钟琪为平定青海叛乱,又立了大功。雍正皇帝说:"平定青海,实系岳钟琪之功,年羹尧不过坐镇指挥而已。"他下令特授岳钟琪三等公,赐黄带。

雍正皇帝在封赏岳钟琪之后,便命令他统率二万大军征讨青海余孽庄浪卫之乱。在罗卜藏丹津发动叛乱之时,庄浪卫头目写尔素以天王沟石堡城为据点,凭借当地"南临大通河,北倚卓子山,四面悬崖,羊肠一线"的险要形势,纠集西宁纳朱公寺、朝天堂、加尔多寺等处部众数万人,剽掠行旅,劫杀饷员,阻截官道。年羹尧曾经派兵镇压,但屡剿屡叛,成为一大民患。雍正二年四月,岳钟琪奉命率领清军二万自西宁出征。写尔素十分狡猾,尽将老弱的部众和军资、牛羊迁徙到东山,身边只留下强壮的士卒,以便同清军周旋。岳钟琪兵分两路,一路进据西山的山隘,声言数日内发动进攻,自己率领另一路精兵在夜里偷袭东山,歼敌一千七百余人,并俘获大批敌人,然后留下部分军队驻守东山,再回师进击西山。敌人最后龟缩到石堡城。岳钟琪挑选擅长登山的四川绿营精兵,由投降的叛军作向导,分两路攀缘藤萝登上峭壁,从背后攻进石堡城。叛军恃险无备,在清军突如其来的袭击之下,仓皇失措,抱头鼠窜。岳钟琪指挥大队人马乘势杀上前去,擒杀叛军五千余人。叛军走投无路,最后被迫缴械投降。岳钟琪仅用五十余天的时间,就迅速平定了庄浪卫的叛乱,再次受到雍正皇帝的嘉奖。当年六月,雍正皇帝下令授予他奋威将军兼甘肃提督,常驻西宁,次年又先后提升他为甘肃巡抚、川陕总督,并加封为太子少傅。

二、治理边疆　贡献卓著

岳钟琪不仅为平定西藏、青海叛乱屡建战功,而且为治理边疆作出了卓有成效的贡献。

重开互市,促进经济交流。清政府在边疆地区开设的互市,是促进各民族经济交流的主要渠道,直接牵涉到各民族人民的切身利益,关系到边区的巩固与安宁。青海牧民,历来通过互市以羊只交换他们日常生活所必需的茶、粮食、布匹等物。罗卜藏丹津叛乱发生以后,互市一直未能按期进行,给他们的生活带来了很大的困难。叛乱平定后,诸王台吉纷纷前来西宁请求重开互市。原先年羹尧曾颁布过一项命令,规定每年二、八月两次在西宁西川边外那拉萨拉开放互市,现在这一规定已不能适应各族人民的需求。1724 年(雍正二年)初,岳钟琪在平定庄浪卫的叛乱后,已被提升为甘肃提督,不久又被任命为甘肃巡抚、川陕总督。他奏请中央批准,重开河州、松潘为互市地区。河州、松潘地方宽阔,水草俱好,向为青海蒙古互市之地,后来被年羹尧奏请移往那拉萨拉。岳钟琪从实际情况出发,划定居于黄河以东的青海察罕丹津等部落,仍以河州、松潘为互市地区;居于黄河以西的额尔德尼等部落,与西宁相居较近,皆移互市之地于西宁塞外丹噶尔寺。由于蒙古族人民主要从事畜牧业,岳钟琪确定每年六月以后,可以不定限期,自由互市贸易。为了保障互市公平交易,岳钟琪还提出了一系列措施:汉民奸商滋扰集市者,分别情节,予以查处;兵士借端敲诈勒索,或勾结奸商走私舞弊者,从重治罪;地方官吏失职或管理不善者,也一并予以处分。这些措施对各族人民安居乐业,开展经济交流,均起到了积极的促进作用。

推行改土归流,巩固边疆安宁。雍正四年,为了加强对边疆地区的统治,清朝政府废除少数民族的土司世袭制度,逐步推行"改土归流"政策,改由中央政府委派可以随时调换的流官进行管辖。在实行改土归流之前,岳钟琪针对当地的情况,首先采取必要的措施,妥善地处理土司间的矛盾,革除地方弊政,以维护社会的安定。如四川大小金川、沃日等地的土司,为争夺地界而仇杀不已。岳钟琪经过调查了解到,年羹尧在任时,曾命令金川土司将美同等寨割给沃日土司,这是造成他们相互仇杀的主要原因。岳钟琪奏请中央批准,将美同等寨归还金川,而将龙堡三歌地划给沃日。各土司皆悦服,多年积下的矛盾也由此而消除。又如,这些地方的许多文武官员往往在土司官员病故之后,封存官印,向承袭人索取财物,财物到手后,又往往多年不给官印,许多部族首领为了抢夺官印,便互相仇杀,纷争不已。针对这种状况,岳钟琪严令:凡土司官员病故,应袭人必须按照规定的手续在六个月内申报承袭。在没有得到批准正式承袭之前,仍以代理官员的身份,掌管印信,处理有关事务,地方官不得勒封印信。待土司嫡长子孙承袭后,土司外支族中有循谨能办事者,可以允许本土官详报督抚请旨,酌情给予职衔,分割其地,多则三之一,少则五之一。这样,既避免了事端,也使各土司"势相维、情相安",对巩固边区安宁,收到了显著效果。

岳钟琪除了妥善处理土司矛盾,解决地方弊端外,还针对少数土司为非作歹的情况,采取坚决措施,实行改土归流。雍正五年初,四川乌蒙土知府禄万钟滋扰云南东川府,镇雄土知府陇庆侯等也伙同作乱。岳钟琪与云贵总督鄂尔泰会师征讨。平息叛乱之后,即将乌蒙、镇雄改土归流。第二年初,岳钟琪又报请朝廷批准,将隶属建昌的部分苗疆改土归流。建昌土司以河东、河西宣慰二司及宁番安抚司辖地最广,而河东半近凉山,半近内地。岳钟琪将凉山仍归长官司,其近内地地区改隶流官,河西、宁番近内地地区,全部改派流官,其阿都宣抚司、阿史安抚司及纽结、歪溪等地千百户,共五十六处,也都改土归流。这些措施,对边区的巩固与安宁,起到了积极的作用。

调整行政区划,加强边疆管理。为了加强对边远偏僻地区的管理,岳钟琪曾多次奏请朝廷,调整川、藏、滇部分行政区划,改变建置,派兵驻守。原打箭炉以西的里塘、巴塘、乍丫、察木多,云南的中甸,以及察木多以外的落笼宗、察哇、坐尔刚、桑噶、吹宗衮卓诸部落,原先不归西藏达赖喇嘛所辖,但由于这些地方离打箭炉甚远,不便管理,雍正三年十一月,岳钟琪奏请朝廷批准,除其中的中甸、里塘、巴塘,以及沿近的得尔格特、瓦舒霍耳等处仍然由内地土司管辖之外,其余地区全都划归西藏达赖喇嘛管辖。另外,巴塘一向隶属四川,但它所属的木咱尔、祁宗、拉普、维西等处,地界紧接云南所辖的中甸,实为中甸之门户。第二年春,岳钟琪又奏请将巴塘所属的这几个地方改隶云南管辖,以便与四川里塘、打箭炉"互为犄角",并直接设流官戍防。同年三月,岳钟琪还奏请选派西安八旗兵千人驻潼关。雍正六年二月,岳钟琪在建昌所属苗疆推行改土归流的同时,还奏请升建昌为府,定为宁远府,下辖三县,即西昌、冕宁、盐源,并制定营防职制。建昌为边疆重地,岳钟琪奏请于越鄯所属之柏香坪增设守备千总、把总各一。十一月,还奏请升四川夔州府所属的达州、陕西巩昌府所属的秦、阶二县为直隶州,其中达州辖东乡、太平二县。第二年三月,又奏请升甘肃肃州为直隶州,并在陕西子午谷隘口增加防守官兵。以上措施,对加强边疆管理,维护地方封建秩序,都收到了显著效果。

与民休养生息,发展民族经济。岳钟琪首先革除了川陕地区的一切陋规,延缓川省征税期限,"以纾民力"。由于战乱和灾荒而逃往他乡的灾民,在战乱平叛后都已陆续返回家园复业,而延安外逃的灾民因为苦于"丁银重累",仍有不少人不敢返回家园,甚至连一些没有外逃的人也想离家出走。岳钟琪认为丁银过重,不利于安定社会和恢复生产,于是他奏请将延安府所属州县丁银由四、五钱,多至一两减为二钱,凡超过二钱的,都予以减免,总共减去旧额丁银达一万二千余两。此外,他还将陕甘两省丁银摊入地亩征收,从雍正五年(1727年)起著为定例,凡陆续开垦及新开渠闸屯垦的地区,也按照这个办法征收税粮。在减免丁银、杂派的同时,岳钟琪还积极兴建水利设施。雍正四年(1726年)五月,岳钟琪会同地方官员,组织民力,在河西寨至石咀子地方,筑堤二百余里,开渠一道,建闸八座,于适中的地方,建设一座城市,设县官管理。雍正皇帝把这座县城定名为"新渠"。岳钟琪在陕西省开凿水渠,灌溉良田,招民耕种,深受当地百姓的欢迎。由于这些措施的推行,川陕地区的生产得到了恢复和发展。他的这些功绩,至今仍为当地人民所传颂。

三、遭谗受诬　身陷囹圄

岳钟琪统领大军,转战疆场,为平定西藏、青海叛乱,屡建战功,曾受到雍正皇帝的多次嘉奖,被誉为国家之栋梁,朝廷之柱石,给了他很高的荣誉。然而,岳钟琪一生的道路却是坎坷不平的。他"督三省天下劲兵处",名高位重,因此受到奸臣的嫉妒和诬陷,于雍正十年十月被革职削爵,投入了牢房。

岳钟琪何以遭受这场不白之冤而身陷囹圄呢？事案的发端是在雍正五年七月。当时,成都有人当众造谣,说岳钟琪将要带领川陕兵谋反。岳钟琪获悉谣言后,立即上疏,向皇上作了报告。雍正皇帝对此十分重视,说:"数年以来,在朕面前谗谮岳钟琪的人甚多,不止是谤书一箧而已,甚至有说岳钟琪系岳飞后裔,意欲报宋、金之仇,这实在是荒唐悖谬到极点。岳钟琪茂著功勋,朕故任以西陲要地,付以川陕重兵。而检险奸邪之徒,却造作蜚语,煽惑人心,谗毁大臣,其罪何胜诛乎？造谣的人,断非出于无因。"他命令巡抚黄炳、提督黄廷桂会同严审,并限令黄炳等务必将实情审明具奏,指出:"此事关系诬谤国家大臣重案,非同一般民间诬告。川陕兵民向来淳良忠厚,其尊君亲上之习,实为众人所共知共闻,今造谣者竟说他们将跟从岳钟琪谋反,这不仅是对岳钟琪一人的诬陷,而且也是对川陕兵民的诽谤。"十月,经审明,此事原系寄居四川的湖广人卢宗,因"赎私田,希准状"而故意沿街叫喊,造谣惑众,并无主使之人。卢宗被按造谣惑众罪,判处死刑,等候秋审再请旨裁定。

卢宗造谣惑众一案雍正皇帝虽然作了严肃的处理,但对岳钟琪说来,却由此埋下了无穷的隐患。所谓岳钟琪系岳飞后裔的传闻,在雍正帝心中留下了深刻的印象,从此他对岳钟琪便疑虑重重。这从雍正七年三月,雍正皇帝对曾静、张熙叛逆一案迥然不同的处理,便可略见端倪。曾静系湖南靖州生员,因考试劣等而落榜,遂萌生谋叛之念。他暗中唆使徒弟张熙诡名投书于岳钟琪,想劝说岳钟琪一起谋反。岳钟琪立即将张熙拘捕审讯,要他供出主使人,张熙宁死不肯吐出一字。岳钟琪便改变方法,把他带入密室,佯与盟誓,答应迎聘他的老师一起共谋举事。张熙信以为真,将曾静图谋叛逆之事都一一从实说出。于是曾静等皆被捉拿归案。侍郎杭奕禄等奉旨赶至湖南会审,诸王大臣等合词奏请将曾静、张熙按大逆不道罪,予以正法。而雍正皇帝却下诏宽宥其罪,命杭奕禄带曾静由江宁、苏州至杭州,再派人送到湖南巡抚衙门,听其他往。这两名犯有叛逆罪的人,竟然被无罪开释,免于刀下一死。雍正皇帝在召见群臣时,不仅对此作了辩解,而且话中有话地说道:"象曾静等之悖逆,谅宇宙内断无第二人,……何必存惩一儆百之见?"从这番话可以看出,他对岳钟琪诱供张熙的举动有强烈的不满情绪。这种不满情绪,正是雍正皇帝对岳钟琪心存疑忌、视为隐患的一个明显的表现。

后来,在征讨噶尔丹策零的战争过程中,尽管岳钟琪对清廷忠心耿耿,但雍正帝对他的疑忌不仅没有消除,反而步步加深。

雍正五年,准噶尔汗策妄阿拉布坦死去,其子噶尔丹策零继位。噶尔丹策零在沙俄的支持下继续进行叛乱,数次往东深入外蒙古地区,扰掠喀尔喀诸部。清廷命傅尔丹为靖边大将军,屯驻阿尔泰山,出师北路;岳钟琪为宁远大将军,屯驻巴里坤,出师西路,对噶尔丹策零进行讨伐。在清朝大军压境的威胁之下,噶尔丹策零声称愿意交出逃匿其部的青海叛乱头目罗卜藏丹津,以为缓兵之计,暗中加紧部署兵力,准备进行顽抗。清廷立即下令岳钟琪等赴京研讨方略,筹办军务,以期征讨。噶尔丹策零乘岳钟琪等赴京之隙,率二万余人突袭科舍图。科舍图在巴密、巴里坤之间,岳钟琪在此设有牧场。噶尔丹策零突袭后,把牧场驼马全部掳掠而去。岳钟琪的军务参赞纪成斌曾派副参领查廪率领一万清军保护牧场,因力量悬殊,没有能抵挡住叛军的进攻。后来,总兵樊廷及副将治大雄等率领清军两千人,与总兵张元佐所部联合夹击,才将大部分驼马夺回。这件事,后来又成了朝臣攻击岳钟琪的一个把柄。

雍正九年春,岳钟琪为直捣噶尔丹策零巢穴,奏请移师吐鲁番、巴尔库尔,但雍正帝不予采纳。他认为岳钟琪之所以提出这个建议,是因为他曾主张长驱直入对叛军进行征讨,结果反被叛军盗去驼马,因而既耻且愤,必欲进剿,并不一定有取胜的把握。这一年正月,噶尔丹策零打算移驻哈喇沙尔,以大队人马开赴西路,并从吐鲁番进犯哈密,扰掠安西、肃州边界。岳钟琪得到消息,认为敌我众寡莫敌,建议采取持重的方针,坚壁固守,并请求北路清军派兵应援西路,同时出兵从无克克岭三面夹击敌人。对此,雍正皇帝也颇为不满,说:"以前因为钟琪军队少,朕曾谕令他持重坚守,现今他已有二万九千人的军队,还说众寡莫敌,何怯懦至此?"流露出了他对岳钟琪的不信任。三月,噶尔丹策零的叛军屡次进犯吐鲁番等地,岳钟琪相机派兵应援,将叛军击退。雍正皇帝却认为,岳钟琪应援吐鲁番,乃不得已之举。他强调,只有等到秋天再出兵袭击叛军,才是第一善策。如果仅筹划应援,而不计划如何袭击,则是舍本逐末。对岳钟琪的军事行动,又表现出一种烦忧的情绪。

七月,准噶尔部倾巢大举进犯北路,靖边大将军傅尔丹在和通泊(又作和通脑儿或和通呼尔哈诺尔)惨遭失败。岳钟琪奏请乘虚统兵袭击乌鲁木齐,以分散和牵制敌人的兵力。雍正皇帝虽然表示同意,但对岳钟琪仍不放心,告谕岳钟琪说:"打仗应当事先筹划好进兵方略,仗打响时才随机应变,切勿贪功前进,坐失机宜",并命令他"略行袭击,即撤兵回营"。于是,岳钟琪由巴里坤越木垒渡阿察河,直抵厄尔穆河,然后兵分三路奋勇击敌,夺取叛军所占据的山梁,歼敌无数。叛军溃散而逃,乌鲁木齐周围叛军,也皆拔营远徙。岳钟琪出师告捷,便遵照御旨班师回营。雍正皇帝认为岳钟琪的这次进军"进退迟速俱合机宜",下令予以嘉奖。然而,雍正皇帝在奸臣们的谗言包围之下,对他的疑虑并没有消除。十二月,雍正皇帝又突然追究起一年半前科舍图之役的责任,斥责纪成斌"怠忽",把他降为沙洲副将。纪成斌是岳钟琪的参赞军务,岳钟琪曾奏请以他护大将军印,对他颇为信任与重用。雍正皇帝对他如此追究,对岳钟琪说来无疑是一个不祥之兆。

果然,到了雍正十年(1732年)正月,岳钟琪终于"大祸"临头。当时,驻防镜儿泉的副将马顺派巡逻兵远出巡哨,突然遭遇叛军,被杀死二人,抓走一人。岳钟琪上奏朝廷,建议以不遵军令之罪,对马顺严加惩处。不料,雍正皇帝却下令将岳钟琪与马顺一并交兵部审讯。就在马顺事件发生的同时,准噶尔部三千余人进犯哈密。岳钟琪下令出兵赴援哈密,并命令副将军石云倬速派兵到无克克岭待敌。石云倬到达无克克岭后,岳钟琪又命令他迅速进占梯子泉,以切断叛军的归路。可是,石云倬的行动迟缓了一天,敌人已从陶赖大坂向西越向纳库山逃遁。当他的部队到达敌人的驻营地时,炉灶余火还未熄灭,他又下令部队停止追袭。岳钟琪见石云倬贻误军机,下令撤掉他的职务,押送京师治罪,以张广泗代为副将军。但岳钟琪自己也由此而身负重罪,雍正皇帝对他发出了严厉的警告:"岳钟琪素谙军旅,本非庸才,但以怀游移之见,致战守乖宜。前车之鉴,非止一端。嗣后当痛自省惕。"

一些朝臣显贵见岳钟琪受到雍正皇帝的指责,便不断递送奏折对岳钟琪历数"罪状",横加弹劾。其中,尤以大学士鄂尔泰的奏折措词最为激烈,弹劾岳钟琪"智不能料敌于平时,勇不能歼敌于临事,玩忽纵贼,应议处"。雍正皇帝下令将岳钟琪降为三等侯,削公爵及少保,仍留总督衔,护大将军印,戴罪立功,以观后效。是年六月,岳钟琪上疏报告大军由巴里坤移驻穆垒。雍正皇帝又借口他办理军务不妥,召岳钟琪还京,以副将军张广泗护大将军印。张广泗也乘机劾岳钟琪调兵筹饷、统驭将士等皆失宜,并称说穆垒形如釜底,不可驻军,奏请下诏将大军尽速撤回巴里坤。十月,雍正皇帝下令还军于巴尔库尔,并再颁谕旨,历数岳钟琪的种种罪过,说:"他秉性粗疏,办事急忽,且赏罚不公,号令不一,不恤士卒,不纳善言,傲慢不恭,刚愎自用。以致防御追击,屡失机宜,士气不振。而陈奏者,又皆虚假伪,为文过饰非之计。误国负恩,罪难悉数。著革职交兵部拘禁候议。"(《清史列传》卷17,岳钟琪)岳钟琪被革职削爵,投入牢房后,朝臣显贵仍不甘罢休。雍正十二年(1734年),大学士等一再上奏,要求将岳钟琪立即处斩。雍正帝因为岳钟琪功劳卓著,威著海内,担心将他立即处斩,会引起朝野舆论的反对,下令待秋审之后再行裁定。

岳钟琪身为汉将,因为长期转战疆场,屡建军功,而受到清廷重用,被晋升为大将军和封疆大吏,自然是众目睽睽。可以说,终清之世,汉族大臣拜大将军,"满洲士卒隶麾下受节制",恐仅岳钟琪一人而已,这不能不引起满族官员的疑忌。何况,鄂尔泰原系云南总督,他早就对岳钟琪心怀不满,积下了不解之怨。这就是鄂尔泰等在朝的满族达官显贵,何以要借岳钟琪部将石云倬失职纵敌一事,而置他于死地的根本原因,它实质上反映了清朝前期满汉地主阶级在政治舞台上的矛盾与斗争。

四、受职复出　再立新功

雍正皇帝死后,乾隆皇帝继位。乾隆二年,他下令释放了岳钟琪。身陷囹圄四年余的岳钟琪回到了四川老家,在成都郊外百花潭北筑室闲住。在那里,他一面教子读书,一面吟诗寄情。闲时则徜徉山水,吟啸自适。他有时还与邻近的乡亲交往,垂询农桑,人们几乎忘了他曾经还是一位叱咤风云的大将军哩。

乾隆十二年,四川西北部大渡河上游支流大金川的藏族土司莎罗奔发动叛乱,四川巡抚纪山派兵镇压,反为所败。朝廷调云贵总督张广泗为四川总督,率师征讨。但是过了一年多的时间,始终未能将叛乱平息下去。这时,乾隆皇帝想起久经沙场夙将岳钟琪,认为他长期在西蜀任职,素为川省所服,而且懂得军事,又熟悉当地少数民族的情况,如果让他负责平叛,人地相宜,必然能够奏效。于是,下诏重新起用他为四川提督,赐孔雀翎,让他统领清军进行征讨。岳钟琪对这一任命感动得热泪盈眶,他决心竭尽全力,迅速平定叛乱,以报答乾隆皇帝的重用。

岳钟琪赴任后,与张广泗商议,由他自党坝带兵攻取莎罗奔盘踞的勒乌围。张广泗专主由昔岭、卡撒进兵之策。岳钟琪向他指出:昔岭、卡撒中间隔着刮耳崖,距离勒乌围的叛军巢穴尚有百余里之地,不如改由党坝进兵,因为党坝距离勒乌围只有五六十里,只要攻破这个关隘,即可直捣敌巢。但张广泗一意孤行,拒绝采纳他的建议。张广泗拨给岳钟琪攻取党坝的兵力只有一万,除了防守营卡、粮站之外,实际上只有七千多人可以投入战斗。岳钟琪请他增兵三千,他又断然加以拒绝。张广泗由昔岭带兵进攻莎罗奔之侄占据的刮耳崖。正在这时,乾隆皇帝派来督师的大学士讷亲赶到前线,他位高气盛,限定在三天之内攻下刮耳崖。清军亟趋疾进,遭到重大伤亡,牺牲了好几员战将。讷亲打了败仗,只好依靠张广泗。张广泗又轻视讷亲,认为他不会打仗,却位居自己之上,很不服气,对他阳奉阴违,弄得将士无所适从,军心涣散。张广泗还用良尔吉为向导,不料良尔吉是莎罗奔的间谍,把清军的活动全都透露给莎罗奔,使莎罗奔早有防备。岳钟琪根据搜集的情报,指出良尔吉是个间谍,但张广泗却听信手下一名内奸王秋的话,对良尔吉深信不疑。结果清军自五月进兵,到八月,仍然毫无所得。乾隆皇帝十分震怒,下诏斥责岳钟琪,说他被重新起用后,"未闻发一谋,出一策"。岳钟琪于是上奏揭露张广泗专主由昔岭、卡撒进兵的错误策略,检举他信用良尔吉和王秋的种种罪状,同时提出了由党坝进兵的建议。讷亲也上疏弹劾张广泗"老师糜饷"。乾隆皇帝下诏将张广泗逮捕治罪,不久又将讷亲免职,改派大学士傅恒经略,代为督师。

乾隆十四年(1749年)春,傅恒统领由各地调集的劲旅开赴金川,立即整顿营垒,明号令,使军容焕然改观。他下令将与莎罗奔勾结的小金川土司良尔吉和内奸王秋等斩首问罪,使莎罗奔等为之惊骇不已。岳钟琪经过周密考虑,向朝廷提出了一个进剿方略:派兵一万出党坝及泸河,水陆并进,一万自甲索攻马牙冈、乃当两沟,与党坝军会合,直攻勒乌围;在卡撒留兵八千,堵御敌军,待攻克勒乌围后,前后夹攻刮耳崖;再于党坝留兵二千保护粮站,正地留兵一千防守泸河;另用四千兵力以为机动力量,随机接应。岳钟琪表示,"臣年虽老",仍"请肩斯任"。乾隆皇帝下诏将他的建议交付傅恒筹议酌行,傅恒欣然采纳了岳钟琪的进剿方略。岳钟琪还根据金川险峻的山河地势,革新了兵器,制作火器喷筒,并试制三艘新型的大木船。木船的两旁用挡牌遮御枪石,船中可载一百二十八人,枪橹齐列,是一种十分平稳而坚固的战船,对平定金川叛乱,发挥了特殊作用。

乾隆十三年九月,傅恒调集精兵三万五千人,按照岳钟琪的进攻方略,分兵两路向叛军发动进攻。岳钟琪统领精兵自党坝进攻康八达山梁,大败贼众,十二月,出师进战塔高山梁,又连连告捷,受到了乾隆皇帝的嘉奖。康八达山梁被攻破后,清军已兵临寨下,准备直捣勒乌围的敌巢。莎罗奔弹尽粮绝,惶惶不可终日。岳钟琪一方面下令大军准备总攻,一方面向莎罗奔展开招抚攻势。莎罗奔过去在岳钟琪平定西藏叛乱时,曾以土司头目的身份从军;岳钟琪为川陕总督时,处理金川和沃日各土司的地界纠纷,办事公平,将原先的金川属寨割还给莎罗奔并奏给土司印信,"莎罗奔以是德钟琪"。此时,在清军强大攻势面前,莎罗奔便派使者到岳钟琪军前请降。岳钟琪请示傅恒后,亲自带领十三名骑兵,前往勒乌围的叛军营寨,与莎罗奔进行长谈,示以诚信。莎罗奔头顶佛经立誓,表示愿听约束。第二天,莎罗奔率郎卡等随岳钟琪乘皮船来到清军军营投降。至此,持续了两年多的大金川叛乱被平定了。

金川告捷后,乾隆皇帝对岳钟琪大为嘉奖,加封为太子少保,复封三等公,赐号为"威信公",并授以兵部尚书衔,还亲自赋七言诗一首赐给他。岳钟琪受到了清代任何一个汉将所无可比拟的优宠与荣耀。

但是,此时岳钟琪已年迈体衰,只好奏请辞退。乾隆皇帝为成全其请,命他返回四川故里,留任四川提督。后来,他曾奉命带兵平定了西藏珠尔默特和杂谷土司苍旺的叛乱。乾隆十九年正月,重庆爆发了陈琨为首的民众反抗斗争,岳钟琪出于其忠于封建王朝的阶级立场,不顾身患重病,又亲自带兵前往镇压。在还师途中,死于资州,赐以祭葬,谥为襄勤。

岳钟琪一生,历康熙、雍正、乾隆三朝,将自己毕生的精力贡献于捍卫和开发祖国边疆的事业,他为反对分裂,维护祖国统一,建设和开发边疆所建树的不朽功绩,将永载史册。

西征大将——左宗棠

一、青少年时代

左宗棠,字季高,生于嘉庆十七年,湖南湘阴东乡左家瑕人,少时家境不济,是个破落的中小地主家庭。祖父左斐中,国子监生,父亲左观澜,也是个秀才。父子都靠教几名学生,收入微薄。左家当时有地几十亩,每年可收入四十八石租谷,自家也耕种一点土地,属于"半耕半读"的家庭。后来左宗棠在兰州时曾以此为誉,在自己门上贴有"耕读第"字样。左宗棠的幼年时代,由于家庭变故,生活已很拮据。有时遇上荒年,田亩歉收,甚至到了用糠菜充饥的地步。左宗棠出生后,母亲因乳水不足,经常用米嚼成汁来喂他,仍然吃不饱,只是哭,把肚脐眼哭得突了出来。

左宗棠从小聪慧过人,十五岁赴童子试,第二年赴府试,得第二名。可就在这期间,父母双双病故,欠下一大笔债,无法偿还。道光十二年(1832年),左宗棠二十周岁,无依无靠。原先他父亲替他订下一门亲事,岳父家在湘潭,比较富有,左宗棠就入赘周家,其妻周诒端,善诗文,人也贤惠。先此一年,即道光十一年,左宗棠到长沙城南书院,拜山长贺熙龄为师。贺熙龄是长沙人,进士出身,历任编修、学政等职,属经世致用学派。贺熙龄有个长兄贺长龄,官至按察使、布政使、巡抚、总督等职,家中有许多藏书,左宗棠经常去借读,有机会和贺长龄一起纵论天下大事,两人十分投机。贺长龄便答应家中所有藏书,都任他借阅,但还书时,总要问其所得,左宗棠对答如流,并能"互相考订"。左宗棠很快地扩大了视野,增长了见识。他曾经潜心阅读了贺长龄主编的《皇朝经世文编》,这是一部嘉庆以前名臣、学者讨论国计民生的论文。在这之前,他还读过顾祖禹的《读史方舆纪要》和顾炎武的《天下郡国利病书》。所有这些,都使左宗棠经世思想迅速形成。

道光十二年,左宗棠应本省乡试,没有考上,主考官徐法绩在落选的名单中,又选了六个成绩稍好的,左宗棠应选其中,中试第十八名举人。在封建社会,中了举人,便可以进京参加会试,如能考取进士,便可由朝廷派官任职。在妻子周诒端和族人的帮助下,左宗棠凑足到北京的路资,但是揭榜之后,名落孙山。之后,左宗棠又先后两次进京应考,都落第而归。会试的失败,使左宗棠失去通过考试跻身仕宦阶层的信心,而在"经世致用"上继续探索。他费了很大力气从事地图绘制的研究,发现以往地图绘制多不准确,注解也牵强附会。他重新绘制的地图力求纠正过去的错误,在妻子周诒端的帮助下,绘制地图,作地图解释。又摘抄各省通志和西域图志,把山川、关塞、驿道、城池分门别类,汇成几十大本。对新疆地理尤感兴趣,曾认真研究过新疆的地理形势。左宗棠尽管当时处境艰难,但对国家大事却十分关心,在一副对联中他这样写道:

> 身无半亩,心忧天下。
> 读破万卷,神交古人。

这副对联,表明他的豪情壮志。他拼命读书,研究兵事、农书,甚至栽茶、种桑也在他研究范围之内,知识的广泛涉猎,越发使他希望有一天能为国家效力。

在嘉道年间,知名的封疆大吏要算陶澍和林则徐。陶澍在两江总督任内,有一次回到湖南安化老家,途经醴陵,当时左宗棠正在绿山书院讲学,知县为陶澍建馆舍,就请左宗棠替他写了几副门联,其中一副写道:

> 春殿语从容,十载家山,印心石在;
> 大江流日夜,八州子弟,翘首公归。

上联的"印心石",是陶澍家中的一块奇石,清仁宗皇帝知道陶澍家中有此宝,就为他写了"印心石屋"的匾额。陶澍看了十分高兴,便请左宗棠和他见面。两人纵淡国家大事,语言契合,陶澍特地多留左宗棠住了一天,称他是"奇才"。左宗棠第三次进京赴考落第之后,曾特地绕道到南京去见陶澍,并在他那边住了几天。道光十九年,陶澍病故,遗孤陶桃刚刚九岁,贺熙宁是陶澍的亲戚,又是左宗棠的老师,就介绍左宗棠去当陶桃的教师,并帮他照料家务。就这样,左宗棠在陶家住了八年,饱读了陶家的藏书及陶澍的奏疏,体察了清代官场和政治的得失,这对左宗棠日后政治思想的发展奠定了一定的基础。

左宗棠勤于钻研,又将所学与国家大事的发展相联系起来,经常纵论

古今兵家得失。贺熙宁很看重他,说他"谈天下形势,了如指掌",并亲自作了一首诗赞扬他:

> 六朝花月毫端扫,
> 万里江山眼底横。
> 开口能谈天下事,
> 读书深抱古人情。

左宗棠从年轻时代就有强烈的爱国思想。道光十三年(1833 年),在民族危机的时刻,他就写了这样一首诗:

> 西域环兵不计年,当时立国重开边。
> 橐驼万里输官稻,沙碛千秋此石田。
> 置省尚烦他日策,兴屯宁费度支钱。
> 将军莫更纾愁眼,生计中原亦可怜。

鸦片战争爆发后,他对如何打败英国侵略者十分关心,曾经写成《料敌》、《定策》、《器械》诸篇,对如何打败侵略者,提出自己的看法。

林则徐在任云贵总督时,曾经请左宗棠做他的幕僚,但左宗棠不忍心离开陶澍的儿子,就没有应邀前往。后来,林则徐辞官回籍路过长沙时,特地约他到湘江船上畅叙通宵。左宗棠很崇拜林则徐,同时林则徐也十分器重左宗棠。1850 年,林则徐去世时,左宗棠写信给林则徐的儿子表示哀悼,其中特地谈到那次在湘江舟上和林则徐畅叙的情况。并写了一副挽联:

> 附公者不皆君子,间公者必是小人,
> 忧国如家,二百余年遗直在;
> 庙堂倚之为长城,草野望之若时雨,
> 出师未捷,八千里路大星颓。

这副挽联,对林则徐爱国主义思想作了高度的评价,但也暴露了左宗棠主张镇压农民战争的思想,这种思想使他后来成为清政府镇压农民起义的帮凶和打手。

二、在镇压太平天国革命中发迹

咸丰元年,洪秀全领导的农民起义在广西桂平县金田村首揭义旗,很快成为燎原之势。第二年太平军出广西,进攻长沙,当时湖南巡抚张亮基,原是林则徐的门生,林则徐在云南任总督时,张亮基在云南任知府。而张亮基又和湖南益阳的胡林翼是好友,胡林翼和左宗棠同岁,是陶澍的女婿,左宗棠又把自己的女儿许给陶桄做妻子。这样胡林翼也就成了左宗棠的亲戚了。太平军进攻长沙时,胡林翼就将畅晓兵书的左宗棠推荐给张基亮当幕客,并亲自写信给左宗棠,劝他赶快出山,并说,设若湖南都被太平军占领,你所避居的青山梓木洞能得安全吗?左宗棠接信后,便起程来到长沙,投入张亮基幕府,替张亮基筹划军事。但为时不久,张亮基调任山东巡抚,左宗棠没有跟去,又回到青山梓木洞避居。

骆秉章到湖南任巡抚时,曾多次请左宗棠参与戎机,左宗棠总是不肯。一年以后,即咸丰四年,太平军又攻入湖南,经多方劝说,才又入骆秉章幕府。骆秉章和他经过一段不亲不疏的相处之后,很快地就对左宗棠十分信任。左宗棠自恃才高,又好揽权,骆府中军、政事务,都由他一手经管。由于骆对左言听计从,军中不少人都知道,左宗棠是掌实权的,骆秉章不过"画诺而已"。因此,有人开玩笑说,左宗棠是左副都御史,而骆秉章不过是右副都御史。几年之中,左宗棠在湖南运筹粮饷,招募新兵,为巩固清政府在湖南的统治,以及支持曾国藩镇压太平军起了重要的帮凶作用。咸丰九年上半年太平军石达开部由江西进入湖南,当时湖南并没有正规清军,各州、县守城大多是地主武装。石达开势如破竹连克湘南州县,直逼衡阳、宝庆。骆秉章依靠左宗棠在湖南各州县招集民团达四万余人,略加训练后,由原先退籍还乡的夙将统率开赴前线。当时石达开部虽号称二十万,但大多是新加入的湖南、江西会党武装,战斗力并不太强。左宗棠新募集的四万民军成了石达开部的死敌。清军主要靠这支部队和从湖北派来的一部分正规军,在宝庆击败了石达开部。左宗棠镇压太平军,又为清王朝立下了汗马功劳。

但是,清统治阶级内部矛盾勾心斗角,就在这年冬季,骆秉章弹劾永州镇总兵樊燮的劣迹。樊燮不服,上京控告骆秉章对他陷害,案件自然涉及左宗棠,骆秉章的弹劾有左宗棠的意见在内,奏章也可能出自左宗棠之手。湖广总督官文历来对左宗棠的行为不满,想借这个事件陷害左宗棠。恰好清廷命令官文负责秘密调查此案,并令官文如果发现左宗棠有不法行为,可就地正法。在京中任职的郭嵩焘是左宗棠的同窗,知道此事后,便找当权的肃顺疏通,由郭嵩焘的朋友潘相荫向朝廷上书,陈明左宗棠在镇压太平天国革命中的作用,并说"国家不可一日无湖南,湖南不可一日无左宗棠"。后来郭嵩焘也说,在湖南"骆秉章之功,皆左宗棠之功"。由于潘祖荫的奏疏对左宗棠的业绩作了充分的评价,为左宗棠解了围。左宗棠的亲戚胡林翼、同乡曾国藩趁此机会,要求重用左宗棠。咸丰十年五月,清廷授左宗棠四品京堂候补,协助曾国藩办军务。左宗棠随即在长沙金盆岭招募五千人就地训练。并在八月间开往江西景德镇压太平军。从此,左宗棠踏上了直接扼杀太平天国革命的征途,开始了他一生中最不光彩的一段历程。

按照曾国藩的部署,左宗棠率王开化、刘典到江西,在景德、乐平一带和太平军李世贤、黄文金部作战,防止太平军从皖南进入江西,重演当年石达开占领江西八府五十三县的局面。此后半年多,曾国藩、左宗棠基本上活动在这个地区。咸丰十一年,湘军攻破太平天国占据多年的重镇安庆。同年十二月,李秀成攻克杭州。曾国藩命令左宗棠到浙江镇压太平军,当时浙江巡抚王有龄在李秀成督军入城之后,悬梁自杀。经曾国藩推荐,清廷任命左宗棠为浙江巡抚。左宗棠乘机奏调旧属蒋益沣为浙江布政使。同治元年,左宗棠率湘军攻占遂安,并向金华、富阳一带进犯,配合英、法侵略军自宁波向西进攻太平军。左宗棠充当清王朝和外国侵略者的帮凶,在浙江残酷地镇压太平军。当时,由于外国侵略者在上海、江苏、浙江,以及曾国藩在安徽、江苏,李鸿章率淮军在上海、江苏,左宗棠在浙江诸路进攻太平军,曾国藩又派其弟曾国荃自安庆挥师东下,在雨花台扎营,直逼天京。太平军形势急转直下,处于十分困难的境地。同治三年,左宗棠攻下杭州,至此浙江全境几乎都被左军占领。不久,太平天国天京被湘军攻破,余部洪仁玕、李世贤、汪海洋进入江西,但天京的陷落已标志着太平天国革命的失败。左宗棠和曾国藩、李鸿章成了最后镇压太平天国革命的三大刽子手之一。他对太平军恨之入骨,当他知道洪秀全病死之后,为未能将洪秀全"碎尸万段",深叹可惜。一次在江西上饶打败太平军时,竟为"毙贼三千有余"而感到"极为痛快"。

太平天国失败以后,左宗棠又率领湘军和李鸿章的淮军在河南一带镇压了捻军。几年之后,他受命陕甘总督,残酷地镇压了回民起义。左宗棠作为地主阶级的经世派,对农民起义是恨之入骨的,为了大清王朝的"长治久安",左宗棠不遗余力地镇压了太平天国、捻军、回民起义,这是他一生中最可耻的一页。

三、创办福州船政局

第二次鸦片战争中,英、法联军攻进北京,火烧圆明园。在侵略者的威逼下,清廷派奕䜣和英、法侵略者签订了《北京条约》。当时咸丰皇帝已经逃往热河承德避难。根据《北京条约》,奕䜣在北京成立总理各国事务衙门,并逐步形成一股势力。咸丰十一年,咸丰帝病死热河,由五岁的太子载淳登极,尊生母慈禧为太后,以载垣、端华、肃顺等为顾命大臣。慈禧是个不甘寂寞的人,暗中和在北京的奕䜣勾结,并在回到北京后,发动政变,捕杀顾命大臣载垣、端华、肃顺等人,改元同治,由奕䜣为议政王,慈禧以太后名义垂帘听政,这就是有名的"北京政变"。由于奕䜣是个听命于外国侵略者的人,政变自然使清政府和侵略者进一步勾结起来。因此外国侵略者认为,这个政变是"令人满意的结果"。政变之后,慈禧太后在一份手谕中也讨好侵略者说,英法联军进入北京是因为"载垣等复不能尽心议和","失信于各国"所造成的,完全是颠倒黑白,替侵略者的罪行开脱。议政王奕䜣于同治元年正式提出借洋兵"助剿"太平军李秀成部。这一年春天,李鸿章从安庆率部来到上海。李鸿章所部兵员一部分是曾国藩调拨的,一部分即奉曾国藩之命在安徽老家征集的,这就是称这支军队为淮军的原因。部队的装备大多是英国侵略者提供的洋枪洋炮。为了修理和仿制洋枪洋炮,李鸿章在上海办了一个规模很小的上海炮局,这是洋务派开办军事工业的第一个工厂。

向西方学习,创办近代化工业,这是历史进步的要求。魏源、林则徐早在鸦片战争时期,便认识到外国侵略者还有可以"师效"的一面,于是就提出"师夷长技以制夷"的口号。学习西方的第一步就是学习坚船利船,目的是用这些坚船利炮抵制外国侵略者的侵略。在太平天国运动中,李秀成也提出过利炮思想,并亲自在苏州仿造过,在被俘之后又提出"防鬼反为先"的主张。而洪仁玕更提出旨在发展资本主义的《资政新篇》。向西方学习,是历史的趋向,但不幸的是太平天国失败了。重新兴起的洋务运动却是为解决"心腹之患"而兴起的,奕䜣、李鸿章等著名的洋务派都是早就和侵略者勾结的,他们的政治倾向对内是维护清王朝的统治,对外则代表了外国侵略者在华的利益。不过,在洋务派中情况并不一样,左宗棠也是当时著名的洋务派,但他的经世致用的思想,使他承继了林则徐、魏源的"师夷长技以制夷"的爱国主义思想。因此,左宗棠在办洋务的活动中,更多的是考虑到国家的安全和富强。

同治五年,左宗棠在福州马尾创办了福州造船厂,当时称福州船政局。他在给清廷的一份奏折中,对创办福州船政局的必要性作了充分陈述。他认为,在两次鸦片战争中,侵略军的兵舰之所以能长驱直上天津唐沽,就是因为敌人有先进的轮船,可以纵横海上,而我军因没有此种轮船,无法抵御。如果没有先进的军舰,沿海藩篱便如同虚设。他计划在福州船政局建立之后,"备成一船之轮机,即成一船;成一船,即练一船之兵。比及五年,成船稍多"。在他看来,如果认真筹办,五年便可以建立一支像样点的船队,不但可以"巡洋缉盗",还可以有点力量和侵略者抗争;比较可贵的是,左宗棠在这分奏折中还把造船和发展经济联系起来,所造船只可以在海上运输货物,沿海各省利益在海上而不在陆地。即使用船来运输漕粮,也方便得多。这样一来,便可以达到"百货萃诸廛肆,鱼盐蒲蛤足以业贫民"。在鸦片战争中林则徐就认为,广东三山六海,只有让百姓出海经商,才能富裕起来。左宗棠的以船运货思想和林则徐是颇为相似的。

左宗棠下定决心开办船厂,当然主要是为了国防。但当时要不要办造船厂意见并不一致,有一种意见认为造船费用太大,不如租船或买船便利。但左宗棠认为,租船和买船不但工费贵,而且受制于外人。外国侵略者绝不会为中国的事业着想,因此在关键时刻,这些船不但调遣不能自如,而且也不能按我们的意思去办。轮船用过一段,就得检修,照样还得求外国工匠来修,不修就不能用。在左宗棠看来,从长远利益看,买船、租船都不如造船。而且造船还要配套,即培养自己的驾驶和检修机器的人员,这样才不会"授人以柄"。

左宗棠认为,只有开办学校,才能培养自己的制造、驾驶、检修一整套人员。他主张免费招收学员,请外国教师来教,首先要学会外语,因为图书、机器都是从外国引进的,不会外语就无法工作。继之是学算学及有关造船技术。因此,当时船政大臣沈葆桢说,福州船政局"创始之意,不重在造,而重在学"。从这点可以看出,左宗棠是极具战略眼光的,只要有自己的技术人员,造船就不会有困难了。在这种思想指导下,福州船政局办了许多学校,分为英文部、法文部两个部分,下属学校有造船学校、海军学校、计算学校、工程学校、航海实习学校等。这是中国最早培养海军和造船技术人员的学校,后来不少重要的海军将领,如邓世昌、严复、萨镇冰、刘步蟾等等都出自这些学校。当时有个英国海军军官寿尔参观了福州船政局之后赞叹说,船政局的整个制度表现了创办者的天才和才能。有人把福州船政局和李鸿章在上海办的江南制造总局对比,认为上海江南制造总局条件远比福州船政局优越,且李鸿章没有创办一所学校,目光不如左宗棠远大,这个说法当是事实,办自己的军事工业,是向西方学习的一个步骤,而向西方学习,重在"学"字,只有学到造船知识、制造枪炮的知识以及管理经验,才能创造性地发展,不办学校,就永远得聘用外国工匠,工厂办起来,技术仍操纵在洋人手里,仍然是不会有大的发展前程的。

由于船政局很重视"学",因此把培养中国的"匠徒",即技术工人,放在重要位置上。船政局聘请日意格当技术监督,双方协议,按规定时间把中国工人培养到能独立工作,如果教学有方,提前教会中国工人,酬金从优。而且还规定,一旦中国工人掌握技术之后,洋匠一律遣散回国。就这样,福州船政局培养出一批批技术熟练的工人来,这对造船厂的发展起了十分重要的作用。

同治五年,清廷任命左宗棠为陕甘总督,船政局由左宗棠推荐的船政大臣沈葆桢负责经营。沈葆桢严格按左宗棠的思想办厂,几年之中发展较快。同治十三年(1874 年)日本侵略台湾时,沈葆桢奉命督福州水师去台湾作战,迫使日本政府派员到北京议约,不敢用武力强攻台湾。这次沈葆桢带往台湾的舰只大多是福州船政局自造的。中法战争以前,中国建立起北洋水师、闽江水师和南洋水师。闽江水师十一艘兵舰除两艘是从美国购进外,其余九艘均为福州船政局自造的,北洋水师的康济、威远、眉方、泰安、镇海等也出自福州船政局,占全部北洋水师舰只的五分之二;南洋水师的澄庆、横海、镜清、开济、靖远等也出自福州船政局,占全部南洋水师舰只的三分之一。这些船只大多是在光绪元年以前建成的。十年时间造出这么多舰只,成绩是很大的。中法战争的失败原因很多,其中最主要的是李鸿章投降主义所造成的。用中法战争马尾港遭受法舰突然袭击而导致闽江水师全军溃败,来说明左宗棠创办福州船政局的过错,理由是不充分的。

四、收复新疆的光辉业绩

左宗棠受命督办新疆军务是在光绪元年,当时他已经六十四岁,身体又多病疾。但当他接到清廷的授命之后,却是心情振奋,决心要从阿古柏手中夺回新疆。左宗棠在陕甘总督任内就着手为进军新疆创造条件,新疆地处边远,军粮、军需仅是运输一项,困难就很多。为了减少粮食转输困难,他认为西征军在精不在多,围绕这个思想主张,他早就着手进行这项工作。

1.整顿镇驻新疆的朝廷命官和整编部队。左宗棠认为"自古关塞用兵,宜精不宜多",按照这个原则,他着手整顿在边疆的部队。早在同治十一年(1872年),他就弹劾满洲贵族成禄。成禄是乌鲁木齐提督,新疆吃紧时,清廷命成禄率部到哈密,增援督办新疆军务的景廉。成禄畏葸胆却,按兵不动,长期留守在高台,按编制成禄军十二营,实际上只有一半,长期吃空缺,军饷不济时他就截留景廉的军饷。本来他应归陕甘总督调遣,但他是满洲贵族,根本不理睬左宗棠。这些问题不解决,左宗棠就不要想进军新疆。他向清廷弹劾成禄的种种不法,要求撤换他。清廷下令将成禄革职拿问,将原部十二营根据宜精不宜多的原则整编成三营,划归景廉指挥。另一个满洲贵族穆图善,曾任过陕甘总督,左宗棠受命陕甘总督后,穆图善领兵督办兰州军务。新疆形势紧张时,同治十二年(1873年),清廷命穆图善开往敦煌一带,以备入疆;左宗棠上奏清廷,表示不同意,认为这支部队不得力,"战守具不足恃,他建议将这支部队"遣撤",以节约军饷,后来清廷把穆图善调入北京供职。

剩下的满洲贵族大员还有景廉,原任乌鲁木齐都统,同治十三年(1874年)受命钦差大臣督办新疆军务。此人也是苟且偷安、不求上进之徒。而且统部兵员虚缺,原部三十四营,实数应有一万七千多人,实际兵员不足一半,长期吃空缺。更严重的,他自恃为满洲贵族,根本不和左宗棠合作,由这样的人督办新疆军务,左宗棠就不要进军新疆。为扫清障碍,他上奏清廷,要求将景廉调开,由另外一名满洲贵族金顺暂管关外军务,清廷准奏,将其部三十四营,改编为二十五营。这样一来,他基本上扫清了进军新疆在人事上的障碍。

与此同时,左宗棠在镇压回民起义之后,也对所部湘军进行整顿,把老弱冗员,凡无战斗力的皆给资遣回,并且明确宣布凡是不愿随他出关西征的,不论官兵,一律听便,给资回籍。留下来的大多为健壮之兵,而且是自愿出关西征的,战斗力都比较强。

2.筹饷运粮:进军新疆面临的重大问题是军饷和粮食转输问题。部队整编发给遣散人员回籍路费,用银达九十万两。而从内地转运军粮到新疆,路程至远又难行走,运费特别高。如一万名士兵,仅从肃州到玉门,路程三百六十里,如果每只骆驼运五百斤粮食,就要一千头骆驼,二百名驼夫。从玉门到哈密路程一千四百里,运价就更惊人了。但由于准备西征,粮饷又非解决不可,他一面向洋商借款三百万两,以救燃眉之急,一面报请清廷拨款应急。清中央政权也希望收复新疆，在权臣文祥的积极支持下，清廷命户部拨款二百万两，批准他借用洋款五百万两，又令各省提前解西征银三百万两。这样，军饷问题才初步得以解决。

筹粮是进军新疆面临的重大问题，左宗棠认为："粮运两事，为西北用兵要著。事事利钝迟速，机括全系乎此。"而"买粮一事，须预计马步实数，克日行走，到地实用外，再顾备裹带数日。一路一处，均须筹计。少买不足供食，多买又裹带累赘"，因此征集粮草数字应是十分精确。假定，步兵每营七百人，马队每营二百五十人，马二百五十匹，一营马队用粮相当于两营步兵。步兵每人每月用粮四十五斤，按此数字，有多少营就筹多少粮。经过几年艰苦转输，由河西运到安西、哈密的已有一千万斤，从哈密运到古城子的约四百万斤，从归化、包头运存巴里坤的，约五百万斤。经过这些准备，便为进军新疆创造了条件。

3. 建立兰州机器局。左宗棠知道阿古柏的部队大多用洋枪洋炮，西征军武器装备如不改善，作战将会遇到困难。当时，虽然李鸿章创办了江南制造局、金陵机器局和天津机器局，但李鸿章是反对左宗棠进军新疆的，自然不会将这些机器局生产出来的枪炮支援左宗棠。在这种情况下，同治十二年（1873 年），他在兰州南关创办了兰州机器局，从广东、浙江聘请熟练工人，由总兵赖长筹办，他对制造枪炮有一定经验。这个厂一年之后，便能造出各种枪炮。左宗棠西征军的得力将领刘锦棠的部队开赴新疆之前，就是用这个厂生产出来的枪炮装备的。兰州机器局虽然不大，但在西征中起了一定的作用。一切准备就绪之后，光绪元年（1875 年），清政府任命左宗棠为钦差大臣，办理新疆军务。同年，左宗棠调旧部刘典为陕甘军务帮办，坐镇兰州，目的是让他办理粮饷，支援西征军。光绪二年（1876 年），左宗棠以陕甘总督名义，命令汉中镇总兵谭上连进军新疆，记名提督宁夏总兵谭拔萃、记名提督陕安镇总兵余虎恩相继率部入疆。左宗棠的主力部队刘锦棠也同时入疆。左宗棠经过一番调查研究，认为阿古柏与白彦虎有矛盾，阿古柏想保存实力，不一定愿与左军决战，而白彦虎所部系乌合之众，并不耐战。根据新疆地形北高南低，加上乌鲁木齐系北疆重镇，如果攻克乌鲁木齐，南疆就会震动，而我军则会大受鼓舞。于是，左宗棠决定先进攻乌鲁木齐。并决定以徐占彪五营驻古城一带确保粮路畅通，并防止敌军回窜甘肃，以金顺四十营中的一部协助刘锦棠进击乌鲁木齐，由刘锦棠部负责主攻。新疆百姓颇受阿古柏、白彦虎的蹂躏，一旦知道西征大军进剿阿古柏会起而支援的。一切部署停当之后，左军于八月攻克乌鲁木齐附近的古牧地。刘锦棠从俘虏处搜获一封乌鲁木齐的告急信,得知乌鲁木齐"防守乏人"。刘锦棠当机立断,下令立即进攻乌鲁木齐。西征军收复乌鲁木齐,白彦虎已自古牧地逃往南疆,阿古柏派兵来援,军到离乌鲁木齐二百里左右的达坂,得知乌鲁木齐已被左军攻克,立即退回南疆。可见,收复乌鲁木齐的胜利,大大挫伤了敌人的士气,奠定了左军将士收复新疆的信心,使清政府更加坚定地支持左宗棠的军事计划。

乌鲁木齐收复后,左宗棠开始准备进军南疆。但正在这时候,英国侵略者威妥玛亲自去找李鸿章,让李鸿章转达奕䜣,要求让阿古柏乞降"立国",即在南疆成立一个国家,肢解新疆。李鸿章居然接受委托,并告诉奕䜣:"能否准喀酋投诚为属国,祗隶版图,不必朝贡,免致劳师糜饷,兵连祸结。"其实,英使威妥玛的意思,也正是李鸿章投降卖国的意图,就在这一天,李鸿章上书认为:"左帅进图新疆,倾国之力断不足以接济,识时务者多议其非。"而且认为进军南疆会"失和"于英国。十月间,左宗棠收到清廷关于威妥玛愿意调停让阿古柏乞降"立国"的征询意见信。左宗棠非常生气,指出乌鲁木齐、吐鲁番、南八城都是中国领土,阿古柏是侵占我国领土的贼匪,英使威妥玛竟然称阿古柏是"喀王",岂有此理。至于英使威胁说,如果左军出兵南疆定会导致俄国出兵干涉,左宗棠也加以力驳,当时俄国只在伊犁驻军一千,左军进入新疆后毫无动静,根本没有进行干涉的可能。英使此举其目的是想借阿古柏势力控制南疆,其侵略野心昭然若揭。左宗棠向清廷保证说:"南路贼势重在达坂即噶逊营、吐鲁番、托克逊三处,官军南下,必有数大恶战,三处得手,则破竹之势可成。"根据左军士气和兵力,左宗棠进军南疆击败阿古柏是有把握的,坚决拒绝李鸿章代英人替阿古柏乞降"立国"的意见。

左宗棠一面整顿军队,一面积极筹粮。左军攻下乌鲁木齐之后,曾缴获粮食一百万斤,但当地饥民太多,开仓赈济,已用去不少粮食,左宗棠急速从甘肃和乌鲁木齐以西采购一批粮食,并转运到前线。同时,他命令部将刘锦棠争取在伊拉里克地区征购粮食,这个地区水地多,是产粮区,处在吐鲁番和托克逊之间。大军到达后,对百姓一律赦其从贼之罪,免其徭役之苦,这样就可以得民心,而粮食一律公平购买。如能在这里征购一部分粮食,则可减少从内地运粮,节省大量军饷。南疆比北疆富庶,左宗棠认为进军南疆时要坚持"只打真贼,不扰平民",这样就可以"不愁乏食"。

阿古柏知道左宗棠是不会放弃进攻南疆的,就在吐鲁番、达坂、托克逊等地集结部队,征集粮草和军火,准备和左军决战。

达坂是军事要地,也是阿古柏重点设防地,如果清军攻下达坂,南疆门户洞开,吐鲁番、托克逊也就攻之不难。因此,左宗棠进军南疆第一个军事目标是达坂,这一战关系到是否能顺利进军南疆的大事,必须打好。他决定由他的得力部将刘锦棠来担任主攻。

光绪三年,刘锦棠率兵二十余营自乌鲁木齐出发,到达达坂城附近。敌军引湖水阻止清军近城,但刘部骁勇善战,骑兵涉水而过,步兵继之,很快地就包围了达坂城,击败自托克逊派来增援的骑兵,城中贼匪成了瓮中之鳖。刘锦棠命令用开花炮攻城,一炮击中城里火药库,经过一场恶战,击毙敌军数千人,俘获一千余人,战马八百余匹以及各种军械无数。这战打得非常出色,西征军只阵亡五十二名,受伤一百余人。刘锦棠之所以要全歼敌军,不许一人突围,目的想震慑一下敌军,这样一来,左军再攻其他城镇时,敌人就不敢负隅顽抗。

攻克达坂城之后,刘锦棠进军托克逊,当地维吾尔族百姓主动从托克逊来送情报,说阿古柏知道达坂全军覆灭,惊恐万分,正准备逃窜。刘锦棠急派骑兵进袭,敌军经过一阵顽抗,弃城逃窜。左军攻克托克逊。与此同时,左宗棠另一部将张曜也攻占了吐鲁番。

达坂、托克逊、吐鲁番三城的攻克,进攻南疆击溃全部敌军已无太大困难。但正在这时,英国政府却发了什么"照会章程",说什么他们和喀什噶尔早在四年前就订有条约,不让左军继续进击阿古柏匪帮。郭松焘完全站在英国侵略者一边,重弹李鸿章旧调,认为"回疆不足经营"。左宗棠看到郭松焘的奏折,十分愤慨,他严正指出,阿古柏原是浩汗王国人,"非无立足之处,何待英人别为立国?即欲别为立国,则割英地与之,或即割印度与之可也,何乃索我腴地以市恩?"清臣当时看到左宗棠在新疆胜利在望,自然也不赞成李鸿章、郭松焘之流的投降活动。

西征军在攻克达坂等三城之后,阿古柏看到"立国"不成,前途无望,便服毒自杀,由其子伯克胡里继位,内部矛盾重重。

南八城,即库车、喀拉沙尔、阿克苏、乌什、喀什噶尔、英吉沙尔、叶尔羌、和阗,这些城非常分散,相距都是几百里,不过由于西征军比较富庶,军粮可以就地征集,这是一个有利条件。光绪四年(1878年)八月,西征军开始进军南八城,十月,西征军攻喀拉沙尔,收复库尔勒。据俘虏供称,白彦虎已西走库车。左军乘胜进击,攻克库车,斩敌一千余名,缴获羊一万两千多只。西征军仅用六天六夜时间,奔驰九百余里,连克三城,救出大批被裹胁的各族难民,可知西征军士气之高,战斗力之强。左宗棠闻三城捷音,立即命令刘锦棠、张曜穷追残匪。刘锦棠攻克库车之后,只休整了三天,便策马西进,军到阿克苏,白彦虎不战而逃,西征军进驻阿克苏。这样南八城中的东四城全部收复。十二月,西征军收喀什噶尔,这是阿古柏的巢穴,被他侵占达十二年之久,这时回到祖国的怀抱。喀什噶尔攻克之后,白彦虎、伯克胡里见大局已去,便逃入俄国境内,清将黄万鹏停止进击,奉命就地监视其动向。在攻克喀什噶尔的同时,另一支西征军攻克叶尔羌、英吉沙尔。清将董福祥于光绪四年(1878年)初进克和阗。这样南疆八城全部收复。新疆各族百姓从阿古柏的残酷统治下解放出来,回到祖国的怀抱。左宗棠十多年呕心沥血,终于在新疆各族人民的支援下,经他及其得力的部将刘典、刘锦棠、张曜等全体爱国官兵的努力奋斗,取得了消灭阿古柏匪帮、收复新疆的辉煌战果。

左宗棠收复新疆之举,仅运粮修路就是颇具气魄的。据记载凡大军经过地方,他都命令修筑道路,并且沿途命令士兵种树。据左宗棠的老乡隆无誉在《西笑日觚》一书中说:"左恪靖自泾州以西至玉门,夹道种柳,连绵数千里,绿如帷幄。"光绪五年(1879年),杨昌浚应左宗棠之请,到西北旅行,亲眼看到沿途绿柳成荫,触景生情,写了这样一首诗:

> 大将筹边尚未还,
> 湖湘子弟满天山。
> 新栽杨柳三千里,
> 引得春风度玉关。

这首诗不但说明左宗棠西征的豪情气概,而且由于西征植树把春风引渡到玉门,收复了新疆,也改造了自然。

五、暮年壮志

光绪六年,清政府下令调左宗棠到京供职,左宗棠在西北经营了十多年,特别是收复新疆,为祖国建立了丰功伟绩,对西北有深厚感情。当他奉命离开新疆时,心情十分矛盾。

他希望在北京能替国家做更多的事。当时,朝廷官员之间矛盾丛生,投降派颇有势力,他兵权已削,作用也就不会太大,而且更是由于投降派的掣肘,前程更加坎坷。

　　左宗棠于光绪七年到达北京,清政府任命他管理兵部事务,虽然恩准他在军机大臣和总理衙门行走,但军机处和总理衙门的官员大多和他意见不一致,他的话是不会有人听的。左宗棠一再要求开缺,撤掉他的各种差使,但左宗棠功勋卓著、名声很大,清政府自然不会批准的。左宗棠在军机处经常发泄他对李鸿章等的不满,或谈论西征之事,拍案大笑。奕䜣没有办法,只好把他调任两江总督。光绪八年(1882年),他到南京赴任,极力主张仿效林则徐抗英,加强沿海沿江防务。由于和李鸿章矛盾越来越大,李鸿章对左宗棠力主抗法,十分不满,骂左宗棠是"老模糊颠倒,为江左官民所厌苦"。左宗棠再次向清廷奏请开缺回籍,清廷同意他卸去两江总督任,但希望他病愈之后,即行销假,重新委任。中法战争爆发后,福州水师在马尾全军覆灭,朝野上下谴责投降派李鸿章之流。光绪十年,清政府任命左宗棠督办福建军务。这时左宗棠已经七十三岁,但仍有"伏波伏鞭之概,其志甚坚"。到福州上任后,他一面派兵增援台湾,一面整顿闽江防务。光绪十一年(1885年),当中国军队在镇南关大捷时,李鸿章却和法国签订了《中法天津条约》,下令在镇南关前线的冯子材、王德榜清将撤兵。

　　左宗棠坚决反对撤兵,并因此上奏清廷,陈明撤兵之害,但已无可挽回。左宗棠忧愤交集,在福州病逝,终年七十四岁。

　　左宗棠的一生,前半段是镇压太平天国革命、镇压回民起义的刽子手,后半生收复新疆,为祖国建立了不朽的功勋,是清末地主阶级抵抗派的杰出代表之一,比起清王朝中那些投降派和顽固派来,他是一个应当肯定的历史人物。

反击法日侵略的英雄——刘永福

刘永福,生于道光十七年(1837年),卒于1917年,原名建业,又名义,字渊亭,广西上恩人。刘永福小时候,家里十分贫寒,靠父亲和叔父帮人种田和卖水酒维持生活。刘永福幼年当过佣工,帮庄户放过牛。十二岁时,父母双亡,家贫如洗。为了糊口,他经常上山打柴或者烧炭。十三岁以后,又风风雨雨地出没在左江航道的危波险滩上,替人撑船或者带路。他从小饱受地主阶级和财主的压迫和剥削,形成坚强不屈、敢于斗争的性格,后来成长为一名威震中外的黑旗军首领。

一、创建黑旗军

刘永福的童年时代,正是第一次鸦片战争爆发以后,腐败的清政府屈服于西方资本主义列强的压力,被迫签订了《南京条约》等一系列不平等条约,使独立自主的中国逐步沦为半殖民地半封建社会。随着五口开埠,欧、美的殖民主义分子纷至沓来,他们在上海、广州等通商口岸,开设行栈,经销进出口贸易,从事走私、贩毒和掠卖人口等侵略活动,中国人民生活在水深火热之中。与此同时,林则徐等爱国者在广州禁烟和广东三元里人民为振雪民族仇耻、保卫国土家园而进行的抗英斗争所表现出来的强烈的爱国主义精神,激励着中国人民联合起来,共同反抗中外反动派的黑暗统治。这些都在刘永福幼小的心灵中埋下了爱憎分明的种子。

刘永福从小就对祖国无限热爱,十分仇恨外国侵略者。有时候孩子们吵嘴、打架,刘永福就劝解他们说,自己人打自己人,算得了什么?有本事同红毛子(指外国侵略者)去斗一斗,那才够得上英雄好汉!孩子们听了他的话,没有一个不佩服的。因为刘永福聪明勇敢,办事又有办法,家乡的男女老幼都非常喜欢他,大人们称赞他是个有出息的好孩子。

鸦片战争以后,清朝政府越来越腐败,对外妥协投降,出卖国家民族利益,对内残酷压迫和剥削劳苦大众。刘永福气愤地说,这种世道真是吃人的世道,我们如果不起来推翻清朝政府的黑暗统治,那才是没有一点血气的奴隶!

咸丰元年,洪秀全领导的太平天国农民革命运动在广西爆发。刘永福听到这个消息,高兴得跳了起来。他对同伴们说,好汉子应该为劳苦大众办事,为穷人谋幸福,现在是出去大干一番的时候了。咸丰七年秋,二十岁的刘永福便约了同乡邓阿富等人,投奔以郑三为首的反清武装斗争队伍,加入到农民革命的行列中。

同治三年夏天,洪秀全领导的轰轰烈烈的太平天国革命,在中外反革命势力的联合绞杀下失败了。第二年,刘永福带领二百余人加入了以吴亚忠为首的广西天地会反清斗争武装。他们在安德北帝庙前举行祭旗仪式,以七星黑旗为军旗。从此以后,他们就经常高举七星黑旗作战。因此,人们就把刘永福领导的这一支农民起义军称为黑旗军。刘永福也就成为广西天地会农民起义的领袖之一。

同治六年(1867年),清朝政府派兵进攻吴亚忠军。由于敌我力量悬殊,吴亚忠军又缺乏粮食和武器弹药,形势对起义军十分不利。为了避开清朝军队的进攻,并解决缺粮问题,刘永福带领所部三百余人进入中越边境的六安州。同治八年,刘永福领导的黑旗军攻入保胜(今老挝)一带。他们在这里开辟山林,聚众屯垦,保境安民,并为当地人民除掉了白苗头目盘文义和土霸王何均昌、黄崇英,得到了当地百姓的拥护和支持。

由于刘永福机智勇敢,富有谋略,又能体恤将士,他的队伍一天比一天壮大,人数很快就发展到二千余人。为了便于指挥和发挥战斗力,刘永福把队伍分成三营:黄守忠统率前营,吴风典统率左营,杨著恩统率右营。黑旗军纪律严明,明确规定,队伍扎营时不占用老百姓的房子,买卖东西不侵犯老百姓的利益,打仗时英勇杀敌,不打仗时就垦荒种地,不准调戏妇女,违者斩首。因此,黑旗军在人民群众中享有很高的威信,有深厚的群众基础。

二、抗击法国侵略

十九世纪后半叶,法国侵略者加紧侵略越南,妄图把越南变为它的殖民地。并企图以越南为跳板,进而侵略中国,以便实现他们梦想已久的打开中国西南地区的大门。

同治十二年,法国国王派遣驸马安邺(yè)上尉率"远征军"进攻越南河内,企图建立"法兰西东方帝国",然后溯红河而上,向中国西南地区推进,开辟一条短捷的道路到四川,并在云南境内设立法国兵工厂。

法国侵略军在安邺的统率下,攻占河内、海阳、宁平、南定。在不到一个月的时间内,法国侵略军就占领了红河三角洲一举。

在法国侵略者大举入侵之际,越南国王阮福时请求驻扎在中越边境的黑旗军出兵协助越南抵抗法国的侵略。

刘永福领导的黑旗军,本来就十分痛恨外国侵略者。这时,越南人民面临着法国侵略者的蹂躏,便接受越南政府的请求,发兵一千多人,从保胜出发南下,越过宣光大岭,开赴抗法斗争前线。

同治十二年底,刘永福率领黑旗军同越南军队一万多人会合,列阵于河内郊外,在河内城西同法国侵略者展开了一场激战。法军大败,向河内城退却。刘永福下令追击,又在河内西城门外,再次击败溃逃中的法国侵略军,法军首领安邺等数十人被斩。黑旗军乘胜攻入河内,歼敌数百名,缴获了许多枪械弹药,大获全胜。法国侵略者被迫退出红河一带,困守海防。黑旗军的这一胜利,打乱了法国侵略者侵占越南的预定计划,推迟了他们吞并整个越南的进程,越南国王见黑旗军打了胜仗,十分高兴,送给黑旗军许多耕牛和种子,帮助黑旗军继续开荒屯垦。同时,授予黑旗军首领刘永福三宣副提督之职,让他管理宣光、兴化、山西三省地方。

但是,法国侵略者并不甘心于这次失败。经过一段时间的喘息和准备之后,又重新组织力量,增加了侵略越南的兵力,在海防、顺化、广南等地都分别派兵驻守,准备发动新的侵略越南的战争。

光绪七年,在内阁总理茹费理的主持下,法国议会通过了二百四十万法郎拨款的议案,作为侵略越南的军费。

光绪八年,法国西贡总督黎眉派遣法国远东舰队司令李维业(亦译李威利)率军北上,进犯红河三角洲一带,再次攻占河内。光绪九年,法军又占领越南北部最富庶的南定省,并企图北上进犯中国广西边境,气焰十分嚣张。在这危急关头,越南政府又一次邀请刘永福率领黑旗军参加抗击法国侵略的战争。

于是,刘永福领导的黑旗军再一次接受越南政府的邀请,发兵三千人,会同越南军民,向法国侵略军发起反攻。黑旗军全体将士在河内城外誓师,整装待发,决心"为越南削平敌寇","为中国捍蔽边疆"而战斗。双方订约会战,决战地点选择在河内城西的纸桥旁边的关帝庙。

纸桥在河内城西二里,是一道涸水的小桥。当时,法军占据河内城,坚守市栅,刘永福的黑旗军在纸桥西边三里处扎营。

战前,法军司令李维业曾吹牛说,黑旗军只不过刘永福一人厉害,他的军队都是七拼八凑起来的,既没有经过严格训练,又缺乏精良武器,不值得一打。在他看来,这一仗法军已稳操胜券。

为了打好这一仗,刘永福作了认真的准备和部署:由杨著恩率领右营官兵把守关帝庙;吴凤典的左营兵预先在路旁设下埋伏,可随时接应,又可出其不意地打击敌人;黄守忠的前营则扼守大道,正面对付法军。

刘永福把作战计划向将士进行布置和动员之后,就亲自率领部队开赴前线,并由部将杨著恩率领右营将士赶到纸桥,兵分三路,一路占据桥旁的关帝庙,一路到庙后作接应。杨著恩亲自率领一路扼守大道。与此同时,法军的大队人马也已开到桥东布防。两军隔桥对阵,一场激战开始了。庙中瓦飞屋坍,炮火十分激烈。这时,在前沿督战的法军副司令韦臀(音 yī)得意洋洋,骑着战马直奔桥上,正好暴露在黑旗军的右营的射程之内,火筒炮手一炮就把他击落在桥下。法军看到指挥官被击落桥下,纷纷后退。但是,法军在稍作调整以后,由正司令李维业亲自出阵,利用他们的武器优势,十人为一队,放连环枪,拼命地向黑旗军的阵地扑来。关帝庙中的一队支撑不住,开始退却。正在这危急关头,庙后的一队赶上去堵截,也因势单力薄,没能抵挡得住。这时,一部分法军抄袭庙后,一部分冲上大道,夹击杨著恩所部。杨著恩两股中弹洞穿,鲜血直流,仍不肯离开前线,继续坚持指挥战斗,甚至在右手手腕中弹之后,他仍然坐在地上用手枪击毙十多个敌人。后因胸部中弹,壮烈牺牲。

法国侵略军依仗洋枪泮炮,在关帝庙前击败杨著恩后便大摇大摆地冲上大路,以为可以攻克黑旗军的全部阵地了。这时,黑旗军黄守忠所部正面和法军对阵,而吴凤典所部的伏兵则乘其不备一齐涌出,横冲敌阵。法军遭到这一突如其来的攻击,惊惶失措,队伍大乱。黑旗军战士勇猛十倍,以白刃接战,使法军优势的枪炮来不及发挥作用。法国士兵被打得狂奔乱窜,夺路逃命,有的甚至完全吓呆了,坐在地上不能动。经过三个多小时的激烈战斗,黑旗军大获全胜。这一仗,共击毙法军官兵二百多人,法军司令官李维业上校也在这场激烈的肉搏战中被击毙。黑旗军用缴获的洋枪洋炮和其他武器弹药,来改善自己的装备。这就是震动中外的纸桥之战。

纸桥大捷,大长了中国人民的志气,灭了侵略者的威风。法国侵略者两次进攻,都被黑旗军打败,损兵折将,而且两次的主将都当场毙命。因此,法军在纸桥受挫后,就龟缩在河内城里,不敢轻易出城作战。法国士兵一听到刘永福的名字,就心惊肉跳。许多士兵宁愿回国后入狱坐牢,也不愿再当兵打仗了。

由于纸桥大捷,越南国王封刘永福为一等义勇男爵,并提升他为三宣提督,以表彰他的战功。

光绪九年八月,法国侵略军乘夏秋之交河水涨发的时候,决堤灌黑旗军营地。同时派出九艘兵船和一千八百人分三路进攻,炮击黑旗军军营。经过十多个小时的激烈战斗,黑旗军再一次击败法军。黑旗军亦因营地怀德地势太低,容易受到水淹,因此把军营迁到离怀德三十里的丹凤。

九月,法国侵略者派出十一艘兵船、九只板船和三千名陆军,水陆齐进,至喝江口,向黑旗军营地围攻。丹凤四面为喝江环绕,有堤直通河内。黄守忠率军据堤迎敌。因堤狭弹密,法军退避堤下,黑旗军亦趋堤下,两军仅隔一道五尺的堤,蹲伏对射。这时,法国兵船的大炮俯射黑旗军阵地,使黄守忠军水陆受敌。在不利的地形下,黑旗军英勇奋战,并用土炮轰击敌兵船,坚持战斗两昼夜,最后法军不支,遂大败,当场击毙法军官兵八十余人,伤二百多人。

怀德之战和丹凤之战,是黑旗军向法国侵略者进行的两次可歌可泣的英勇战斗。黑旗军以无比的勇气和不怕牺牲的精神,击退了敌军的兵船和大炮的进攻,歼敌数百人。

在法国侵略者的步步进逼面前,中国人民纷纷要求对法作战。在这种形势下,清政府不得不对沿海沿边的防务作了一番部署,委派兵部尚书彭玉麟赴广东筹办防务,命左宗棠、李鸿章筹办南洋和北洋防务,命令云贵总督岑毓英出关,亲赴前线指挥当地的军事行动。

在法国方面,光绪九年底,议会又追加九百万法郎作为侵略越南的军费。茹费理提出再拨款两千万法郎和派遣一万五千名远征军到越南的提案,并于第二天在议会获得通过。法国侵略者决心夺取山西和北宁。

法国侵略军五千人在远东舰队司令孤拔的统率下,乘坐十二艘兵船、四十只民船,并带了五百多部装载武器弹药的车辆,从河内出发,向驻守在山西的中国军队发动进攻。

这时,负责镇守山西城的清军将领唐炯贪生怕死,在法军还没有到来之前,就把军队撤到兴化,催刘永福率军来守山西城。刘永福率黑旗军赶到山西时,唐炯早已私自逃回云南,为自己的升官而庆祝。刘永福率领黑旗军在山西同法军激战三天,终因敌众我寡而退出山西城。山西城陷入敌手。

山西周围地势险要,物产丰富,是越南北部的一个战略中心。坚守山西,进可以攻河内,退可以自守。山西城的丢失,不但失去了对河内法军的威胁,也动摇了清军在北宁的地位,失去了兴化和宣光的屏蔽。因此,山西城失守是清朝军队失败的转折点。

光绪十年，法国侵略军攻占了北宁。接着，又占领了太原、兴化。至此，法国侵略者完成了占领红河三角洲的计划。

光绪十年八月，法国远东舰队副司令利士比率兵船四艘进攻台湾基隆。督办台湾事务大臣刘铭传被迫发兵还击，把侵台法军赶回海上。

法军攻掠台湾基隆没有得逞，便转而集中兵力准备进攻福州。法国远东舰队司令孤拔得到法国政府的命令后，竟采取不宣而战的手段，突袭我马尾军港，使福建水师遭受严重损失。还轰毁马尾船厂。清朝政府被迫对法国宣战，命令前线陆海军，准备对法国侵略军作战。

清朝政府想用借刀杀人的办法，让刘永福率领黑旗军去同法军打仗。如果黑旗军胜了，可使越南感激中国，又不至于给法国有什么借口，如果败了，黑旗军被消灭，则可为清政府除去一大患，一举两得。在这一思想指导下，清政府给了刘永福一个记名提督的官衔，让他指挥黑旗军去同法军打仗。同时，为了监视刘永福的行动，清政府又命令吏部候补主事唐景崧（读作 sōng）募兵与刘永福合作，一起进攻宣光。从此，刘永福成了清政府的一名官员。

光绪十年底，刘永福率领黑旗军与西线的清军联合作战，向法军发起进攻，沉重地打击了法国侵略者。黑旗军还同滇军一起，进到宣光附近，准备与桂军连成一片，共同收复北宁。黑旗军将法军盘踞的宣光城包围了两个多月，使城内之敌弹尽粮绝，处境十分困难。刘永福预料河内法军可能前来增援，便在离宣光城不远的左旭埋下两万斤炸药。果然不出所料，光绪十一年三月，大批法军从河内前来宣光城解围。黑旗军佯装败走，引诱法军到预先埋好炸药的地方。一声巨响，火药爆炸了，法军官兵被炸死、炸伤四百多人。黑旗军乘胜追击，又歼灭了许多敌人，还缴获了不少武器，取得了围攻打援的胜利。

接着，刘永福领导的黑旗军又在临洮大败法军，收复了广威府、黄冈屯、鹤江和老社等地。临洮的胜利，使法军不仅在进攻广西的战争中，并且在同时遥为声援的向云南方向的进攻中，也遭受了严重的失败。

这时，镇南关（今友谊关）也传来了老将冯子材大败法军的捷报。这一系列的胜利，从根本上扭转了中法战争的形势，沉重地打击了法国侵略者的气焰，加剧了法国的国内矛盾，导致挑起中法战争的罪魁茹费理内阁的倒台。

中法战争，中国打了胜仗，却被腐败的清政府当作求和的资本。光绪十一年（1885年）四月，清政府下令停战。六月，李鸿章同法国驻华公使巴德诺在天津签订《中法天津条约》，承认越南为法国的保护国，并给予法国在中国广西、云南通商的特权。

中法战争结束后，清政府在法国侵略者的威逼下，与法狼狈为奸，共同对付黑旗军。在不到三个月的时间里，清政府接连下了九道命令，并以封官晋爵为诱饵，诱逼刘永福回国。光绪十一年冬，刘永福率领三千多人回到广西南宁，清政府下令将黑旗军裁撤大半，只留一千二百人。

光绪十二年四月，清政府任命刘永福为广东南澳镇总兵。九月，刘永福赴任。此后，黑旗军又被裁撤，最后仅有三百余人。刘永福在越南十八年，抗法斗争达十二年，旧部散在越南的不少。这些留在越南的黑旗军余部，后来又参加了黄花探领导的抗法斗争。这一斗争坚持了近二十年之久。

三、保卫台湾

光绪二十年一月，日本利用朝鲜发生"东学党"起义的机会，大举出兵入侵朝鲜。七月，又不宣而战挑起了对中国的战争——甲午战争。清朝政府被迫对日宣战。

台湾是我国神圣领土，原来是福建省的一个道。鉴于台湾地理位置重要，中法战争以后，台湾于光绪十一年设省，刘铭传任第一任巡抚。

中日甲午战争爆发后，清朝政府为了加强台湾防务，命令刘永福以帮办台湾军务的官衔赴台湾，帮助办理台湾防务。光绪二十年八月，刘永福率两营兵赴台北。不久，又奉命移驻台南。刘永福到台南后，立即筹备战守，修筑炮垒，并将所部扩充到八营，约四千人，仍然称为黑旗军。

光绪二十一年三月，清政府战败求和。四月，李鸿章同日本首相伊藤博文、外相陆奥宗光在日本马关的春帆楼签订了丧权辱国的《中日讲和条约十一款》，即《马关条约》。根据条约，中国把辽东半岛、台湾全岛以及附属各岛屿、澎湖列岛割让给日本，赔偿日本军费库平银二万万两，开放沙市、重庆、苏州、杭州为通商口岸，日本轮船可以驶入上述各埠，搭客载货；日本资本家在中国各通商口岸可以投资设厂。

《马关条约》签订的消息传来，全国人民义愤填膺，痛斥清政府的卖国行径。一些爱国的知识分子和在京的台湾籍人士，纷纷上书，要求废约，反对割让台湾。台湾人民对清政府的卖国行为，反对更加激烈。他们表示，"与其生为降虏，不如死为义民"，并决心为反抗日寇占领台湾奋战到底。

台北人民痛心疾首,鸣锣罢市,并拥到台湾巡抚衙门,抗议清政府的卖国罪行。他们宣告,台湾饷银不准运出,制造局不准停工,税收全部留作抗日之用。台湾人民还发出抗战檄文,号召大家无论在什么地方,只要碰到李鸿草等"乱臣贼子,人人得而诛之",以谢天地祖宗。台湾绅民致电清政府,坚决反对割地求和,发出"桑梓之地,义与存亡"的誓言,表示"愿人人战死而失台,决不愿拱手而让台",决心与日本侵略者进行殊死的斗争。台湾人民每天都有数以千百计的人参加抗日队伍,他们同仇敌忾,众志成城,时刻准备抗击日本侵略者。

但是,在台湾人民积极准备抗战的同时,清政府也在加紧同日本侵略者策划割台的肮脏交易。《马关条约》签订后不久,清政府就迫不及待地派李鸿章的儿子李经方为割台专使,前往台湾办理割台事宜,并命令在台湾的大小文武官员撤回大陆。

六月,李经方由美国顾问科士达陪同,乘船到达台湾基隆口外。因害怕台湾人民的抗日情绪,李经方不敢上岸。根据科士达的建议,李经方就在停泊于基隆口外的日本军舰"横滨"号上向日本台湾总督桦山资纪交出割台清单。台湾就这样轻易地被出卖了。

为了实现占领台湾,日本海军少将东乡平八郎指挥的日本舰队早已陆续开到台湾北部海面。五月,日本侵台主力近卫师团从冲绳中城湾出发,搭乘大批舰船,经钓鱼岛附近海面,分路进攻台湾。日军采取声东击西的战术,用一小部军舰佯攻金包里,迷惑中国军队,而由旗舰松岛导航的三艘运输船和十余艘汽艇,载着步兵第一旅团长村景明指挥的步兵、工兵各一个中队的登陆部队驶入三貂角海面。日军先头部队六十人由虎仔山附近的核仔庄沙坡登岸。由于该地无重兵防守,日军顺利登陆。北白川能久亲王率日军主力在基隆以东五十里的底澳登陆。日军占领三貂岭,分兵三路进攻基隆。近卫师团第二旅团长山根信成少将率一部分兵力,从海上重炮轰击基隆炮台。基隆陷落。

刘永福得知这一消息后,十分气愤,草拟了《盟约书》,发出联合抗日的号召,表示为保卫国土,"万死不辞","纵使片土之利,一线之延,亦应保全,不令倭得"。

六月,日军兵临台北城下。一些爱国军民曾奋勇抵抗,但因无人指挥,无法打退日军的进攻。日本侵略军在美国《纽约先驱报》记者戴维逊等的引导下进城,台北陷落。台北失陷后,台中空虚,台南势成孤立。

六月底,台南地方绅民举行会议,推举刘永福继任台湾民主国总统,并铸造了一颗银印，几次送给刘永福，请他出来领导台湾人民抗日。但是，刘永福一再谦辞，坚决不收这颗银印，仍以"帮办"之职入府城领导台湾人民的抗日斗争。他说："我志在打日寇，不在做总统。唐景崧也受过斗大的总统印，可是他就不敢打日寇。你们送来的这颗大印，请带回销毁。至于守土地，保人民，疆场杀敌，我责无旁贷。""拒倭保台，国人有责，并非违逆朝廷。这件大事，必须各方面都考虑周全才是。我能打硬仗，立住脚跟，外援始为我用。我不慕虚名，不做总统。我在台一日，唯有竭尽一日之心。盼诸君同心协力，共襄义举。"刘永福对送总统印的代表说："请回去转告大家，有钱帮钱，有米帮米，无钱无米者则要帮力，只要万众一心，军饷足用，士饱马腾，日寇虽然厉害，我们也不怕他。"他发誓说："我虽然快六十岁了，但大家既然推举我，我是万死不辞的。我和全体军民全力守卫国土！"只要"众人一心，兵民一气，不计生死"，齐心抗日，"台事大有可为，我刘某决不辜负国人的期望"。

历史又把老总兵刘永福推上民族自卫战争的舞台。他决心和台湾人民一道保卫家园，不惜因此丢官不做，不顾自己年老力衰。他一方面致力于团结不同派系、不同地区的军队，海陆各路重新布防，把黑旗军开赴前线，力挡敌锋，稳定局势。另一方面又急筹粮饷军械，解决台湾军民抗敌的军需。他将全台驻军及各地义民军百数十营，分别调遣巡防各要隘。任命郎中陈鸣锵为筹防局长，以知州刘成良统福字军守旗后炮台，提督陈罗统翊（读作 yì）安军及黄金龙军防守四草湖海口，台湾镇标中军游击李英统率镇海军会同柏正才、吴锦州军守白沙墩海口，周明标、张占魁两营驻守喜树庄海口，都司柯壬贵统率吉林炮队会同郑超英、周得启、孟宪盈各军防守安平海口，是为台南海口之防。以副将袁锡中统率镇海后军防守后山卑南诸路，参将吴世添统率练军驻守台南府城，是为台南内地之防。其勇营有总兵谭少宗之福字前军、总兵李惟义之新楚军、总兵杨泗洪之镇海中军、副将吴光忠之忠宇防军、都司邱启标之台南防军、守备王德标之福字七星队、知县忠满之忠靖营、知县刘光明之福字左右军。其义民军则有许南英之台南团练营、吴汤兴之新竹义军、林得谦之十八堡义军、李清泉和谢鹏狪（音chōng）之五段团练。此外，各乡均办保甲，沿海亦练渔团。刘永福还派人接替逃回大陆的大小文武官员的职务，积极领导台湾军民的抗战，一切为了打赢这场保卫国土家园的神圣战争。

由于台南地区海岸线狭长，日军经常来偷袭，而且当时火药不足，用地雷防御敌人进攻是办不到的。于是，刘永福便采取埋箍桶、竹签的办法，在海岸线一带挖掘堑坑，埋入大木桶，在桶内插上竹签，上面用草皮伪装。敌人偷袭时，往往掉入坑中，不是被刺死就是被扎伤。黑旗军还会同沿海军民严密巡查，小股敌人登陆，都被守军消灭或打退。有一次，日本派出两艘军舰到安平，紧挨英、德的兵船停泊，伺机偷袭。刘永福亲督炮台，下令轰击。日军死伤十余人，两艘军舰狼狈逃窜。由于台南各港口防守严密，因此，开战以来，日军虽然多次偷袭，但都没有得逞，台南安然无恙。

新竹为台中门户，战略地位十分重要。日军占领新竹，直接威胁台中、台南。为了解除敌人对台中的威胁，义民军积极筹划反攻。七月，义民军一齐出动，分三路反攻新竹。吴汤兴率主力从正面进攻，徐骧等从侧后进攻，姜绍祖率军策应。刘永福命令副将杨紫云率钜新楚军前来会合，同义民军一起攻打新竹。各跨军同时并进，围攻新竹城。但是，日军早已得到奸徒告密。事先有了防备，在新竹城四郊设下埋伏，重兵据守城东十八尖山。各路义民军虽然英勇战斗，但最后仍是失利。姜绍祖在攻打东门时，遭大队日军包围，被俘牺牲。其他各路军，经过激烈战斗，最后被迫退出新竹城。

日军在巩固对台北、新竹地区的占领后，又得到刚刚到达的两万名援军，便决定继续南犯台中。

抗日义民军和刘永福早先派来协同反攻新竹的新楚军，在苗栗以北的尖笔山组织抵抗。为了阻止日军南下，刘永福又增派吴彭年率黑旗军前来参战。

八月，日军以三个联队的兵力，在三艘军舰的配合下，向尖笔山、头份庄等地的义民军阵地发起进攻。杨紫云率新楚军迎敌，大挫敌军。后因奸徒带路抄袭杨紫云军的后路，使新楚军失去了与义民军的联系。经过激战，新楚军大部战死疆场，杨紫云也力战阵亡。

八月中，日军集中兵力进攻苗栗（读作lì）。这时，吴彭年率领黑旗军赶到，与义民军会合，投入战斗。日军以一个旅团的兵力来攻，双方展开激烈战斗。吴彭年率领的黑旗军以寡敌众，沉着应战，打退了日军的多次进攻，使指挥这次南犯的日军头目北白川能久亲王也不能不感叹地说："我兵能攻，敌亦能守！"这个目空一切的亲王，两个多月来已经尝到了中国人民铁拳的滋味。

但由于敌众我寡，伤亡过多，义民军被迫撤出苗栗。苗栗陷落。

抗日义民军撤出苗栗后，抚守大甲溪，重新组织力量，稳住局势。

大甲溪为台湾一大河流，东西走向，奔泻于苗栗、台中、彰化间，溪水重叠,乱石参差,周围竹林丛生,山谷险峻,在军事上占有重要地位。徐骧和吴彭年计议,决定用伏击的办法,在大甲溪消灭进犯的日军。

八月下旬,日军进犯大甲溪。竹筏刚渡到南岸,埋伏在岸上竹林中的吴彭年军突然出击,向敌人猛烈开火。日军猝不及防,惊慌失措,急忙掉头向北岸回渡。刚渡一半,隐藏在北岸竹林中的徐骧又率一支伏军突然横腰杀出。日军腹背受敌,首尾不能相顾,丧魂落魄地纷纷落水,死伤无数。抗日义民军取得全胜,缴获不少枪械。这次伏击战,给日本侵略者以沉重打击,大灭侵台日军的威风,大长台湾抗日军民的志气。

日本侵略者原来以为义民军力弱势孤,不堪一击,不意吃了大亏,便决定全力反扑。日军调集大军猛攻大甲溪。黑旗军与义民军并肩战斗,合力死守,使敌人无法前进。徐骧和袁锦清分别率领部队由溪湾左右绕道夹击敌军两翼,斩杀敌人甚多,胜利在望。但这时敌人收买奸徒带路,偷袭我军后路,新楚军统领李惟义骇惧,不战而逃。抗日义民军后路溃乱,前军不得不边打边退,知县忠满又畏葸不前,所带四营援军也未赶到。在敌我力量悬殊的情况下,经过激战,义民军大部阵亡,大甲溪遂为日军所占据。在这次战斗中,双方激战了一昼夜,义民军伤亡一千多人。袁锦清所部黑旗军陷入敌人重围,仍顽强抵抗,死守不退。日军调来炮队,开炮轰击,袁锦清战死,部众全部壮烈牺牲。

日军跨过大甲溪,进入台中地区,敌我双方一场大会战,即将在这里展开。

日军占领了大甲溪,日本台湾总督桦山资纪中将见有机可乘,便通过英国领事胡士德给刘永福捎来劝降书。刘永福当即给驳了回去。他说,"要我们投降,没有这样容易的事,打过以后再说。""他要我走,我还要他滚开呢!"刘永福还让文案吴桐林给桦山资纪写回信,其中讲到"我奉命驻防台湾,义当与台湾共存亡",表达了老将军奋战到底的决心。

日本侵略者劝降碰了钉子,恼羞成怒,便向台中发动疯狂进攻。

侵略军兵分三路,进攻台中府城彰化。府县诸吏皆议弃城奔台南。刘永福电令"死守无恐",并立即下令,李仕高率镇海中军一营,沈福山率黑旗军一营,又旱雷兵二百,携带地雷火线,即日驰赴彰化前线,坚定了诸将死守府城的决心。

八月底,日军对彰化发起总攻击。敌人蜂拥而来,将黑旗军驻守的彰化城东制高点八卦山三面包围。敌军在数量和装备上都占绝对优势,利用步炮兵协同作战,以猛烈的炮火掩护步兵登山。双方激战达四小时之久。

由于敌众我寡,加上敌人炮火炽烈,我军伤亡严重。在激烈的战斗中,黑旗军将领李仕高和沈福山先后阵亡,吴彭年和吴汤兴也不幸中弹仆地,壮烈牺牲于八卦山麓。黑旗军精锐七星队三百余人,也几乎全部壮烈殉国。彰化失守。

彰化之战,是反割台斗争以来最激烈的一场鏖战。日本侵略者虽然占领了彰化,却付出了很大的代价,伤亡惨重。日本近卫师团长陆军中将北白川能久亲王被炮击伤,其坐骑被打死,日军第二旅团长陆军少将山根信成和中佐诸方均以伤重毙命。

日本侵略军占领彰化后,继续南下,接连攻陷云林和大莆林,嘉义告急。

这时,刘永福急令王德标率七星队北上增援,加强嘉义城的防御力量。同时,加派副将杨泗洪率镇海中军、武毅右军及吉林炮队,火速增援嘉义。刘永福还亲自到各军营中激励将士为国争光,并请黄荣邦、林义成、简成功、简精华等率领义民军数千人助战。

八月三十日,杨泗洪率军进围大莆林。简成功、简精华父子率领当地义民军前来助战。黄荣邦、林义成也率义民军包抄而至,前后夹击,毙敌数百人,克复大莆林重地。在这次决战役中,杨泗洪为了生擒一名日军将领,不幸被敌人的排枪所打中,为保卫祖国的神圣领土台湾献出了宝贵的生命。

杨泗洪牺牲后,刘永福任命萧三发继任杨泗洪的职务,带领其众,合同简成功、简精华父子统领的义民军,继续抗敌。

九月初,王德标抓住日军从大莆林败退云林的战机,亲率七星队为前锋,会同义民军全线出击。日军刚从大莆林败退到云林,惊魂未定,一接仗便弃城败逃。云林县城收复。

黑旗军和义民军乘胜收复了苗栗。日军退入彰化城。

台湾抗日军民在短短几天内,相继克复了大莆林、云林、苗栗,捷报频传,军威大振。

但是,由于长时间的激烈战斗,黑旗军和义民军的人力、物力消耗很大。台南地区的财力物力有限,又得不到大陆的支援。台湾抗战各军的饷械弹药告罄。为了解决台湾抗日军民的饷械问题,刘永福曾多次派人到内地求援。由于清朝政府的阻挠破坏,均空手而返。最后,刘永福只好派身边的文案吴桐林和幕客罗六琴到福州、广州和南京,向闽浙总督边宝泉、两广总督谭钟麟、广东巡抚马丕瑶和两江总督张之洞求助。但他们也多以奉旨不得接济台湾为词,加以拒绝。只有谭钟麟、马丕瑶答应由广东善堂筹商救济费三数万元,但又领不到现款。在这种情况下,刘永福从开始时千方百计筹款还仅敷前营伙食,到后来竟连伙食也发不出去了。刘永福见此情景,只好愤怒地发出"内地诸公误我,我误台民"的悲叹!

相反,侵台日军主力近卫师团遭到台湾抗日军民的沉重打击,被围困在彰化城后,急电东京请求发兵救援。日本政府立即从辽东半岛急调乃木希典率第二师团,以及在日本国内的后备队、工兵队、要塞炮兵队、宪兵等,共二万多兵力到台湾增援。第二师团到达台北,在海军的配合下,大举南犯。

十月,驻守彰化的日军得到增援后,便倾巢出动,乘机反扑。云林再次陷入敌手。接着,日军猛扑大莆林,与台湾义民军展开血战。黑旗军将领萧三发和义民军首领黄荣邦等率队死守,壮烈牺牲。

日军纠集大队人马,兵临嘉义城下。守城军民见敌人来势凶猛,自己兵力不足,无法硬拼,决计采用智战。守将王德标与义民军首领徐骧、林义成等商议,决定用地雷战消灭敌人。在日军到来之前,他们预先在城外营地埋下地雷,然后撤离。日军以为他们是败走,便占领其营地宿营。半夜,王德标派一部分勇敢、敏捷的战士潜至营地附近,迅速将地雷药线点燃。霎时间,轰然巨响,各处地雷连续猛烈爆炸,日军死者达七百余人。

日本侵略军气急败坏,疯狂攻城。此时,守嘉义城的军民,又是饥困,又是势单力薄,寡不敌众,便一面奋力抗击,一面夺路冲杀。义民军首领徐骧亲临城头,持刀督战,不幸中弹牺牲。嘉义守将王德标也奋战阵亡。义民军冲出城外,嘉义城为日军所占领。

侵台日军分别在台南以北的布袋嘴和台湾岛南端的枋寮登陆,分兵进逼台南。

十月中,日本军舰吉野、秋津洲、八重山等六艘进攻台南东南的打狗港(今高雄)。刘永福派其养子刘成良率军抗击。刘成良沉着应战,待日舰驶近,命令高炮台、低炮台一齐开炮轰击,炮声如雷,烟雾笼罩,激战数小时。后来,日本海军陆战队数百人由奸徒带路,从僻径突袭守军大营,打狗港炮台陷落。刘成良率队冲出,退守台南。

这时,刘永福见大势已去,难以挽回,便通过英国领事胡士德,准备同日本息兵谈和。其条件是,日本必须承诺对他所部兵勇、随员不可侮辱,用船载回大陆,厚待台湾百姓,不可加罪残害,对台湾义民军要发给粮食,令其回归故里。但是,刘永福提出的这些条件,遭到了日本南进司令部高岛中将的拒绝，和议未成。

刘永福召其部将开会，商讨战守之计。有的主张出城决战，慷慨战死，流芳千古，有的主张退守城东山林或入内山，坚持斗争，有的主张悄然内渡，回到大陆，等待时机。刘永福倾向于后者，但心有不甘。他不禁喟然而叹道："我军舍生忘死，抗击倭寇，卫我中华，不意国贼断我后援，至有今日之困，叫人好不恼恨！"

日本侵略者拒绝刘永福的"息兵和谈"建议后，便加紧围攻台南。安平港外，日本军舰往来游弋，严密封锁。

在日军海陆夹攻面前，刘永福仍在组织最后的抵抗。十月十九日，日军大举进攻安平炮台。刘永福亲自登台发炮，毙敌数十人。当晚，日军攻城益急，城内秩序大乱。刘永福见此情景，仰天椎胸，呼号恸哭说："我何以报朝廷，何以对台民！"遂于傍晚带着刘成良、陈湘泉、罗六琴等十余人，潜至安平港，夜里坐小艇搭上停泊在港口外的英国商轮"多利士"号，在华籍船员梁亚兆、吴玉泉等的协助和掩护下，躲过日本巡船的搜查，回到厦门。

日军占领台南。至此，刘永福领导的台湾军民有组织地抗击日本侵略者的武装斗争宣告结束。但是，这一场坚持了四个多月的武装斗争，播下了永不熄灭的火种。刘永福走后，台湾的爱国者并没有放下手中的武器，他们坚持以游击战为主要形式的反抗斗争，继续给侵台日军以有力打击。

刘永福从台湾回到大陆后，决定回到自己的家乡。他从福建的漳州，进入广东的饶平，经汕头、陆丰、海丰、惠州，到了广州。一路上，地方官员和他的旧部都热情迎送，称赞他孤岛奋战的精神，庆幸他安然脱险，回到大陆。不久，刘永福回到故乡钦州。

光绪二十六年，英、美等西方列强利用中国爆发义和团反帝爱国运动之机，组织八国联军侵略中国。刘永福受命率师北上勤王，到了湖南衡州，又被电召返粤。

光绪二十八年（1902年），刘永福被任命为广东碣石镇总兵，驻防碣石。

宣统三年，广东独立后，刘永福被推为广东民团总长。不久，因年老便辞职回到故乡，过着闲居生活。

1915年1月，日本政府向袁世凯提出了灭亡中国的二十一条要求。乡居中的刘永福听到这个消息，非常气愤，提出愿为维护国家主权和民族利益再上战场，表现出一个出身农民的爱国将领怀有的朴素的民族感情，他没有忘记自己的天职。不幸，他于1917年1月9日与世长辞了。

气壮黄海的爱国将领——邓世昌

邓世昌,生于道光二十九年,卒于光绪二十年,字正卿。北洋舰队将领,近代中国著名的爱国主义者,民族英雄。

道光二十九年,邓世昌出生在广东番禺(现广州珠海区)一个农民家庭,母亲何氏为渔家之女。邓世昌出生的这一年正是鸦片战争爆发后的第十个年头,而广州是鸦片战争的发生地,邓世昌从小耳闻目睹外国入侵者的罪恶,萌芽了发奋为国的思想。

十九世纪六十年代初期,邓世昌随父亲邓焕芬居于上海。当时的黄浦江上到处是外国的商船军舰,上海滩充斥洋货。看到外国军舰任意出入中国海口,邓世昌更切实地感受到中国积弱积贫的地位,他认为中外通商势将愈益频繁,如果中国不建立新式的近代海军,一遇强敌挑衅,便会无法对付。从此他决意投身海军。在上海期间,邓世昌还从师学习英文和自然科学,开始接触到西方文化。

邓氏宗祠里有一对联:"龙跃云津凤鸣朝日,桂生高岭莲出绿波",相传是邓世昌青年时代的手迹,反映出他的远大抱负。

第二次鸦片战争后,用于镇压太平天国革命的旧式海军便失去作用。清政府深感外来威胁的严重,决定建立新式海军,以保卫海疆。左宗棠建议创立的福州船政局,也已设厂造船。

同治六年,清闽浙总督兼福州船政大臣沈葆桢在福建马尾建立福州船政局,着手购机器、筑船坞、制造船舰,并开始训练。同年,福州船政局设前后两学堂(前学堂习法语、造船技术,后学堂习英语、驾驶技术),聘法国人日意格、德克碑为正副监督,招收已通英文的聪颖弟子入学堂学习造船与驾驶技术。邓世昌是首批从广东招来的十名学生之一,他入学时已经十八岁,较别的同学大三四岁,但刻苦努力,各门功课考核皆名列前茅。

当时李鸿章等人正在搞洋务运动,洋务运动提出"强兵"口号,船政学堂便是在"自强"口号下创立的。清政府筹办海军也是洋务运动的产物。学堂的学员不光要学习书本知识,还要到船上进行实际操练,学堂中特别强调学生独立地掌握造船和航海技术,能熟练驾驶铁甲兵船及调兵布阵。

学堂还特别注意对学生灌输民族自强精神,以求务使学生深知自强乃根本,舍此别无他求,因此所有学员均发奋努力,以望来日报国强民。邓世昌在船政学堂度过了四个春秋,四年的西式学堂生活,尽管只注重学习测绘、驾船、射击等自然科学和技术操作,但他无疑也接受了一些西方近代民主主义思想。

邓世昌从船政学堂毕业后,便开始在海军中任职。同治十三年,二十五岁的邓世昌担任刚刚下水的木质船"琛航"号管带,光绪元年(1875年)调往"海东云"号舰任管带。同治十三年,日兵三千人侵略台湾,占领澎湖、基隆诸地。清政府派福州船政局督办沈葆桢为钦差大臣,率福建水师守卫台湾,邓世昌随沈葆桢出征,补千总,出任"振威"号管带,守备海疆,加都司衔。

光绪五年,沈葆桢去世,李鸿章在天津设水师管务处,开始执掌海军大权,马建忠负责日常事务。李鸿章力主购买大型铁甲舰,以扩充北洋海军。当时,邓世昌以干练、严明闻名于军中,李鸿章视之为海军中的佼佼者,特调至北洋海军,担任刚从英国进口的"飞霆"号管带。同年,北洋舰队在英中订购的镇东、镇西、镇南、镇北四艘炮舰抵达,北洋水师初具规模,邓世昌又调任"镇南"号管带。光绪六年(1880年),新任北洋海军总教习的葛雷森率此四舰赴渤海、黄海一带巡弋,"镇南"号不幸触礁,邓世昌即被撤职,管带由英国人章斯敦接任。同年十二月,邓世昌以副管带身份随记名提督丁汝昌赴英国接收"超勇"、"扬威"两艘快艇,这是邓世昌第一次出洋。旅外期间,邓世昌勤于观察,眼界大开,更加成熟。这次出洋长达十个月之久,至光绪七年(1881年)九月方回国,经此次磨炼,邓世昌的海战技术日趋成熟。

光绪八年冬,日本派兵入侵朝鲜,清政府应朝鲜王朝请求,由署理直隶总督兼办通商事务大臣张树声派丁汝昌及道员马建忠,率"超勇"、"扬威"、"威远"三艘兵舰和广东水师提督吴长庆所部淮勇六营三千余人赴朝,邓世昌随队前往。途中邓世昌指挥得当,驾驶熟练,使舰队迅速抵达朝鲜仁川。一天后,日本兵舰匆忙赶到,几经冲突不得入仁川港,被迫退去。这次远征归国后,邓世昌晋升为游击,清政府赐给他"勃勇巴图鲁"称号(巴图鲁:满语,勇士的意思),任"扬威"舰管带,此后长期往来于天津、朝鲜之间,冬日则驰骋东海一带,镇守台湾、福建海疆。

光绪十年(1884年)六月,法国侵略军向驻守凉山的中国驻军进攻,中法战争爆发。同年八月,法国舰队进攻台湾,邓世昌随中国军队出动迎敌,此时不幸其祖父、父亲双亡,但邓世昌以国事为重,没有回家探视。马尾海战一役,中国福建水师全军覆灭,作为战役的目击者,邓世昌的感受是极痛切的。

福建水师覆没后,国内舆论哗然,清政府决心购买大型铁甲舰,以充实海军力量。光绪十三年(1887年),北洋海军在英、德两国订购的"致远"、"定远"号巡洋舰和"经远"、"来远"号装甲炮舰完工,李鸿章派北洋海军总查英人琅威理前往验收,邓世昌以管务处副将衔参将兼"致远"号管带名义,与邱宝仁、叶祖珪、李允升等同往接收。这是邓世昌第二次出洋,所有的中国文报、银钱等事由邓世昌一手经理。在当时的中国海军中,多数人都受过新式的军事教育,一部分还曾远洋留学西欧诸国,具有新的军事科学知识和民主思想,作战英勇,邓世昌便是杰出代表,他虽从未留学,但平日刻苦研习,当时人称赞其"西学湛深"。《楼船日记》里较为详细地记载了邓世昌从英国归国途中的事情,表现出他的冷静沉着和超凡勇敢。途中,船队行至西班牙海区时,有一次邓世昌乘舢板回"致远"号,风暴骤起,海浪迎面扑来,小舢板时时都有被吞没的危险。邓世昌镇定自若,亲自把舵,迎着风浪前进,终于安全登上"致远"号。在地中海时,"致远"舰因添煤过多,烟焰从烟筒喷出,招致起火,在一片混乱中,邓世昌沉着地命令打开火门,堵塞烟洞,扑灭了大火。

在长达数月、行程数万里的远航中,印度洋一段航程最为恶劣,这里是南北潮流汇集之处,有时海浪高达十数米,邓世昌抱病指挥航行,使舰队安然通过。邓世昌治军严明,即使在航海途中也终日训练,一天变阵数次,悬旗传令,或防御、或进攻,将士们也踊跃奋发。《朝警记》说他治军功绩卓著,部下皆使船如使马,鸣炮如鸣镝。他对士兵十分爱护,在这次远航中,因气候恶劣,其他舰的升火水手许多病亡,只有"致远"号水手因邓世昌照顾而很少死亡。在这次航行中,只有一名水手病故,航海旧例凡病故者,近岸处葬于陆地,如距岸远则投入海中。在其他水手请求下,邓世昌决定自己承担责任,依照中国习惯备棺入殓。邓世昌平日生活俭朴,常与兵士共甘苦,因此深得士兵们的爱戴。

光绪十三年冬天,"致远"等四舰历尽艰辛,抵达厦门,由于北方冰封,舰队便驻扎厦门进行训练。军旅生活之暇,邓世昌常以学自娱,他收藏了许多名书画,尤其喜好黄山谷书法,并喜爱游历、艺术,以陶冶性情。

光绪十四年四月,"致远"、"定远"、"经远"、"来远"四舰同时到达大沽。李鸿章检阅北洋舰队操练时,邓世昌表现出色,队列、射击皆列为优等,李鸿章以训练得力请奏赏其"噶尔萨巴图鲁"称号,并赏给他三代一品封典。同年,台湾一地爆发了农民起义,历时半年,屡败官军。清政府遂派丁汝昌率海军前去镇压。邓世昌以副将身份协同前往,邓世昌因镇压农民起义有功,被提升为总兵。这年九月,北洋舰队正式成军,分左、右、中、后四军,邓世昌被任命为中军中营副将,并任"致远"舰管带。

邓世昌素怀忠义爱国之心。青年邓世昌曾有诗:"南楼高耸入云霞,四面江山壮观吟。傍晚一城空寥廓,炊烟浓处几人家?"即流露出他热爱祖国壮丽河山,感慨残破家园的情感。从军后,他对将士忠烈事迹,极口称赞,曾发誓说:人谁不死,但愿死得其所!

光绪二十年,日本向朝鲜发动侵略,并向中国海陆军实行挑衅,七月二十五日清晨,日海军"吉野"号突然以左舷炮火向清"济远"号轰击,在丰岛袭击清政府运兵船,击沉"高升"号等舰只,中日甲午战争由此爆发。丰岛海战后,清海军仅仅防堵在威海卫海军基地内,不敢出击,任凭日军舰队纵横。全国士大夫纷纷上书贡问,朝廷也屡令出击,最后李鸿章被迫命令丁汝昌率北洋海军在渤海内外游弋,"作猛虎在山之势"。当时邓世昌力主抗战,要求舰队出击,常对官兵说:如有不测,誓与日舰同沉。北洋舰队将帅也都锐意备战,渴望与敌决一胜负,以雪"高升"沉没之耻。各舰的舢板全部撤除,仅余六桨小艇一只,一是避免战时引起火灾,同时表明北洋海军将士誓与船舰同存亡的决心:军舰命运,即乘员命运,舰存与存,舰亡与亡,岂能有侥幸偷生的念头,或乘舢板逃跑,忍受败降的屈辱。

九月十七日上午,停泊在黄海大东沟口外的北洋舰队发现日本舰队。北洋舰队最初参战的军舰共十艘,成犄角鱼贯小队阵,日舰十二艘,以第一游击队吉野等四艘巡洋舰为先导,松岛等六舰殿后,成鱼贯纵阵,赤城、西京丸两艘弱舰列于舰队左侧非战行列。当双方舰队接近时,丁汝昌发令改变阵行,欲改为犄角雁行小队阵迎敌,但改阵未完已与敌舰接触。午后十二时五十分,日舰首先发炮,五分钟后,北洋舰队"定远"号发炮轰击,双方遂展开激战。北洋舰队提督丁汝昌乘旗舰"定远"号居中,列诸船张左、右两翼进攻。邓世昌所在"致远"舰是北洋舰队第二队队首,"致远"舰是队中少数几艘巡洋舰之一,二千三百吨,拥有二十三门大炮,此刻勇猛异常。

战斗一开始,日本舰队便遭到北洋海军拦腰截击,其殿后的赤城、比睿,西京丸诸舰遭到猛烈攻击,受创严重。不久,北洋舰队旗舰"定远"号中炮,帅旗被击落,信号索具被摧毁,丁汝昌身负重伤,已无法指挥舰队继续作战,"定远"号则腹背受敌。邓世昌遂命令开放舰首尾十二吋大炮,并发射机器格林炮,先后百余发,各舰将士也都奋勇杀敌,至下午一时左右,北洋舰队尚占上风。

但北洋海军各舰在炮火、速度等方面均逊于日本舰队。舰队自正式成军后,从未添置新船,炮械均已陈旧,尤其缺乏快船和速射炮,各船舰平均时速不到十一海涅;而日舰第一游击队平均时速达十八海涅以上,其炮火发射速度将近北洋舰队的四倍。负责供应北洋舰队炮械弹药的天津军械总局又被腐化官僚把持,舰队炮弹奇缺却得不到及时供应,结果有的炮有弹无药,有的炮有药无弹,有的被偷工减料、以假充真。当时在威海的英籍人肯宁咸说:"中国人在鸭绿江上是可以得胜的,假使他们的炮弹不是实着泥沙,因此诸将士虽力战却终于趋于劣势。"

午后二时左右,日本联合舰队精锐第一游击队"吉野"、"高千穗"、"秋津洲"、浪速四艘快速远洋舰与本队分为两个作战梯队,前后夹击北洋舰队,北洋舰队开始处于不利的内线作战境地。日第一游击队驶至"定远"舰前方,企图击沉指挥舰。见此情景,邓世昌下令开足机轮,冲出定远前面以保卫旗舰,他鼓励将士说:"我辈从军卫国,早已置生死度外,今日即便战死,也足以扬军威、报国家。""致远"舰虽被团团包围,但在邓世昌指挥下仍奋力开炮轰击。午后三时,因连续遭受敌舰十时到十三吋重炮榴散弹猛轰,致远舰左舷吃水线下受伤,船体开始倾斜,甲板上浓烟滚滚,眼看要沉没,而"致远"舰弹药也将用尽。邓世昌对大副陈金揆说,日舰队专靠"吉野",能击沉"吉野",则我军可胜,决心与"吉野"同归于尽,便一路炮击向"吉野"号冲去,已受重伤的"吉野"号急忙逃跑躲避,并连连向"致远"舰发射鱼雷。三时三十分,"致远"舰中鱼雷,汽锅爆炸,终于在东经一百二十度三十四分,北纬三十九度三十分的黄海海面上沉没,全舰将士除七人获救外全部壮烈牺牲。

邓世昌落水后,随从刘忠跳入海中以救生圈援救,但邓世昌决心与船俱沉,抛开了救生圈。一艘中国鱼雷艇驶来相救,他仍拒绝上船。最后,邓世昌蓄养的太阳犬浮至,以口衔其发辫,邓世昌挥之不去,遂捺住犬首于水中,一并沉没。时年四十六岁。

邓世昌死后,清政府谥其"壮节",当时与左宝贵并称"双忠"。山东人集资在山东半岛成山头建立了邓公祠,在威海卫城的环翠楼上为其立像于中堂,以志永远纪念。

邓世昌是甲午战争中中国海军将领战死疆场的第一人。